ALLBRIGHT
LAW OFFICES
锦天城

锦天城法律实务丛书

数字化转型的法律问题实操指引

PRACTICAL GUIDELINES FOR LEGAL ISSUES IN DIGITAL TRANSFORMATION

吴卫明 / 著

法律出版社 LAW PRESS · CHINA
北京

图书在版编目(CIP)数据

数字化转型的法律问题实操指引 / 吴卫明著. -- 北京:法律出版社,2024
(锦天城法律实务丛书)
ISBN 978-7-5197-8428-7

Ⅰ.①数… Ⅱ.①吴… Ⅲ.①数字技术-应用-法律-研究-中国 Ⅳ.①D92-39

中国国家版本馆CIP数据核字(2023)第190316号

锦天城法律实务丛书	**数字化转型的法律问题实操指引** **SHUZIHUA ZHUANXING DE FALÜ WENTI SHICAO ZHIYIN**	吴卫明 著	策划编辑 田 浩 责任编辑 田 浩 装帧设计 臧晓飞

出版发行 法律出版社
编辑统筹 法商出版分社
责任校对 李慧艳
责任印制 胡晓雅
经　　销 新华书店
开本 710毫米×1000毫米 1/16
印张 19.5 **字数** 318千
版本 2024年1月第1版
印次 2024年1月第1次印刷
印刷 保定市中画美凯印刷有限公司

地址:北京市丰台区莲花池西里7号(100073)
网址:www.lawpress.com.cn
投稿邮箱:info@lawpress.com.cn
举报盗版邮箱:jbwq@lawpress.com.cn
销售电话:010-83938349
客服电话:010-83938350
咨询电话:010-63939796

书号:ISBN 978-7-5197-8428-7
定价:82.00元
凡购买本社图书,如有印装错误,我社负责退换。电话:010-83938349

序　言

本书主文已经完成了一段时间，却迟迟没有勇气动笔去书写序言。我怕自己苍白的文字无法在有限的篇幅内承载这样一个话题。经过一段时间的思索，最终下定决心将我对于这本书的所思、所想展现给读者。

选择完成这样一个话题，对我而言，既是一个夙愿，更是一次挑战。由于新技术革命带来的各种创新应用，法律也在快速发展和不断完善，法律实务工作者一方面要关注具体的法律问题，另一方面也要对新兴的法律问题及时总结和归纳。

数字化的世界，是一个代码堆砌的空间，一帧帧加载于电流和电波中的数据报文，各种各样的协议、算法，海量的数据，构成了一个完全不同于传统物理世界的新世界，也为人类打开了新的领地。如果说郑和与哥伦布的航行是东西方文明发现、接触不同文明的伟大航程，那么数字化就是全人类重新构建一个新类型文明的过程。航海发现新大陆，是新大陆本来就在那里。而数字化进程，则是人类重新建构的一个文明空间，是人类意识的自主产物。从这个意义上讲，数字化是人类文明形态的一次伟大进化。数字化不仅是技术革新和商业模式创新，更是社会组织方式和治理方式的创新。

对于法律工作者而言，数字化所带来的冲击无疑是巨大的。与实体的物理世界相对应，传统的法律体系也是构建在人们对于实体世界的感知、利用、保护之上的。早在中国古代，人们对于法律作用的理解就有了“定分止争”之说，《管子·七臣七主》提道：“法者所以兴功惧暴也，律者所以定分止争也。”《商君书·定分》中也提道："一兔走，百人逐之，非以兔可分以为百也，由名分之未定也。夫卖兔者满市，而盗不敢取，由名分已定也。"而古罗马的市民法，财产权的划定与保护也是其中的重要内容。至"拿破仑法典"，物权也是作为最基础的法律制度。可见，在传统社会中，法律首先以现实世界的有形物质作为其保护的对象，围绕着有形物质的占有、使用、收益、处分，形成了法律规制的最初需求。

而数字化所对应的则是与实体的物理世界完全不同的网络空间，在这个空间中，实体的空间被网络空间所代替，实体的边界被信息系统的边界所代替，实体的道路被通信网络所代替，实体的物质被数据所代替。然而，网络空间、信息系统的边界、通信网络、数据等概念真的可以用传统的法律概念进行表述吗？或者说，传统的法律体系可以很好地规制网络空间吗？

在传统物理世界中，空间的边界非常清晰。例如，对于房屋所有权而言，房屋的四至范围是可以被测绘和精确记载的，更是可以通过人类的感官清晰感知的。房屋的墙壁、屋顶、门窗界定了所有权保护的范围，对于房屋的入侵不仅会构成侵犯民事权利，还可能构成刑事犯罪。但信息系统的边界却与物理边界并无具体对应关系，比如服务器具有物理边界，但信息系统的边界却与服务器的物理边界没有直接的关联。在云服务的环境下，一个机房可以布置很多台服务器，而一个公有云平台也可以搭建在处于不同地域的服务器之上。与其说是通过物理边界来界定信息系统，不如说是通过系统的控制权限来界定信息系统的边界。因此，网络空间混淆了物理的边界，这决定了网络空间及数字化世界的治理，不能简单沿用传统法律的概念和逻辑。

又如，传统社会中的身份鉴别是以政府机关颁发的身份证为基础的，通过肉眼比对身份证照片，完成常规的身份鉴别工作。而网络空间中的身份鉴别，却有着不同的规则。以数字证书为例，证书以非对称加密技术为基础，从而证明网络上特定行为由某个主体做出。数字证书形成的电子签名，与传统手写签名相比，除名称有一定相似外，内涵则是完全不同的两种事物。手写签名是将姓名书写在纸张等物理载体上的过程，是姓名的直观体现；而电子签名则是对书写内容进行加密运算所形成的字符串，是证明书写内容完整性和不可篡改的技术措施，电子签名并不是姓名在物理载体上的体现。

由以上例子可以看出，传统的物理世界与数字化世界在很多概念上存在差异，因而很难用物理世界的概念对数字化世界的概念进行类比。对于法律人而言，在面临技术变革、商业模式变革及社会治理模式变革的过程中，如何运用法律甚至创新法律，对新兴的社会问题进行规制，成为一个无法回避的话题。

在构建本书结构时，不可避免地会遇到一个问题，即数字化法律体系框架在传统的法律理论、法律制度中找不到对应的内容。不仅数字化的内涵本身不够清晰，也并无专门冠以数字化的法典或单行法。与传统法律悠久的历史相比，数字化法律仍处于早期发展阶段。数字化的内涵是什么？不同的人有不同的理解。对数字化法律体系的整体架构应该是什么样子的，同样会有不同的理解。国内法律界也并无数字化法律的专门教科书或者研究成果，作为一名实务部门的法律工作者，挑战这一课题的任务不可谓不艰巨。

然而，任何法律的规制需求一定是源于社会发展的客观需要，数字化转型过程中的法律规制，同样离不开社会的客观需求。于是，数字化技术的框架就成为本书构架法律规制体系的基础。

本书在第一章至第三章概括介绍了数字化发展及对法律的影响和数字化立法现状与相关体系，从而让读者可以建立对数字化法律的基本理解。第四章至第十三章则对数字化不同领域的法律问题进行了介绍。第四章介绍了云计算的法律问题，云计算是数字化转型的基础设施，因此，本书首先介绍了云计算的法律问题。其后，在第五章介绍了区块链的法律问题，第六章介绍了人工智能的法律问题。第七章、第八章、第九章则针对网络交易活动的法律规制，分别介绍了网络身份识别法律问题、电子合同的法律问题、电子签名的法律问题。第十章、第十一章、第十二章、第十三章分别介绍了网络安全法律问题、数据安全法律问题、个人信息保护法律问题和隐私计算与个人信息保护。

本书可以说是对自己过去 30 年学习、研究、工作的一个总结，我大学和研究生阶段学习的是法学专业，拿到研究生学位后，如愿进入上海市第一中级人民法院工作。2003 年的时候，我刚刚离开法院不久，作为一名年轻律师，怀着对数字化世界的好奇和探索的热情，考入西安交通大学电子商务与电子政务重点实验室攻读博士学位，有幸师从李琪教授，开始了电子商务模式和制度的研究。作为一名法律工作者，这一选择意味着离开了自己的舒适区，进入了一个全新的研究领域，也进入了另外一个新的视域，一个数字化的新世界。博士毕业并取得学位后，回到律师事务所继续从事法律职业。出于对数字化的热爱，在从事各行业法律服务过程中，一直对行业的数字化及数字化带来的法律问题保持着浓厚的研究兴趣。书籍中所涉及的章节，都是在长期法律服务过程中实际遇到过问题的领域，也是我认为能够比较完整覆盖数字化法律问题的领域。数字化的问题早就存在，只是最近两年变成了一个社会热点问题。但研究绝不能就热点而热点，而是需要持之以恒，有预见性且系统性地追踪社会变革的脉络。这是本书写作的初衷，也是本书敢于成作的原因。

整书并未将一些最为流行的概念引入，原因在于，这些领域并不适合单独作为法律领域进行规制。如元宇宙，我一直认为，元宇宙是现有技术的拼接与整合，本身并不涉及法律的创新问题。元宇宙涉及知识产权、数据安全、个人信息保护、区块链技术、云计算、算法等问题，实际上本书的不同章节已经有了介绍，所以没有必要再专门去介绍元宇宙。

作为一本对全新法律领域进行构架的书籍，本书可能在理论深度、理论体系的完整性方面存在不少欠缺，在实证分析方面，也可能因为案例的有限而不够深入。但研究总是需要迈出这一步的，本人也期待理论界与实务界的同人能够不吝指正。

最后，感谢家人在本书写作中的默默支持，也感谢客户给予的信任和实践机会，感谢锦天城律师事务所同人们给予的大力支持！

目·录

云计算的法律问题 第四章

区块链的法律问题 第五章

人工智能的法律问题 第六章

第七章 数字化转型过程中的身份识别法律问题

第八章 电子合同的法律问题

第九章 电子签名的法律问题

第十章 数字化转型中的网络安全法律问题

第十一章 数字化转型中的数据安全法律问题

第十二章 数字化转型中的个人信息保护问题

第十三章 隐私计算与个人信息保护

第一章 数字化的内涵与发展现状

数字化转型是当前面临的重大课题，2021 年 3 月，我国发布了《国民经济和社会发展第十四个五年规划和 2035 年远景目标纲要》（以下简称《规划纲要》），提出"数字中国"与数字化转型路径。

数字化转型，就是以数据作为传统行业转型的核心驱动力。按照《规划纲要》的表述，可以判断的是，未来社会发展的重要主题包括：激活数据要素潜能，迎接数字时代，推进网络强国建设，加快建设数字经济、数字社会、数字政府，以数字化转型整体驱动生产方式、生活方式和治理方式变革。

从具体的建设目标角度，关于数字中国，《规划纲要》提出了四个方面的目标：（1）打造数字经济新优势。加强关键数字技术创新应用、加快推动数字产业化、推动产业数字化转型；充分发挥海量数据和丰富应用场景优势，促进数字技术与实体经济深度融合，赋能传统产业转型升级，催生新产业新业态新模式，壮大经济发展新引擎。（2）加快数字社会建设步伐。数字社会将提供智慧便捷的公共服务，建设智慧城市和数字乡村，构筑美好数字生活新图景；适应数字技术全面融入社会交往和日常生活新趋势，促进公共服务和社会运行方式创新，构筑全民畅享的数字生活。（3）提高数字政府建设水平。加强公共数据开放共享，推动政务信息化共建共用，提高数字化政务服务效能；将数字技术广泛应用于政府管理服务，推动政府治理流程再造和模式优化，不断提高决策科学性和服务效率。（4）营造良好数字生态。建立健全数据要素市场规则，营造规范有序的政策环境，加强网络安全保护，推动构建网络空间命运共同体；坚持放管并重，促进发展与规范管理相统一，构建数字规则体系，营造开放、健康、安全的数字生态。

2023 年 3 月 16 日，据新华社消息，中共中央、国务院印发了《党和国家机构改革方案》。其中，在深化国务院机构改革部分，提出了组建国家数据局。

国家数据局负责协调推进数据基础制度建设，统筹数据资源整合共享和开发利用，统筹推进数字中国、数字经济、数字社会规划和建设等，由国家发展和改革委员会管理。

将中央网络安全和信息化委员会办公室承担的研究拟订数字中国建设方案、协调推动公共服务和社会治理信息化、协调促进智慧城市建设、协调国家重要信息资源开发利用与共享、推动信息资源跨行业跨部门互联互通等职责，国家发展和改革委员会承担的统筹推进数字经济发展、组织实施国家大数据战略、推进数据要素基础制度建设、推进数字基础设施布局建设等职责划入国家数据局。

国家数据局的组建，是我国数字化发展过程中的重要“里程碑”事件。随着国家数据局的组建和中国数据管理制度的逐步完善，中国数据要素市场将在几个方面发生向好的变化。一是将助推数据要素市场化进程的加速；二是将促进数据治理体系的日趋完善；三是将数据要素应用范围逐步拓展。

一、数字化的内涵、意义与特征

1. 数字化的内涵

数字化本身是一个内涵较为模糊的词汇，笔者认为，数字化的内涵包括三个方面的内容：

（1）技术角度的理解（狭义的理解）

从狭义的角度理解数字化，是将信息以数据的方式进行记载和处理的过程，一般是指将任何连续变化的信息输入。比如，图画的线条或外部的声音信号、文字转化为一串可以被计算机识别、处理、分析的单元，在计算机中用 0 和 1 表示。技术角度的数字化，实质是信息的数据化转变过程，本身是个工程学的概念。这一过程改变了信息的存在方式和存储方式，也为数据的进一步处理和利用提供了基础。

（2）大数据角度的理解（广义的理解）

从广义的角度看数字化，即将许多复杂多变的信息转变为可以度量的数字、数据，再对这些数字、数据进行结构化处理，通过数据清洗、数据标化等技术措施，使其易于被机器分析，并对这些数据建立起适当的数字化模型，利用自动化算法、模型等作为分析、预测的工具，挖掘数据价值，进而驱动商业模式变革、生活方式变革、社会治理模式变革。

（3）数字化体系建设角度的理解（完整的理解）

从完整的角度理解，数字化是一套支持数字化应用的网络架构和应用架构，包括硬件系统、软件系统、安全系统、算法系统、存储系统以及各类应用系统的动态的、整体化的体系。因此，从这个角度理解，数字化是一个整体，是网络空间整体架构的智能化形态。

2. 数字化的意义

数字化是人类有史以来伟大的科技革命之一，从农业时代到工业时代、电气化时代，再到信息时代和数字化时代，这几次伟大的科技革命中，人类社会的经济形态、社会形态、思想意识都发生了巨大的变化。

蒸汽机让人类从农业时代逐步走入工业时代，使人类从物质的紧缺逐步走向物质的过剩，在农业时代，由于手工和畜力耕作，社会生产率极其低下，即使是农民拼尽全力耕作，整个社会得到的物质财富依然是有限的。工业革命，让蒸汽机代替了水车和耕牛，让机器代替了铁匠，社会物质生产开始高速发展，人类社会得以有机会告别物质短缺时代。工业革命是农耕社会走向近代社会的基础，也是民主社会的启蒙阶段。电气化时代，由于电的发明和使用，人类社会的有效时间得以从白天延展到黑夜，人类的交流空间得以通过无线电延展到远方，输电线路使机器可以在任何地方开工，物质丰富的基础上，人类的生活品质得到了进一步提升。电气化革命，带来了社会结构的进一步变革。本次数字化革命是与互联网的发展分不开的，互联网的去中心化思维与社会进步追求的人类个体解放的终极目标是具有同样精神内核的。可以预见的是，数字化变革必将深远地影响整个人类社会，其对于社会结构的影响，甚至大于前两次科技革命。

3. 数字化的特征

如前所述，数字化是一个复杂的架构体系，其特征主要包含以下三个方面：

（1）网络化是数字化的基础

经济与社会生活的网络化是数字化发展进程的基础，人们通过互联网进行远程交易，跨国界的分工从贸易延伸到服务领域、科研领域。自从互联网出现后，经济与社会生活中的诸多领域已经基本完成了网络化转型。电子商务领域的几大巨头，已经将传统商业的业务空间挤压，2016 年淘宝的销售额突破了 3 万亿元，超过世界第一大零售商沃尔玛。即使是餐饮等需要严重依赖线下服务和线下体验的传统行业，其销售渠道及供应链也早已经被网络化。我们的交通出行从售票窗口买票变成了网络购票，通过互联网的即时调剂和车辆调拨系统，网约车、共享汽车、共享单车使交通工具从私人用品变成了公共用品，大大节约了社会资源，缓解了交通拥堵。

随着元宇宙技术的发展与应用，未来还会有更多的生活场景和工作场景被互联网优化，通过虚拟现实技术，远程办公和远程会议也将逐渐推广和深化其应用。

经济的网络化是我们看到的表象，表象后面的实质是经济活动、社会活动的数据化，每个场景、每个应用都成为新的数据运用空间和数据来源。而数据的整合、数据的提取和挖掘、数据的研究，都将为改善服务和提升产品助力。

除了人与人的经济交往、社会交往通过互联网完成，万物互联是数字化时代的另一个发展趋势。电子商务将生产企业、商家、消费者、物流公司纳入了网络体系，从而给互联网注入了交易信息、消费信息、支付信息、理财信息、网络搜索信息、地理位置信息、物流信息等各种信息和数据。但是，随着微传感器技术的发展，我们已经可以做出足够微型化的各种传感器，从智能手环到人体微循环探测设备，从胰岛素监测到心脏监测、血液监测，人体也在逐渐连接成为计算机网络上的一个终端，人体的各种生物特征都会以数据的方式连接到网络上。智能汽车、智能家电、智能机器、智能农业设施、智能道路设施、智能航空器都将被接上互联网，为互联网创造新类型的数据，同时也用这些数据服务于经济和社会。而通信技术、网络加密技术的发展，则为这些数据的安全传输创造了便利的条件。

因此，网络化是数字化的基础。数字化时代，网络作为基础社会，将会发挥更为深远的作用。

（2）数据驱动是数字化的内核

我国《规划纲要》提出了“迎接数字时代，激活数据要素潜能，推进网络强国建设，加快建设数字经济、数字社会、数字政府，以数字化转型整体驱动生产方式、生活方式和治理方式变革”。由此，“数据驱动”的概念在国家规划中得到了充分的体现。

笔者认为，数据驱动是数字化的内核。数字化的目标即发挥数据价值，而数据价值的发挥在于数据本身就是新的经济与社会发展的重要驱动力。

西方经济学认为，“看不见的手”是经济发展的关键，“市场之手”会自主调节，直至经济达到均衡状态，从而实现充分就业和经济发展。市场经济下的凯恩斯主义则认为，“市场之手”是会失灵的，需要“政府之手”的介入。苏联、转轨前的东欧等计划经济国家，则更为信奉马克思主义的经济理论。

但是，无论是古典自由主义、新自由主义，或者是凯恩斯主义、马克思主义经济学，对于资本投入、劳动力投入及土地要素投入的三位一体生产要素理论均是认可的。此后，又有学者提出了四位一体理论，将组织列在资本、劳动和土地之后，作为第四种生产要素加以强调。而现代管理之父彼得·德鲁克则提出了五要素理论，提出知识型工作者或知识型员工的概念，进而提出资本、土地、劳动、企业家以及知识共同创造价值的五要素论。上述生产要素理论的逐渐完善和丰富，体现了要素理论随着社会经济发展、技术发展、认知能力发展而不断优化与完善的过程。

数字化作为一种兼具技术与社会生产组织方式、人际交往方式融合的新形态，必然也会对生产要素理论带来新的变化。

2020 年 3 月 30 日，中共中央、国务院发布的《关于构建更加完善的要素市场化配置体制机制的意见》指出，在传统的土地要素、劳动力要素、资本要素、技术要素的基础上，加快培育数据要素市场，推进政府数据开放共享，提升社会数据资源价值，从而将数据要素作为促进经济增长的要素之一。

而在《规划纲要》中指出，加快数字化发展，建设数字中国，迎接数字时代，激活数据要素潜能，推进网络强国建设，加快建设数字经济、数字社会、数字政府，以数字化转型整体驱动生产方式、生活方式和治理方式变革。《规划纲要》明确提出，以数字化转型驱动生产方式、生活方式和社会治理方式三个方面的变革，这一提法正式确立了“数据驱动”在国民经济增长中的重要地位。

对于数据驱动，笔者仅以商业的案例为例予以说明。以大规模定制（Mass Customization，MC）为例，其概念出现于 1970 年，这是美国未来学家阿尔文·托夫（Alvin Toffler）在 *Future Shock* 一书中提出的一种全新的生产方式的设想：以类似于标准化和大规模生产的成本和时间，提供客户特定需求的产品和服务。1987 年，斯坦·戴维斯（Start Davis）在 *Future Perfect* 一书中首次将这种生产方式称为“Mass Customization”，即大规模定制。大规模定制的本意是平衡用户的个性化需求和大规模工业化生产过程中的成本和个性。在传统的生产组织方式下，大规模定制只是一种生产和营销的组织方式。但是，在数字化的环境下，大规模定制成为需求引导生产的典型范例。在一个经济体内部，乃至全世界的消费者，通过互联网设计产品、提出需求，由于用户基数的庞大，以至任何细微的个性化需求都可能聚合成规模化的生产任务。符合条件的厂商，在产品构思和设计阶段就开始与消费者和用户进行互动，这保证了产品的适销对路。大规模定制如果与智能制造进行结合，则可以将供应链的优化与市场销售的优化进行整合，从而极大地提高工业制造与商品销售的效率。

（3）智能化是数字化的目标

数字化以网络化为基础，以数据驱动为内核，但数字化发展的目标是智能化的发展。回溯数字化的发展历程，在数字化发展的早期，即网络化阶段，收集和处理数据是远程交易的基础，数据是远程交易的副产品和辅助手段，此时，人们关注的更多的是数据为交易带来的便利。

当数据丰富到一定程度，数据传输和处理速度达到一定阶段时，数据与数据相互之间的潜在联系和关系得以被发掘，人们发现了传统统计学方法的局限，并进而利用大数据构建更为优化的模型与算法，通过对数据分析，某种程度上达到了对于人类行为和社会行为的智能化分析与决策。比如，在商业营销领域的精准推送，在金融领域的数字化精准风控，在城市管理领域的智能交通，在智慧农业领域的智能追肥和墒情管理等。

随着传感器的丰富，数据类型逐渐扩展到物联网设备，此时，大数据与人类决策模式的结合，可以产生出新的智能化应用。比如自动驾驶汽车，即是整合了交通行为决策与车辆的态势感知、位置判断、行人位置判断、其他道路参与者位置状况的传感器数据所产生的新类型自动化决策系统。

随着数据来源的进一步丰富，数据维度的优化，人工算法也将在数据的滋养下进一步成长，从而发展出更为高阶的智能化应用。

二、数字化的架构体系

数字化是一个综合的体系，对应着丰富的产业应用形态，如果从法律与合规制度的角度来理解数字化，笔者认为，可以从六个视角来理解数字化的架构。

其一，网络，网络是数字化的基础，也是所有信息、数据进行传输的通道。

其二，网络终端设备，网络终端设备是进行数据收集、信息输出的工具。

其三，网络安全，即信息系统的安全，包括安全而清晰的网络系统边界，不被非法入侵和完善的访问控制策略。

其四，数据，即系统内所收集、处理、存储的数据，包括数据的分析利用，以及数据的安全。

其五，算法，即围绕数据的各种模型与算法，从而使数据能够发挥自动决策、自动分析的价值。

其六，云计算，即通过公有云或者私有云所实现的数据集中存储、泛在接入。

数字化的法律合规体系，总体上围绕上述架构体系发挥作用。如图 1－1 所示：

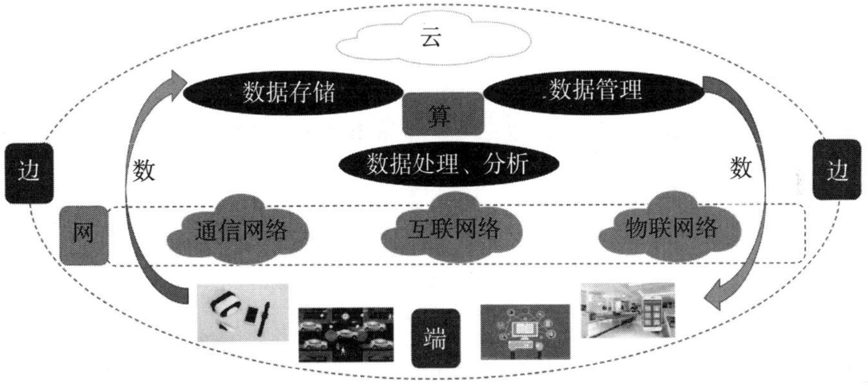

图 1－1　数字化的法律合规体系

1. 网络

如前所述，数字化的基础是网络设施。网络是数据收集、传输、输出的基础，也是各种数字化应用发挥作用的基础。大数据的应用、云计算与人工智能的应用、终端设备的布设、算法的优化与升级、各种应用系统的布设与升级都离不开网络。

网络离不开通信协议，按照 OSI/RM 的网络体系结构，其网络体系由七层协议组成。具体包括：

（1）网络应用层。这一层直接为端用户服务，管理开放系统的互联，包括系统的启动、维持和终止。这一层协议包括在不同系统间传输文件的协议、电子邮件协议和远程作业输入协议等。

（2）表示层。表示层的用途是提供一个可供网络应用层选择的服务的集合，使网络应用层可以根据这些服务功能解释数据的含义。

（3）会话层。会话层支持两个表示层之间的交互作用。

（4）传输层。提供一种通用的传输服务。

（5）网络层。这一层的功能属于通信子网，通过网络连接交换传输层实体发出的数据。

（6）数据链路层。这一层的功能是建立、维持和释放网络实体之间的数据链。

（7）物理层。这一层规定通信设备机械的、电气的、功能的和过程的特性，用于建立、维持和释放数据链路层实体间的连接。

2. 网络终端设备

网络终端设备是数字化体系的重要组成部分，包括各种办公设备、个人移动通信工具、智能家电、智能网联汽车、智慧城市的各种传感器、各种机器设备和自动化网络终端等。

数字化的大量数据直接来自各种网络终端设备，以C端用户数据为例，用户在使用手机等网络终端设备的过程中，通过浏览器阅读文章、通过购物网站浏览商品、接受各类App提供的服务。在这一过程中，个人的通话时间、上网时间、阅读习惯、网络行为习惯、商品偏好、位置信息等数据均通过网络终端被收集并传输至有关的服务提供者或通信运营商。

随着智能网联汽车、智能家电的普及，个人信息的数量和种类也将以指数级增长，网络终端的功能越来越综合化和复杂化，决定了数据的量也将随之增长。与此同时，各类网络终端功能的复杂化，也决定了数字化业态呈现给消费者的模式也越发复杂。而服务业态的复杂，也会推进网络终端的发展。比如，元宇宙的发展对各类网络终端设备也提出了更高的要求。

3. 网络安全

如果说网络系统是数字化的基础，那么网络安全就是保障网络系统功能得以发挥的支撑。总体而言，网络安全包括以下四个方面的内涵：其一，重要信息系统处于安全可控的状态；其二，系统软硬件与系统环境的可用性、可靠性和稳定性能够得到保障；其三，系统访问控制策略均可实现，系统能够阻止未经授权的访问；其四，系统存储、处理的数据处于安全状态。

网络安全既是一个技术问题，也是一个管理与合规问题。从技术角度看，网络安全的实现依托于各种硬件和软件技术，具有很强的技术性。然而，除技术措施外，网络系统的管理措施同样是网络安全的重要组成部分，通过网络系统的管理措施，可以避免技术操作失误和人为的破坏，从而预防网络安全事件的发生。此外，国家通过立法的方式，将网络安全管理上升为法律义务，并规定了相应的法律责任。

4. 数据

数字化的核心是发挥数据的价值，通过数据驱动社会治理、社会生活、社会生产的发展与变革。

数据（data）就是某种记录，是人们通过观察、感知、接收而得到的有关客体的数值。通俗地讲，当我们通过自身的感知器官、相关设备、网络终端与外界发生交互时，就会形成对于相关事物数值的判断，将其记录下来，就形成了数据。

国务院2015年8月31日发布的《促进大数据发展行动纲要》提道，“信息技术与经济社会的交汇融合引发了数据迅猛增长，数据已成为国家基础性战略资源”。

数据作为数字化的核心内容，对于所有数字化深度应用来说，都是必不可少的。与此同时，数据的安全与合规利用，也是数字化转型中需要着重考虑的问题。

5. 算法

算法是数字经济发展过程中的必然产物，结合大数据，通过特定的算法，可以对相关领域的发展趋势进行预测、对人的行为模式与关系模式进行分析、对社会经济运行进行研判，从而推进数据利用价值的充分发挥。如果说数据是信息的体现方式，是进行智能化决策的基础，那么算法就是智能化的“灵魂”。

算法本质就是解决方案，或者说是抽象出来的一套方案和思路。算法的构建、算法的优化和算法的实施，均无法离开数据。数字化时代，算法能够让各种各样的数据真正发挥其应有的价值。

6. 云计算

在数字化时代，“云”作为一种解决方案，是数字化体系的重要组成部分。云计算（cloud computing）是分布式计算的一种，指的是通过网络“云”将巨大的数据计算处理程序分解成无数个小程序，然后，通过多部服务器组成的系统进行处理和分析这些小程序得到结果并返回给用户。

2015 年，国务院在《关于促进云计算创新发展培育信息产业新业态的意见》（国发〔2015〕5 号）中指出，云计算是推动信息技术能力实现按需供给、促进信息技术和数据资源充分利用的全新业态，是信息化发展的重大变革和必然趋势。发展云计算，有利于分享信息知识和创新资源，降低全社会创业成本，培育形成新产业和新消费热点，对稳增长、调结构、惠民生和建设创新型国家具有重要意义。

云服务具有如下五个特征：（1）按需自助服务。（2）泛在接入。客户通过标准接入机制，利用各种终端通过网络随时随地使用服务。（3）资源池化。云服务商将计算资源、存储资源、网络资源等提供给多个客户使用，这些物理的、虚拟的资源根据客户的需求进行动态分配或重新分配。（4）快速伸缩性。客户可以根据需要快速、灵活、方便地获取和释放计算资源。（5）服务可计量。云计算可按照多种计量方式自动控制或量化资源，计量的对象可以是存储空间、计算能力、网络带宽或账户数等。

三、数字化的产业形态、发展状况

数字化发展对经济与社会生活的各个方面都会产生深远的影响，数字化会深远地改变每个领域的样貌。对此，笔者仅就几个数字化转型较为深入的行业做简要的介绍。

1. 金融行业的数字化

与数字化转型的大趋势相匹配，国家在金融领域也作了数字化转型的规划。2019 年，中国人民银行组织编写并发布了《金融科技（FinTech）发展规划（2019—2021 年）》（以下简称《发展规划》）。在这一规划中，系统提出和规划了金融科技发展的目标和重点任务。《发展规划》指出，在新一轮科技革命和产业变革的背景下，金融科技蓬勃发展，人工智能、大数据、云计算、物联网等信息技术与金融业务深度融合，为金融发展提供了源源不断的创新活力。

在数字化技术运用方面，《发展规划》重点提到了以下五个方面：一是科学规划运用大数据；二是合理布局云计算；三是稳步应用人工智能；四是加强分布式数据库研发应用；五是健全网络身份认证体系。

2021年，中国人民银行再次组织编写并发布了《金融科技发展规划（2022—2025年）》（以下简称《新发展规划》）。在《新发展规划》中，开宗明义指出，数字经济的蓬勃兴起为金融创新发展构筑了广阔舞台，数字技术的快速演进为金融数字化转型注入了充沛活力，金融科技逐步迈入高质量发展的新阶段。为贯彻落实党中央、国务院决策部署，稳妥发展金融科技，加快金融机构数字化转型，根据《规划纲要》，特编制本规划。与《发展规划》相比，《新发展规划》明确将金融数字化转型作为目标。

并且，《新发展规划》在重点任务中，对于全面塑造数字化能力提出了更为详细和明确的举措，具体包括强化数据能力建设、推动数据有序共享、深化数据综合应用与做好数据安全保护。

从国家《规划纲要》及金融监管机构的相关规划可以看出，金融数字化转型是我国数字经济发展中不可或缺的重要部分。而金融行业的重要客体是货币，在电子化交易甚至数字货币的背景下，金融行业也是数字化转型最为典型的行业。

2. 健康医疗行业的数字化

不同于金融行业，健康医疗行业有大量的环节需要线下处理，或者需要面对面地处理。比如，诊疗过程中的体检环节、人体生化样本的采集、医生的问诊等。随着数字化技术的发展，其中部分环节已经可以采用线上环节加以解决。比如一些常见病的问诊环节，即可以通过互联网问诊的方式加以解决。

对于健康医疗行业的数字化发展，国家一直比较重视，并相继出台了一系列的政策和法规，引导健康医疗行业数字化的健康发展，如国务院办公厅《关于促进和规范健康医疗大数据应用发展的指导意见》，国务院办公厅《关于促进“互联网＋医疗健康”发展的意见》，国家卫生健康委员会、国家中医药管理局《关于深入开展“互联网＋医疗健康”便民惠民活动的通知》，国家卫生健康委员会办公厅《关于进一步推动互联网医疗服务发展和规范管理的通知》，国家卫生健康委员会、国家医疗保健局、国家中医药管理局《关于深入推进“互联网＋医疗健康”“五个一”服务行动的通知》，《人口健康信息管理办法（试行）》，《国家健康医疗大数据标准、安全和服务管理办法（试行）》，《医疗机构病历管理规定》，《电子病历系统功能规范（试行）》以及《信息安全技术——健康医疗数据安全指南》等规则、规范及国家标准。

3. 制造业的数字化发展

制造业是国民经济的主体组成部分，对于制造业的数字化发展，我国作出了相应的规划。《中国制造2025》指出：新一代信息技术与制造业深度融合，正在引发影响深远的产业变革，形成新的生产方式、产业形态、商业模式和经济增长点。各国都在加大科技创新力度，推动三维（3D）打印、移动互联网、云计算、大数据、生物工程、新能源、新材料等领域取得新突破。基于信息物理系统的智能装备、智能工厂等智能制造正在引领制造方式变革；网络众包、协同设计、大规模个性化定制、精准供应链管理、全生命周期管理、电子商务等正在重塑产业价值链体系；可穿戴智能产品、智能家电、智能汽车等智能终端产品不断拓展制造业新领域。

按照这一界定，制造业数字化可以归结为智能制造（Intelligent Manufacturing, IM）。智能制造是一种由智能机器和人类专家共同组成的人机一体化智能系统，在制造过程中能进行智能活动，诸如分析、推理、判断、构思和决策等。通过人与智能机器的合作共事，去扩大、延伸和部分地取代人类专家在制造过程中的脑力劳动。智能制造将制造自动化的概念扩展到柔性化、智能化和高度集成化。

不同于工业自动化，智能制造不应简单看作静态的生产制造环节。其内涵包括与市场需求终端、设计环节、供应链的结合，智能制造是一个动态的体系，是制造与互联网、数字化的深度融合，数据成为智能制造的桥梁和纽带。

4. 汽车行业的数字化

随着移动互联技术和网络加密、物联网、传感器技术的发展，互联网应用的场景逐步普及。除了原有的手机应用及相关生态外，诸多车辆生产厂家及互联网服务机构开始将互联网应用延伸至车辆，车联网逐渐成为汽车行业的基本服务内容。

为了适应这一趋势，从2015年开始，国家出台一系列规划意见和政策标准，指导和规范车联网行业发展，为智能网联汽车产业营造了良好的发展环境，渐进式推动了自动驾驶汽车的发展。主要包括以下四个方面：

其一，国家战略规划涉及智能网联汽车发展的规划。主要有《“互联网+”人工智能三年行动实施方案》《推进“互联网+”便捷交通　促进智能交通发展的实施方案》《数字交通发展规划纲要》《“十四五”智能制造发展规划》《关于推动5G加快发展的通知》。

其二，智能网联汽车发展规划计划。主要有《智能汽车创新发展战略》、《汽车驾驶自动化分级》标准、《新能源汽车产业发展规划（2021—2035年）》、《智能网联汽车技术路线图2.0》。

其三，智能网联汽车的标准规范。2018年6月，工业和信息化部、国家标准化管理委员会共同组织制定了《国家车联网产业标准体系建设指南（总体要求）》《国家车联网产业标准体系建设指南（信息通信）》《国家车联网产业标准体系建设指南（电子产品与服务）》三个指导文件，对车联网的整体架构体系、技术标准进行了初步的规划。

其四，道路测试验证与示范应用标准法规。主要有《国家车联网产业标准体系建设指南》《车联网（智能网联汽车）产业发展行动计划》《智能网联汽车道路测试管理规范（试行）》《关于促进道路交通自动驾驶技术发展和应用的指导意见》。同时，重庆、北京、上海、广州、深圳、天津、济南、杭州等二十多个城市先后制定了地方智能网联汽车道路测试政策和管理办法及示范区。

2020年2月10日，国家发展改革委等十一部委联合印发《智能汽车创新发展战略》。其中一项重要任务就是要构建科学规范的智能汽车产品监管体系。2021年6月21日，工业和信息化部就《车联网（智能网联汽车）网络安全标准体系建设指南》（征求意见稿）提出，2023年年底，初步构建起车联网（智能网联汽车）网络安全标准体系，完成50项以上重点急需安全标准的制修订工作，并提出在境内收集和产生的个人信息和重要数据应当依法在境内存储。

当前汽车行业呈现新四化的趋势，即网络化、电动化、共享化、自动化。而随着5G应用的普及，上述趋势还将进一步提速发展。

5. 其他行业的数字化

除上述典型行业外，在教育领域、交通出行领域、消费零售领域、餐饮服务领域、农业领域，数字化发展均已经成为行业发展与创新的重要引领力量。

在教育领域，各种在线教育平台在新冠疫情期间发挥了巨大的作用，通过各种网络课堂解决了中小学生和大学生的授课问题。而各种其他职业技能、成人教育平台，则为人民群众的自我学习、自我提升提供了简捷、高效、低成本的学习方式。

在交通出行领域，各类交通出行平台根据用户的行为习惯、所处位置，进行智能化的车辆调度，从而满足人们对于高效出行的需求。

6. 数字法治政府

在司法、行政等领域，数字化的发展也已经成为提升司法、政府行政效能，提升人民群众满意度的重要方法。

2021 年，中共中央、国务院印发的《法治政府建设实施纲要（2021—2025 年）》明确提出了“健全法治政府建设科技保障体系，全面建设数字法治政府”的要求。

2022 年 6 月，国务院印发的《关于加强数字政府建设的指导意见》，明确提出要加快完善与数字政府建设相适应的法律法规框架体系。

上述两个文件提到了数字法治政府，以及数字政府建设的法治建设问题。两个文件的侧重点各不相同，《法治政府建设实施纲要（2021—2025 年）》重在对于法治政府建设进行规划，而国务院《关于加强数字政府建设的指导意见》则重在从数字化政府及数字化社会治理角度进行规划。总体而言，数字法治政府内涵包括两个方面：

（1）以数字化工具和技术能力促进法治政府的建设

如《法治政府建设实施纲要（2021—2025 年）》第 9 大类的表述为：“健全法治政府建设科技保障体系，全面建设数字法治政府。坚持运用互联网、大数据、人工智能等技术手段促进依法行政，着力实现政府治理信息化与法治化深度融合，优化革新政府治理流程和方式，大力提升法治政府建设数字化水平……”

关于以数字化促进法治化的表述，主要体现为：①加快推进信息化平台建设。建设法规、规章、行政规范性文件统一公开查询平台，2022 年年底前实现现行有效的行政法规、部门规章、国务院及其部门行政规范性文件的统一公开查询；2023 年年底前各省（自治区、直辖市）实现本地区现行有效地方性法规、规章、行政规范性文件统一公开查询。②加快推进政务数据有序共享。在依法保护国家安全、商业秘密、自然人隐私和个人信息的同时，推进政府和公共服务机构数据开放共享，优先推动民生保障、公共服务、市场监管等领域政府数据向社会有序开放。③深入推进“互联网 +”监管执法。积极推进智慧执法，加强信息化技术、装备的配置和应用，推行行政执法 App 掌上执法。加快建设全国行政执法综合管理监督信息系统，将执法基础数据、执法程序流转、执法信息公开等汇聚一体，建立全国行政执法数据库。

（2）以法治保障数字化政府建设

如国务院《关于加强数字政府建设的指导意见》在第 4 条指出，构建科学规范的数字政府建设制度规则体系。以数字化改革促进制度创新，保障数字政府建设和运行整体协同、智能高效、平稳有序，实现政府治理方式变革和治理能力提升。

关于制度规则体系的构建，主要体现为：①以数字化改革助力政府职能转变。健全完善与数字化发展相适应的政府职责体系，强化数字经济、数字社会、数字和网络空间等治理能力，助力优化营商环境。强化审管协同，打通审批和监管业务信息系统，形成事前事中事后一体化监管能力。充分发挥全国一体化政务服务平台作用，促进政务服务标准化、规范化、便利化水平持续提升。②创新数字政府建设管理机制。明确运用新技术进行行政管理的制度规则，推进政府部门规范有序运用新技术手段赋能管理服务。③完善法律法规制度。推动形成国家法律和党内法规相辅相成的格局，全面建设数字法治政府，依法依规推进技术应用、流程优化和制度创新，消除技术歧视，保障个人隐私，维护市场主体和人民群众利益。持续抓好现行法律法规贯彻落实，细化完善配套措施，确保相关规定落到实处、取得实效。推动及时修订和清理现行法律法规中与数字政府建设不相适应的条款，将经过实践检验行之有效的做法及时上升为制度规范，加快完善与数字政府建设相适应的法律法规框架体系。④健全标准规范。推进数据开发利用、系统整合共享、共性办公应用、关键政务应用等标准制定，持续完善已有关键标准，推动构建多维标准规范体系。加大数字政府标准推广执行力度，建立评估验证机制，提升应用水平，以标准化促进数字政府建设规范化。研究设立全国数字政府标准化技术组织，统筹推进数字政府标准化工作。

综上，笔者认为，数字法治政府是法治建设与数字化在政府职能优化、政府管理模式创新、社会治理方式领域的适用。法治化是数字化的保障，而数字化是法治化的助力工具。

四、数据要素价值的流动

数据要素价值的流通与价值挖掘，是数字化的核心内容之一。从数据本身的流动来看，受制于数据安全、个人信息保护等法规的要求，数据流动有诸多的限制，甚至在部分情况下，部分数据的流动是被禁止的，对此，在本书的相关章节中已经有详细的论述，本处不做进一步分析。但数据要素价值的流动与数据流动本身是两个层面的问题，国家有关政策对于数据要素价值的合法流动采取的是开放的态度。

2019 年 10 月，中共中央《关于坚持和完善中国特色社会主义制度　推进国家治理体系和治理能力现代化若干重大问题的决定》，该决定首次将数据增列为与资本、劳动、土地等要素并列的生产要素。

2021 年 12 月，中央网络安全和信息化委员会办公室发布了《“十四五”国家信息化规划》，规划中指出，稳步推进数据要素化，加快推动数据要素流通，繁荣数据应用生态，增强数据服务于实体经济的效能，构建以数据为关键要素的数字经济。

2022 年 12 月 2 日，中共中央、国务院《关于构建数据基础制度更好发挥数据要素作用的意见》，这个意见一共二十条，因此也被业界称为《数据二十条》。

《数据二十条》指出，数据作为新型生产要素，是数字化、网络化、智能化的基础，已快速融入生产、分配、流通、消费和社会服务管理等各环节，深刻改变着生产方式、生活方式和社会治理方式。数据基础制度建设事关国家发展和安全大局。加快构建数据基础制度，充分发挥我国海量数据规模和丰富应用场景优势，激活数据要素潜能，做强做优做大数字经济，增强经济发展新动能，构筑国家竞争新优势。坚持改革创新、系统谋划，以维护国家数据安全、保护个人信息和商业秘密为前提，以促进数据合规高效流通使用、赋能实体经济为主线，以数据产权、流通交易、收益分配、安全治理为重点，深入参与国际高标准数字规则制定，构建适应数据特征、符合数字经济发展规律、保障国家数据安全、彰显创新引领的数据基础制度。

对于数据产权制度的问题，《数据二十条》开创性地提出了探索数据产权结构性分置制度。建立公共数据、企业数据、个人数据的分类分级确权授权制度。分别界定数据生产、流通、使用过程中各参与方享有的合法权利，建立数据资源持有权、数据加工使用权、数据产品经营权等分置的产权运行机制，推进非公共数据按市场化方式“共同使用、共享收益”的新模式。

对于数据流通交易，则提出了建立合规高效、场内外结合的数据要素流通和交易制度，统筹构建规范高效的数据交易场所，培育数据要素流通和交易服务生态，构建数据安全合规有序跨境流通机制。

对于数据分配收益，提出了建立体现效率、促进公平的数据要素收益分配制度。健全数据要素由市场评价贡献、按贡献决定报酬机制。按照“谁投入、谁贡献、谁受益”原则，通过分红、提成等多种收益共享方式，平衡兼顾数据内容采集、加工、流通、应用等不同环节相关主体之间的利益分配。

2023 年 2 月，中共中央、国务院印发了《数字中国建设整体布局规划》（以下简称《规划》），《规划》指出，要夯实数字中国建设基础。一是打通数字基础设施大动脉。加强传统基础设施数字化、智能化改造。二是畅通数据资源大循环。构建国家数据管理体制机制，推动公共数据汇聚利用，建设重要领域国家数据资源库。加快建立数据产权制度，开展数据资产计价研究，建立数据要素按价值贡献参与分配机制。

此外，各地也相继出台了数据流通和交易的相关政策和地方法规，因篇幅有限，本处不做展开。

五、数字化的发展趋势

数字化在其发展历程中，经历了电子化阶段、网络化阶段、大数据阶段等几个主要的发展阶段。

电子化阶段是数字化的早期发展阶段，即人们开始通过计算机程序处理信息或处理数据，但这一阶段受制于网络传输速率、网络传输安全、数据采集能力与处理能力的限制，数据一般在本地处理。虽然通过计算机对信息进行了数据化处理，但计算机相互之间独立工作，或者仅仅通过内部局域网络实现少量计算机之间的协同工作。很多数字化的基础技术是在这一化阶段发展起来的。

在网络化阶段，大量的数据开始通过互联网进行采集和传输，网络成为数据处理的重要基础设施。

在大数据阶段，数据不仅是通过网络进行采集、传输、处理，数据极大丰富的同时，数据也开始深度介入人们的分析、决策、处理事务的过程中。

随着5G技术、物联网技术、传感器技术、各类终端输出设备、人工智能算法的进一步优化，数字化还将在前述发展阶段的基础上进一步发展，并呈现更为丰富多彩的场景。数字化发展进程在可以预见的期间，有以下大的趋势值得关注。

1. 数据成为客体

数据是什么，一直是各领域思考的问题。按照传统的说法，数据是信息的记录。当然，这种信息记录可以是电子化的，也可以是非电子化的，但无论以哪种方式呈现，数据都只能是信息的记录。数据是信息的记载方式，而非独立的客体。

在对数据进行电子化转化的过程中，电子计算机和处理器等硬件设备、相关操作系统、应用软件、数据库系统，用于办公、商业活动、财务活动、政府事务中产生的信息、表单、资料的录入、汇总、分析与处理。数据电子化完成后，通过电子邮件、网站访问、API接口调用、云服务等方式，可以实现数据的网络访问、传输与交互，这些措施大大提高了数据利用的效率，也提高了数据存储、处理和分析的能力，从而为大数据运用创造了良好的条件。

然而，对上述活动进行分析后不难看出，其收集、传输、使用数据是为了相应场景下事务的处理。数据是商务活动、政务活动、生产活动必不可少的记录，但数据本身并不具有独立性。人们在完成能够生成数据的有关活动后，数据更多被沉淀下来，作为业务记录和档案发挥价值。

但随着数字化的发展，人们发现，数据除了发挥事务处理、过程记录和档案功能外，还蕴含着更多的额外价值。

我们以电子商务平台累积的数据为例，在平台运行的早期阶段，收集个人信息主要是为完成用户注册、产品送货、售后服务的需要。然而，随着电商平台数据获取量的增加，维度的逐渐丰富，电子商务平台所获取的个人信息逐渐产生超越原有商业场景需求的用途。比如，多维度的个人信息可以用来分析消费者的行为倾向和消费偏好，还可以用来进行个人的信用分析，而分析的结果可以用来进行精准营销和消费金融支持。而达到一定数量的个人信息，则可以用来进行特定产品的市场分析，用于开发新产品和提供市场策略支持。

数据的用途不仅仅用于直接处理相关事务和记载交易过程，还可以被用于与收集数据场景完全不相关的其他活动，即数据具备独立的价值。

随着数据要素理论的完善，以及数据流通价值理论的完善，数据要素的合理流动和数据交易也成为各个国家产业政策所考虑的发展方向。

因此，大数据和数字经济的发展使数据逐渐从信息的记录开始转化为独立的客体。

2. 数据赋能加速

数据赋能已经被国家产业政策提到了相当的高度，在《规划纲要》第十五章专门就数据赋能进行了表述。该章节提到“充分发挥海量数据和丰富应用场景优势，促进数字技术与实体经济深度融合，赋能传统产业转型升级，催生新产业新业态新模式，壮大经济发展新引擎”。具体内容包括以下三个方面：

（1）加强关键数字技术创新应用

聚焦高端芯片、操作系统、人工智能关键算法、传感器等关键领域，加快推进基础理论、基础算法、装备材料等研发突破与迭代应用。加强通用处理器、云计算系统和软件核心技术一体化研发。加快布局量子计算、量子通信、神经芯片、DNA 存储等前沿技术，加强信息科学与生命科学、材料等基础学科的交叉创新，支持数字技术开源社区等创新联合体发展，完善开源知识产权和法律体系，鼓励企业开放软件源代码、硬件设计和应用服务。

（2）加快推动数字产业化

培育壮大人工智能、大数据、区块链、云计算、网络安全等新兴数字产业，提升通信设备、核心电子元器件、关键软件等产业水平。构建基于 5G 的应用场景和产业生态，在智能交通、智慧物流、智慧能源、智慧医疗等重点领域开展试点示范。鼓励企业开放搜索、电商、社交等数据，发展第三方大数据服务产业，促进共享经济、平台经济健康发展。

（3）推进产业数字化转型

实施“上云用数赋智”行动，推动数据赋能全产业链协同转型。在重点行业和区域建设若干国际水准的工业互联网平台和数字化转型促进中心，深化研发设计、生产制造、经营管理、市场服务等环节的数字化应用，培育发展个性定制、柔性制造等新模式，加快产业园区数字化改造。深入推进服务业数字化转型，培育众包设计、智慧物流、新零售等新增长点。加快发展智慧农业，推进农业生产经营和管理服务数字化改造。

数据赋能与数据的丰富和传输、处理能力的提升紧密相关，4G 乃至 5G 的应用极大地提升了移动互联网的网络传输速率，各类智能终端和传感器的应用也丰富了数据的来源。各类智能应用开始进入生产、生活的各个领域，如移动支付应用、移动电子商务、网络金融、手机游戏、交通出行应用、远程医疗、音视频应用、远程教育以及各类OTO应用。通过各种移动应用程序的运用，用户与网络运营者之间不断进行数据交互，而运营者也可以实时大量收集与用户有关的各类信息。当前在大数据运用领域，个人用户及消费领域是最主要的场景。而随着5G的应用与普及，移动终端将从手机逐渐扩展到可穿戴设备、交通工具、智能家居、机器设备、各类公共场所的传感器，数据获得数量、维度都将前所未有的丰富。这将为传统产业的升级转型提供赋能，并催生新的商业模式、生产方式、生活方式和社会治理方式。

3. 数字孪生

数字孪生是利用物理学模型、传感器更新、运行历史等数据，集成多领域、多物理量、多维度、多概率的数字化仿真过程，将现实世界在虚拟空间中完成数字化映射。

数字孪生作为数字化发展的重要形态，受到国家产业政策的高度关注。我国《规划纲要》在描述数字社会建设的图景时，即提到了数字孪生。《规划纲要》第十六章第二节“建设智慧城市和数字乡村”即提到“探索建设数字孪生城市”，将数字孪生城市作为智慧城市和数字乡村的重要实现路径。

数字孪生是数字技术全面融入社会交往和日常生活的新趋势，有利于促进公共服务和社会运行方式创新，构筑全民畅享的数字生活。按照规划要求，以数字化助推城乡发展和治理模式创新，分级分类推进新型智慧城市建设，将物联网感知设施、通信系统等纳入公共基础设施统一规划建设，推进市政公用设施、建筑等物联网应用和智能化改造。完善城市信息模型平台和运行管理服务平台，构建城市数据资源体系，推进城市数据“大脑”建设。

数字孪生是数字化发展到一定阶段的产物，其概念提出最早可以追溯到美国国防部提出的“Digital Twin”技术。该技术首先用于航空航天飞行器的健康维护与保障，通过在数字空间建立真实飞机的模型，并与飞行器真实状态完全同步，根据结构现有情况和过往载荷，及时分析评估飞行器是否需要维修及下次的任务载荷等。数字孪生技术诞生后，其适用领域也在不断扩展，从飞行器到数字厂房、生产线的仿真与模拟。

在我国工业和信息化部发布的《工业互联网创新发展行动计划（2021—2023)》中，对数字孪生有着重的表述和规划。其中主要包括四个方面的内容：

（1）提升平台应用服务水平。引导跨行业跨领域平台汇聚更广范围的生产要素资源，面向原材料、装备、消费品、电子信息、能源、医疗医药、建筑等重点行业及产业集聚区，支持建设50家行业和区域特色平台，支持建设云仿真、数字孪生、数据加工、故障预测与健康管理（PHM）等技术专业型平台，加快信息技术创新应用。强化平台工业数据集成、管理及工艺、控制、运维等工业机理建模能力，研发构建数字孪生创新工具，打造一批“平台＋产品”“平台＋模式”“平台＋行业/区域”创新解决方案。

（2）培育高质量工业App。发展普适性强、复用率高的基础共性工业App，以及基于知识图谱和智能算法的可适性工业App。发展基于数字孪生技术的工业智能解决方案，支持开源社区、开发者社区建设，发展工业App商店，促进工业App交易流转。

（3）拓展服务化延伸。支持装备制造企业搭建产品互联网络与服务平台，开展基于数字孪生、人工智能、区块链等技术的产品模型构建与数据分析。

（4）突破新型关键技术与产品。支持领先企业加快网络、标识、平台与安全的关键技术与产品研发。推动边缘计算、数字孪生、区块链等与工业互联网的融合技术研究。

第二章 数字化对法律的影响

数字化的发展，给社会生活各个方面带来了深刻的影响，这种影响不仅体现为新技术的应用和商业模式、社会治理模式、生产方式的变革，还体现为对人们的思想观念带来巨大的影响。法律作为调整社会关系的规范，也必然受到数字化的影响。

一、数字化与法律发展的匹配问题

数字化作为新的技术力量，一方面需要相应的法律予以规范，另一方面数字化也会影响法律的发展。数字化所带来的技术问题和模式创新，对于人类社会来说均为新问题，数字化与法律体系的匹配问题，是数字化发展中亟待解决的课题。笔者认为，数字化与现有法律体系的匹配，主要有以下两方面的问题：

1. 创新与立法滞后的关系问题

数字化是技术与治理模式的创新，而法律对于社会的规制总体上应该是稳定甚至是保守的，这决定了在数字化创新的过程中，法律总体是滞后的。数字化发展的创新，主要体现在以下三个方面：

（1）新技术

与前两次工业革命不同的是，数字化转型是以信息技术为基础的，其中无线数字通信技术、移动互联网、密码技术、大数据、云计算、区块链、人工智能等新技术的应用是数字化技术最为直观的体现。

这些新技术的应用无疑可以为社会带来福祉，但是技术本身的法律意义、法律内涵、消极影响等因素，需要时间和周期进行评估。技术的创新性和法律本身的保守性、稳定性要求之间如何取得较好的统一，则是信息技术带给立法者的思考。比如，大数据、人工智能的应用者与社会公众利益之间的平衡，即为新技术带来的立法难点。

（2）新模式

新模式也被称为新业态，是运用数字化技术进行流程再造与整合后的产物。数字化转型过程中，各类新模式、新业态层出不穷，而且可以预见的是，随着技术发展，新的模式还会不断涌现。

例如，金融行业与零售行业的融合，即产生了网络消费金融业态。在线零售业的交易场景会带来用户的诚信数据和征信数据，以及用户最为直接的金融产品需求。结合金融机构自身的数据以及社会第三方的数据，通过大数据算法所产生的风险控制机制，则可以为用户提供高效而个性化的消费金融服务。对于金融机构而言，风险与定价挂钩是其实施风控的重要方法。

又如，医疗行业中的智慧辅助诊疗也是模式创新的体现。通过对专科专病大数据的汇总与研究，以计算机辅助方式对特定疾病诊疗的病征进行归纳，从而可以在诊疗活动中为医生提供支持。

而智能制造与供应链、销售渠道的深度融合，则是模式创新在工业领域的体现。工厂的制造环节与消费者的最终需求以及供应链的材料供应通过数字化技术实施匹配，最大限度地做到以销定产、精准匹配、库存最优。

数字化所产生的新模式对于法律所带来的最大冲击在于，原来以合同文件、法律行为作为标志的法律关系分析方法变得更为复杂，一个特定的行为往往会触发多个法律行为，从而使传统的法律关系分析方法变得难以适用。

法律工作者需要具备“洞穿”新模式的综合专业能力和分析能力，从而在融合的场景中找到法律分析的思路。对于立法者而言，同样需要在复杂的新模式下找到最优的立法思路，运用适当的立法技术，将融合的场景进行法律调整。这不仅需要打破原有部门法的思路，还需要考虑与其他部门法律的衔接。

（3）新驱动力

数字化不仅是新技术、新模式，更是社会发展的新驱动力。这意味着数据成为生产要素。与劳动力、资本、知识资产等要素不同的是，数据的属性、权属等问题在传统的法律中并无现成的答案，因为数据的复杂性难以通过某一部部门法加以规制。

综上，数字化转型所伴随的新技术、新模式、新驱动力均给法律带来了新的挑战，有诸多问题需要解决。但总体而言，法律相对于技术发展是较为滞后的。

此外，数字化的特点是跨域融合，这意味着数字化表现出技术复杂、模式复杂、业态复杂的特征。

仅以元宇宙为例，其适用的技术即包括 VR 和 AR 等扩展现实技术以及数字孪生技术和区块链技术，还涉及其他一些基础的信息技术应用。而元宇宙得到应用，可能会带来生活方式、生产模式的变化与融合。数字化转型催生的这些新的业态，也需要更为综合化的法律体系予以规制。

2. 诸多技术概念的法律边界并不清晰

（1）网络空间的外延问题

网络空间的外延决定了数字化进程中诸多法律问题的界定，比如计算机信息系统安全的边界。网络空间的无形性使传统的边界认定标准无法适用于网络空间。

比如，传统物理世界中，边界以物理空间为基础。房屋封闭的隔墙决定了房屋所有权的边界，国土空间决定了国家权力的边界。网络空间中，物理的概念消失了，而同等类型的对应概念却并不清晰。

仅以计算机信息系统的安全来看，“安全”的边界在哪里？这决定了是否构成范围的问题。

我国《刑法》第 285 条规定了“非法获取计算机信息系统数据罪”。该罪名的具体表述为，违反国家规定，侵入国家事务、国防建设、尖端科学技术领域以外的计算机信息系统或者采用其他技术手段，获取该计算机信息系统中存储、处理或者传输的数据，情节严重的。但是，何谓“侵入”？这与网络空间的边界紧密相关。最高人民法院、最高人民检察院《关于办理危害计算机信息系统安全刑事案件应用法律若干问题的解释》（法释〔2011〕19 号）对于非法获取计算机信息系统数据罪客观方面中“侵入”的特征，也未予以明确。

该罪名所要保护的法益是信息系统的安全，但是，对于何为“安全”却没有客观且具有可操作性的认定标准。

在现实中，由于对“侵入”或“其他技术手段”的界定存在不清晰的地方，而“获取该计算机信息系统中存储、处理或者传输的数据”本身又是一个模棱两可的表述方式，理论上讲，即使是获取公开网页数据，这些数据也是属于计算机信息系统中的数据。

由于法律对于安全的界定不够清晰，导致现实中常见的“以自动化程序获取网络公开数据（爬虫）”的应用边界很难掌握。

笔者认为，基于对相关法律、规章及法规的理解，应从以下三个方面理解计算机信息系统安全的内涵：其一，自主访问控制。即信息系统的控制者能够决定访问控制策略，让合法许可的用户访问系统，而将非授权用户挡在系统访问之外。其二，身份鉴别机制。对于经过授权的特定用户，能够通过用户身份与登录密码等控制措施进行有效的身份鉴别。其三，数据的安全完整。信息系统安全的核心是数据安全，通过自主访问控制策略与身份鉴别机制，保护系统数据的安全及完整，使其不被篡改、窃取、泄露。

（2）数据的权益归属问题

数字化体系作用的发挥以数据的收集、处理、运用为基础，数据已经成为数字化时代最为重要的生产要素。正因如此，对于数据的权益之争必然也会成为经济学、社会学、法学最为前沿的问题。

数据除了其利用价值外，由于其作为信息记载的特性，往往与产生数据的场景或者主体具有紧密的联系，这决定了数据权属确定的复杂性。

以个人信息为例，按照我国《民法典》的规定，个人信息属于人格权的保护范畴。个人信息经个人知情同意，被企业收集、处理和实际占有，并产生经济利益。这种二元属性决定了个人信息权属的认定将面临复杂的价值选择，一方面，个人信息来自个人的身份和活动，是人格尊严和个人安全的保障；另一方面，个人信息具有很强的“外部性”，自然人必须与外界交往和发生联系，其个人信息势必处于一种随时可以被其他主体收集和记载的状态。个人信息既有个人属性，又有一定的社会属性。如何平衡个人的安全与尊严，同时又不至于影响社会正常的交往和联系，或者影响数字经济的健康发展，是个人信息立法中必须平衡的关系。因此，我国法律并未对个人信息权利进行界定，而是采用了“个人信息权益”的表述。

《民法典》第1035条、第1036条、第1037条分别规定了处理个人信息的原则、个人信息处理者的权利、自然人围绕个人信息而享有的权利等。

我国《个人信息保护法》同样采用了“个人信息权益”这一概念，该法第2条规定，自然人的个人信息受法律保护，任何组织、个人不得侵害自然人的“个人信息权益”。

除了个人信息数据的权属外，公共数据的权属也值得关注。目前国家层面的法律法规并未明确界定数据权属。部分地方立法的征求意见稿中曾经出现过将政务数据列入“特殊国有资产”的表述，但最终未采用此类表述。

从数据来源的复杂性角度看，数据权利界定问题也存在复杂性。数据是无形的，是否属于“财产”，属于何种类型的财产尚不明确。另外，对于公共数据中的大量个人信息，则需要考虑与个人信息权益的衔接问题。

综上，由于数据的特征，数据权利问题的认定较为复杂，当前采用的均为“权益”概念，未来对于数据如何定性，尚需法律进一步明确。

值得注意的是，2020年3月30日，中共中央、国务院发布了《关于构建更加完善的要素市场化配置体制机制的意见》。其中第六部分专门提到了加快培育数据要素市场。该部分主要内容包括：①推进政府数据开放共享。优化经济治理基础数据库，加快推动各地区各部门间数据共享交换，制定出台新一批数据共享责任清单。研究建立促进企业登记、交通运输、气象等公共数据开放和数据资源有效流动的制度规范。②提升社会数据资源价值。培育数字经济新产业、新业态和新模式，支持构建农业、工业、交通、教育、安防、城市管理、公共资源交易等领域规范化数据开发利用的场景。该部分还提到了“探索建立统一规范的数据管理制度，提高数据质量和规范性，丰富数据产品。研究根据数据性质完善产权性质。制定数据隐私保护制度和安全审查制度”。

（3）区块链

我国关于区块链的监管始于对比特币等区块链货币的监管，此后，国家互联网信息办公室颁布了《区块链信息服务管理规定》，最高人民法院在证据规则中也将区块链证据作为电子证据的一种。

但是，总体而言，对于区块链尚无全国人大层次的立法，立法层级并不高。而且，法律层面对于区块链的定义、区块链的法律效力、区块链参与各方的权利义务、区块链节点的法律属性、区块链参与各方的法律责任等均没有进行规定。

比如，对于近期较为热点的NFT数字藏品，我国法律并无直接可以规制的内容。

NFT（Non－Fungible Token），代表非同质化代币，是一个独特的数字资产（艺术品、音乐或者游戏资产），意指不可替代的通证，即在智能合约中记录着唯一信息。理论上讲，在区块链上认证后，每个 NFT 都是独一无二的。但实际上，数字资产在法律上的定位并不清晰，虽然我国《民法典》提到了“网络虚拟财产”，并将对于“网络虚拟财产”进行规定的空间留给了其他法律，但对于 NFT 或类似的数字藏品，我国并无相关法律予以规定。

法律的空白给虚拟数字资产的投机带来的便利，当然，这种法律的“留白”不排除能够给创新带来空间，但也给过度炒作带来了便利，从而可能会带来一定的社会危害。

二、数字化思维与传统法律思维的兼容问题

数字化对于法律的冲击，除数字化给立法、执法带来的问题外，对于传统法律思维的冲击同样突出。笔者认为，以下两个方面值得关注：

1. 物理边界的模糊与消失

传统法律体系中的很多概念、制度与物理空间紧密相关，是对于物理世界的界定。比如所有权的概念即与有形物的特征是相关联的。对于物权而言，其客体首先应该是有形物，并以物的特征区分为动产和不动产。

动产物权的设立和转让，应当依照法律规定交付。不动产物权的设立、变更、转让和消灭，应当依照法律规定登记。按照不动产物权登记的一般原理，对于不动产物权中的所有权，其标的应有明确的四至范围。不动产物权中的抵押权，也是针对特定的不动产设立的。这些制度设置，其基础都是依托一定的物理空间。

但是在数字化转型中，物理空间的概念不再突出，甚至不复存在。房屋建筑物的概念被服务器替代，道路的概念则被网络线路替代，而文字形式的规则被代码、传输协议取代。这些变化都会带来思维方式的变化。

在传统物理世界中，空间的转化、递进都是依次进行的，这也就决定了传统的法律思维对于形式逻辑的高度重视。而网络空间中，不能用物理空间概念进行类比。如果没有访问许可和权限，即使是物理上紧邻的两台设备，也不能相互访问。如果拥有访问权限，哪怕是位于几千公里之外的服务器和数据库，也可以在瞬间完成访问和数据的调用，加上数据在网络中的传输是在瞬间完成的。因此，

调用资源的思维在网络空间中成为另一种重要的思维方式。

对应到法律工作者，如何在传统的逻辑思维基础之上优化思维方式，是面对数字化转型需要考虑的问题。

2. 法律关系的模糊与融合

网络空间边界的模糊，导致诸多法律关系趋于模糊。网络安全、系统入侵的内涵尚待进一步明确，对于数据爬虫等行为以及反爬虫措施的定性仍存在不同的理解，这也涉及不正当竞争的民事法律责任与危害计算机信息系统安全的刑事责任的交织。

此外，随着云计算的发展，相关主体之间的行为边界和法律责任边界也存在一定的模糊。

在电子合同领域，由于电子合同的特殊性，一个签署行为可能代表多个意思表示，融合了多个不同的法律行为，这与传统的法律文件签署需要多个签署行为不同。

还有就是区块链存证的过程，一个上传行为将会在多个节点同时完成记录，这也会模糊原有的证据保存、证据举证、证据认定的不同环节，给司法领域带来新的观念冲击。

三、数字化时代法律职业能力问题

长期以来，法律工作者将法律专业知识输出作为工作的核心，法律专业知识无疑是法律工作的根本，也是法律工作的基础，对于法律服务行业而言，更是如此。在信息不对称、社会公众获取专业知识渠道有限的条件下，法律专业知识可以形成较高的行业壁垒。但在互联网高度发展，资讯渠道日益多元化的今天，社会公众获取某一领域专业知识的门槛在降低。如果说在传统社会中法律知识属于信息不对称程度较高的知识领域，那么在信息技术高度发达的当下，法律知识中属于信息不对称的区间已经被大幅度压缩。如果法律风险防范仅以法律专业知识的输出为特征，以定性化的服务为路径，其局限性就会显现。笔者认为，主要有以下四个方面的局限：

其一，法律风险防控的滞后问题。以法律专业知识输出为主的法律风险防范，一定程度上表现为提供专业知识。但在数字化环境下，由于业务流程的复合化与融合性，如果对于流程、技术路径未充分了解、熟悉，则由于风险防范的被动性，防范风险的措施往往已经滞后。

其二，注重定性而对过程关注不足。法律作为一种行为规则，定性判断是对法律服务最基本的要求。然而，企业管理则是一个流程化的动态过程。在数字化环境下，流程化的特征更为突出。法律风险防范工作除了提供定性化的方案与建议外，也需要对流程予以充分的关注。

其三，注重静态结果，对达成结果的方法关注不够。结果导向的风险防范有助于企业快速了解法律风险，但很多情况下，获取结果只是目标之一。在落实相关风险防范方案的过程中，达成方案的方法论往往更为重要。

其四，注重特定问题而对体系关注不足。在数字化环境下，仅仅从法律角度进行风险防范是不够的，还需要从体系化的角度关注技术问题、行业监管问题。

因此，在数字化环境下，法律风险防范体系应从注重知识输出，转化为注重专业能力的输出。

笔者认为，专业能力输出型的法律风险防范具有以下特点：其一，法律风险防范与业务模式及流程匹配。其二，法律风险防范与企业整体风控体系融合。其三，法律风险防范支持业务健康发展。而上述能力的达成，则需要法律工作者在以下几个方面构建自己的知识与能力体系，从而与数字化进程相适应。

1. 法律知识

法律知识的积累是最为根本的能力，面对数字化转型的法律风险控制问题，法律知识的积累应具有一定的针对性。

（1）传统法律知识的积累

虽然数字化发展具有很强的创新属性，但在数字化过程中，传统法律依然发挥了重要的调整作用。特别是在数字化立法暂时未能完备的情况下，对传统法律的精通，有利于合理判断风险。

笔者以个人信息为例，《个人信息保护法》于 2021 年 11 月 1 日起施行，但对于个人信息的收集、使用、提供等处理活动却是伴随着互联网经济的发展而快速发展的，在互联网经济发展相当长的时间段内，并没有专门的个人信息保护法规，但依据当时的《民法通则》及《刑法》等法律，司法机关仍然通过司法裁判职能，保护了个人信息主体的权益。此外，依据《商业银行法》《保险法》等金融法律，金融监管机构也履行了个人信息保护的职责。

再以区块链货币的监管为例，虽然当前全国人大尚未制定有关区块链的专门法律，但是中国人民银行等监管机构依据有关法律确定的原则，对比特币等区块链货币的撮合交易、支付结算进行了规制。

这些都体现了数字化进程中传统的法律法规依然是法律规制的重要组成部分。

（2）数字化法律知识的积累

经过30年左右的立法积累，特别是最近10年，我国数字化立法取得了卓著的成效，已经形成了网络安全、数据安全、个人信息保护、电子合同与电子签名、密码管理、区块链、云计算、人工智能规制等全方位的立法体系（本书第三章将对立法体系做介绍，此不赘述）。

这些立法构成了我国数字化转型的法律规则体系，并起到了规范数字化发展的积极作用。

数字化立法与传统立法相比，有以下三个方面的显著特征：

其一，公法与私法边界淡化。

这一点在《个人信息保护法》中的体现尤为突出。该法既有大量的篇幅用于规定个人的权利、个人行使权利的方式与途径，也有大量的篇幅用于规定国家相关机关如何保护个人信息权益，如何对个人信息的出境、利用进行安全评估。

其二，法律对于企业内部合规更为重视。

传统法律体系中，一般以权利、义务、责任为基础，相关主体如果未能遵从义务，则应承担法律责任。

而数字化立法中，多部法律除了权利、义务、责任外，还规定了企业应建立规章、制度、流程，法律从合规制度体系建设角度出发，介入企业内部的制度建设，督促企业合规经营。

比如，《网络安全法》规定，网络运营者应制定内部安全管理制度和操作规程，确定网络安全负责人。关键信息基础设施的运营者还应当履行下列安全保护义务：①设置专门安全管理机构和安全管理负责人，并对该负责人和关键岗位的人员进行安全背景审查；②制定网络安全事件应急预案，并定期进行演练；③网络运营者应当对其收集的用户信息保密，并建立健全用户信息保护制度。

《数据安全法》则规定，开展数据处理活动应当依照法律、法规的规定，建立健全全流程数据安全管理制度。重要数据的处理者应当明确数据安全负责人和管理机构。

《个人信息保护法》规定，提供重要互联网平台服务、用户数量巨大、业务类型复杂的个人信息处理者，应当履行下列义务：①按照国家规定建立健全个人信息保护合规制度体系，成立主要由外部成员组成的独立机构对个人信息保护情况进行监督；②遵循公开、公平、公正的原则，制定平台规则，明确平台内产品或服务提供者处理个人信息的规范和保护个人信息的义务；③对严重违反法律、行政法规处理个人信息的平台内的产品或服务提供者，停止服务；④定期发布个人信息保护社会责任报告，接受社会监督。

《关键信息基础设施安全保护条例》则对关键信息基础设施运营者提出了特定的合规要求。运营者应当建立健全网络安全保护制度和责任制，保障人力、财力、物力投入。专门安全管理机构具体负责本单位的关键信息基础设施安全保护工作，履行下列职责：①建立健全网络安全管理、评价考核制度，拟订关键信息基础设施安全保护计划；②组织推动网络安全防护能力建设，开展网络安全监测、检测和风险评估；③按照国家及行业网络安全事件应急预案，制定本单位应急预案，定期开展应急演练，处置网络安全事件；④认定网络安全关键岗位，组织开展网络安全工作考核，提出奖励和惩处建议；⑤组织网络安全教育、培训；⑥履行个人信息和数据安全保护责任，建立健全个人信息和数据安全保护制度；⑦对关键信息基础设计、建设、运行、维护等服务实施安全管理；⑧按照规定报告网络安全事件和重要事项。

其三，公共利益与国家安全色彩突出。

数字化意味着互联互通，一方面能够极大地便利商业活动和群众生活，另一方面也意味着数据被大量归集和利用。数据的集中在特定情况下将会与公共利益及国家安全产生较多的交集。因此，在数字化立法中，诸多立法均体现了公共利益保护及维护国家安全的价值目标。

充分学习数字化立法，掌握其精髓，也是法律工作者在数字化转型中需要提升的法律能力。

2. 网络与信息技术领域的知识积累

数字化转型是一系列信息技术与网络技术推动下的进程，无论是制造业的数字化转型、商业数字化转型、生活方式的数字化转型，还是社会治理的数字化转型，支持模式创新的都是当代信息技术。

以信息技术为支撑的数字化转型过程，运用了大量的自动化程序，并体现出以下三个特点：

其一，技术与模式迭代快。新技术的运用往往意味着新业态的出现，在数字化转型领域，属于典型的实践驱动，行业整体的风险理论研究、风险防范模型、风控方法不够完善。由于业态新，导致对该类业态的业务流程、业务模式的认知模糊，从而无法清晰识别可能存在的法律风险。

其二，流程隐蔽。由于数字化业务往往具有在线化的特征，导致其业务流程高度自动化和智能化，并且数字化转型中涉及大量数据，而数据具有无形性的特征，从而使整个流程比较隐蔽。

其三，业务操作的自动化。自动化意味着大量的业务处理过程脱离了人工，而是主要靠自动化程序完成。

以上特点决定了法律工作者应对数字化背后的信息技术有所了解，并做必要的知识储备，主要对网络与通信原理、网络安全、电子合同与电子签名、密码学、区块链、云计算、人工智能的基本原理与概念有所了解。法律工作者并不要求达到深度理解这些技术的层次，但需要对相关技术的功能有所了解，以便更有利于了解数字化新业态及其流程与风险。

3. 行业知识的积累

数字化转型离不开行业属性，不同的行业在数字化转型过程中不仅有不同的实现路径和节奏，还有不同行业监管规则。研究数字化转型的法律风险问题，除了共性问题，还应关注行业特点，以此为基础打造的知识结构才是有针对性的。

我们以几个数字化转型的典型行业为例，金融行业数字化转型的进程较快，且由于金融交易的特点，部分业务领域已经可以做到全流程在线化。但是，金融行业同时也是国家监管最为严格的行业之一，在数字化转型过程中，行业监管政策对于业务流程的引导作用较其他行业更为严格。

而对于健康医疗行业而言，数字化进程虽然在不断提速，但医疗行业的特点决定了部分诊疗活动的主要环节还需要依赖线下，因此，其数字化进程中的法律风险，除了线上的风险外，还要关注线下的风险，比如人员管理、检验样本管理、药房管理等。

行业知识与信息技术、法律知识一起共同构建了数字化转型中的知识储备，对于法律工作者而言，不可偏废。

第三章 数字化立法的现状与相关体系

一、数字化立法的源起

我国数字化立法的发展是随着国际互联网接入而发展起来的，这一时期小型办公电脑开始进入机关、企事业单位、科研机构及大学，计算机开始从单机工作逐渐向联网化发展，局域网、广域网、互联网成为计算机终端之间进行信息交互的渠道。而电子邮件、网页信息浏览、社区论坛等信息交流方式逐渐开始普及。人们相互之间的交流方式也从传统的信函、电话、电报逐渐向邮件、即时通信等方式过渡，数字化应用拉开序幕。

1. 早期立法的背景

早期的数字化立法的背景是互联网在我国的高速发展，以及由此带来的法治化需求。“在 20 世纪 80 年代中后期，中国的科研人员和学者就在国外同行的帮助下，积极尝试利用互联网。在 1992 年、1993 年国际互联网年会等场合，中国计算机界的专家学者曾多次提出接入国际互联网的要求，并得到国际同行们的理解与支持。1994 年 4 月，在美国华盛顿召开中美科技合作联委会会议期间，中国代表与美国国家科学基金会最终就中国接入国际互联网达成一致意见。1994 年 4 月 20 日，北京中关村地区教育与科研示范网接入国际互联网的 64K 专线开通，实现了与国际互联网的全功能连接，这标志着中国正式接入国际互联网。”①

① 国务院新闻办公室：《〈中国互联网状况〉白皮书》，载国务院新闻办公室网站，www. scio. gov. cn，最后访问时间：2023 年 3 月 12 日。

（1）系统安全的早期立法

计算机联网化的发展，也意味着计算机从物理上的单机状态开始接入网络，从而形成了各种类型的信息系统。通过信息系统，人们可以实现信息的传输和共享，实现跨域的学术研究成果交流、商业缔约、企业管理、金融交易、行政管理职能。但联网化带来一个新的问题，即风险通过网络在不同的信息系统之间蔓延。计算机病毒、黑客入侵、网络攻击，以及由此带来的数据非法访问、数据丢失、数据篡改、系统崩溃、系统非法控制，都是联网化给信息系统带来的新问题。

为了应对这一问题，我国于 1994 年制定了首部规范计算机信息系统安全的行政法规——《计算机信息系统安全保护条例》。该条例的制定目的是保护计算机信息系统的安全，促进计算机的应用和发展，并对计算机信息系统作了界定，即由计算机及其相关的和配套的设备、设施（含网络）构成的，按照一定的应用目标和规则对信息进行采集、加工、存储、传输、检索等处理的人机系统。

在这一阶段，法律法规对于计算机信息系统的关注，主要围绕系统的物理安全性、信息系统间信息传输的安全性、安全保护制度、公安机关的监督职责及法律责任。在这部条例中，对于计算机病毒、计算机信息系统安全专用产品的定义，也作了相应的规定。

《计算机信息系统安全保护条例》可以视为我国数字化立法的开端，但该立法主要侧重于系统本身的安全性。虽然系统安全的最终目的是对于系统内的信息、数据安全予以保护，但总体而言，由于当时的信息化水平和数据化水平的限制，条例并未直接规定信息和数据的安全及合规利用。

2011 年，为了适应数字化发展的需要，国务院发布了《计算机信息系统安全保护条例》。

（2）国际联网的早期立法

针对国际联网带来的国际网络接入服务资质、国家安全及泄密等问题，国务院 1996 年 1 月 23 日通过了《计算机信息网络国际联网管理暂行规定》，并于 1996 年 2 月 1 日发布并施行。

该规定对于国际联网的出入口信道及接入服务资质作了规定，并规定从事国际联网业务的单位和个人应当遵守国家有关法律、行政法规，严格执行安全保密制度，不得利用国际联网从事危害国家安全、泄露国家秘密等违法犯罪活动，不得制作、查阅、复制和传播妨碍社会治安的信息和淫秽色情等信息。

1997年5月20日，国务院发布了《关于修改〈中华人民共和国计算机信息网络国际联网管理暂行规定〉的决定》。按照1997年的修正，确立了由国务院信息化工作领导小组（以下简称领导小组）负责协调、解决有关国际联网工作中的重大问题；已经建立的互联网络，由邮电部（后职能由工业和信息化部承担）、电子工业部（后职能由工业和信息化部承担）、国家教育委员会和中国科学院管理。

1997年12月16日，公安部发布了《计算机信息网络国际联网安全保护管理办法》，并于1997年12月30日实施。该办法规定，由公安部计算机管理监察机构负责计算机信息网络国际联网的安全保护管理工作，并规定任何人不得从事如下危害计算机信息网络安全的五类活动：（1）未经允许，进入计算机信息网络或者使用计算机信息网络资源的；（2）未经允许，对计算机信息网络功能进行删除、修改或者增加的；（3）未经允许，对计算机信息网络中存储、处理或者传输的数据和应用程序进行删除、修改或者增加的；（4）故意制作、传播计算机病毒等破坏性程序的；（5）其他危害计算机信息网络安全的。该办法已于2011年修订。

1998年2月13日，领导小组发布了《计算机信息网络国际联网管理暂行规定实施办法》（以下简称《实施办法》），国家计委、邮电部、电子工业部、国家教育委员会、中国科学院作为收文机关。

2. 早期立法的特点

在互联网发展的早期阶段，由于应用场景有限，商业等各种产业应用发展处于早期阶段，网络对于社会生活的影响相对较小，数字化发展程度不高，这一阶段的立法更为注重计算机信息系统及联网安全，以及对于国际联网的监管。

（1）注重系统及联网安全

以《计算机信息系统安全保护条例》为例，该条例对于计算机信息系统进行了界定，计算机信息系统是指由计算机及其相关的和配套的设备、设施（含网络）构成的，按照一定的应用目标和规则对信息进行采集、加工、存储、传输、检索等处理的人机系统。

这一概念与《网络安全法》中所规定的“网络”内涵大致类似。① 但条例对于计算机信息系统安全保护的内涵，则与《网络安全法》中规定的“网络安全”内涵的侧重点有所差异。《计算机信息系统安全保护条例》第3条规定：“计算机信息系统的安全保护，应当保障计算机及其相关的和配套的设备、设施（含网络）的安全，运行环境的安全，保障信息的安全，保障计算机功能的正常发挥，以维护计算机信息系统的安全运行。”该条规定虽然提到了“保障信息的安全”，但是对于信息安全的内涵却并未展开。笔者认为，这与当时信息与数据价值发掘的实际状况是相适应的。在《网络安全法》中，对于“网络安全”的界定则更加突出数据的价值。《网络安全法》第76条中将网络安全界定为“通过采取必要措施，防范对网络的攻击、侵入、干扰、破坏和非法使用以及意外事故，使网络处于稳定可靠运行的状态，以及保障网络数据的完整性、保密性、可用性的能力”。这一界定相比《计算机信息系统安全保护条例》的规定，对于信息安全更为突出数据的“完整性、保密性、可用性”。

（2）注重国际联网接入的监管

对于计算机信息系统国际联网，我国相关法规较早进行了规制。《计算机信息网络国际联网管理暂行规定》第6条规定：“计算机信息网络直接进行国际联网，必须使用邮电部国家公用电信网提供的国际出入口信道。任何单位和个人不得自行建立或者使用其他信道进行国际联网。”《计算机信息网络国际联网管理暂行规定实施办法》第3条第3项规定：“国际出入口信道，是指国际联网所使用的物理信道。”《计算机信息网络国际联网安全保护管理办法》第9条规定：“国际出入口信道提供单位、互联单位的主管部门或者主管单位，应当依照法律和国家有关规定负责国际出入口信道、所属互联网络的安全保护管理工作。”

---

① 《网络安全法》第76条规定：“本法下列用语的含义：（一）网络，是指由计算机或者其他信息终端及相关设备组成的按照一定的规则和程序对信息进行收集、存储、传输、交换、处理的系统。（二）网络安全，是指通过采取必要措施，防范对网络的攻击、侵入、干扰、破坏和非法使用以及意外事故，使网络处于稳定可靠运行的状态，以及保障网络数据的完整性、保密性、可用性的能力。（三）网络运营者，是指网络的所有者、管理者和网络服务提供者。（四）网络数据，是指通过网络收集、存储、传输、处理和产生的各种电子数据。（五）个人信息，是指以电子或者其他方式记录的能够单独或者与其他信息结合识别自然人个人身份的各种信息，包括但不限于自然人的姓名、出生日期、身份证件号码、个人生物识别信息、住址、电话号码等。”

此外，近年来，国家加强了对跨境虚拟专用网络跨境组网的监管。工业和信息化部《关于清理规范互联网网络接入服务市场的通知》规定："未经电信主管部门批准，不得自行建立或租用专线（含虚拟专用网络 VPN）等其他信道开展跨境经营活动。基础电信企业向用户出租的国际专线，应集中建立用户档案，向用户明确使用用途仅供其内部办公专用，不得用于连接境内外的数据中心或业务平台开展电信业务经营活动。"

二、数字化立法的发展

随着互联网技术的发展，网络应用形态也开始日趋丰富。进入 21 世纪以来，电子商务、电子政务的发展开始提速，比如阿里巴巴集团于 1999 年创立，但高速发展阶段却始于 2000 年以后。国家对互联网与数字化的重视程度也在不断提高。立法也从早期的注重系统安全，逐渐开始发展到对于互联网活动的全面管理。

2002 年，我国颁布了《国民经济和社会发展第十个五年计划　信息化发展重点专项规划》，该规划确定了中国信息化发展的重点包括推行电子政务、振兴软件产业、加强信息资源开发利用、加快发展电子商务等。

2002 年 11 月，中国共产党第十六次全国代表大会提出，以信息化带动工业化，以工业化促进信息化，走出一条新型工业化路子。

2005 年 11 月，我国制定了《国家信息化发展战略（2006—2020 年）》，进一步明确了互联网发展的重点，提出围绕调整经济结构和转变经济增长方式，推进国民经济信息化；围绕提高治国理政能力，推行电子政务；围绕构建和谐社会，推进社会信息化等。2006 年 3 月，全国人民代表大会审议通过《国民经济和社会发展第十一个五年规划纲要》，提出推进电信网、广播电视网和互联网三网融合，构建下一代互联网，加快商业化应用。① 上述政策推动了互联网产业的高速发展，这一阶段，也是数字化立法的重要发展阶段。立法主要呈现出以下五个方面的特征。

① 国务院新闻办公室：《〈中国互联网状况〉白皮书》，载国务院新闻办公室网站，www.scio.gov.cn，最后访问时间：2023 年 3 月 12 日。

1. 网络信息传播内容立法

由于网络信息传播具有速度快、传播广泛的特点，因此，网络传播内容治理不仅关系到国家安全、社会稳定，还会影响到各类社会主体的利益。因此，对于网络传播内容的立法，一直是数字化立法中的重要内容。

（1）全国人民代表大会常务委员会《关于维护互联网安全的决定》

2000 年 12 月，全国人民代表大会常务委员会通过《关于维护互联网安全的决定》，该决定于 2009 年修正。

《关于维护互联网安全的决定》规定，以下情况构成犯罪的，依照刑法有关规定追究刑事责任：①利用互联网销售伪劣产品或者对商品、服务作虚假宣传；②利用互联网损害他人商业信誉和商品声誉；③利用互联网侮辱他人或者捏造事实诽谤他人；④利用互联网侵犯他人知识产权；⑤利用互联网编造并传播影响证券、期货交易或者其他扰乱金融秩序的虚假信息；⑥在互联网上建立淫秽网站、网页，提供淫秽站点链接服务，或者传播淫秽书刊、影片、音像、图片等行为。①

（2）《互联网信息服务管理办法》

为了规范互联网信息服务活动，促进互联网信息服务健康有序发展，2000 年，国务院通过了《互联网信息服务管理办法》（以下简称《信息服务管理办法》）。2011 年修订了《信息服务管理办法》。

《信息服务管理办法》将互联网信息服务分为经营性和非经营性两类。经营性互联网信息服务，是指通过互联网向上网用户有偿提供信息或者网页制作等服

---

① 全国人民代表大会常务委员会《关于维护互联网安全的决定》规定："三、为了维护社会主义市场经济秩序和社会管理秩序，对有下列行为之一，构成犯罪的，依照刑法有关规定追究刑事责任：（一）利用互联网销售伪劣产品或者对商品、服务作虚假宣传；（二）利用互联网损害他人商业信誉和商品声誉；（三）利用互联网侵犯他人知识产权；（四）利用互联网编造并传播影响证券、期货交易或者其他扰乱金融秩序的虚假信息；（五）在互联网上建立淫秽网站、网页，提供淫秽站点链接服务，或者传播淫秽书刊、影片、音像、图片。"

全国人民代表大会常务委员会《关于维护互联网安全的决定》规定："四、为了保护个人、法人和其他组织的人身、财产等合法权利，对有下列行为之一，构成犯罪的，依照刑法有关规定追究刑事责任：（一）利用互联网侮辱他人或者捏造事实诽谤他人；（二）非法截获、篡改、删除他人电子邮件或者其他数据资料，侵犯公民通信自由和通信秘密；（三）利用互联网进行盗窃、诈骗、敲诈勒索。"

务活动。非经营性互联网信息服务，是指通过互联网向上网用户无偿提供具有公开性、共享性信息的服务活动。① 国家对经营性互联网信息服务实行许可制度；对非经营性互联网信息服务实行备案制度②。

此外，《信息服务管理办法》还规定了互联网信息服务提供者应当保证所提供的信息内容合法。③ 同时，还规定了互联网信息服务提供者不得制作、复制、发布、传播的信息内容。④

（3）《互联网视听节目服务管理规定》

为维护国家利益和公共利益，保护公众和规范互联网视听节目服务秩序，2007 年 12 月，原国家广播电影电视总局、原信息产业部发布了《互联网视听节目服务管理规定》（以下简称《视听节目管理规定》）。2015 年，国家新闻出版广电总局、原信息产业部修订了《视听节目管理规定》。

《视听节目管理规定》首先界定了视听节目服务的概念与内涵。⑤ 并规定了互联网视听节目服务单位提供的、网络运营单位接入的视听节目应当符合法律法规及规章的规定。已播出的视听节目应至少完整保留 60 日，以及视听节目不得

---

① 《信息服务管理办法》第 3 条规定：“互联网信息服务分为经营性和非经营性两类。经营性互联网信息服务，是指通过互联网向上网用户有偿提供信息或者网页制作等服务活动。非经营性互联网信息服务，是指通过互联网向上网用户无偿提供具有公开性、共享性信息的服务活动。”

② 《信息服务管理办法》第 4 条规定：“国家对经营性互联网信息服务实行许可制度；对非经营性互联网信息服务实行备案制度。未取得许可或者未履行备案手续的，不得从事互联网信息服务。”

③ 《信息服务管理办法》第 13 条规定：“互联网信息服务提供者应当向上网用户提供良好的服务，并保证所提供的信息内容合法。”

④ 《信息服务管理办法》第 15 条规定：“互联网信息服务提供者不得制作、复制、发布、传播含有下列内容的信息：（一）反对宪法所确定的基本原则的；（二）危害国家安全，泄露国家秘密，颠覆国家政权，破坏国家统一的；（三）损害国家荣誉和利益的；（四）煽动民族仇恨、民族歧视，破坏民族团结的；（五）破坏国家宗教政策，宣扬邪教和封建迷信的；（六）散布谣言，扰乱社会秩序，破坏社会稳定的；（七）散布淫秽、色情、赌博、暴力、凶杀、恐怖或者教唆犯罪的；（八）侮辱或者诽谤他人，侵害他人合法权益的；（九）含有法律、行政法规禁止的其他内容的。”

⑤ 《视听节目管理规定》第 2 条规定：“在中华人民共和国境内向公众提供互联网（含移动互联网，以下简称互联网）视听节目服务活动，适用本规定。本规定所称互联网视听节目服务，是指制作、编辑、集成并通过互联网向公众提供视音频节目，以及为他人提供上载传播视听节目服务的活动。”

包含的内容。①

（4）《互联网文化管理暂行规定》

为了加强对互联网文化的管理，促进我国互联网文化健康、有序发展，2011年2月文化部发布了《互联网文化管理暂行规定》。2017年12月原文化部修订了《互联网文化管理暂行规定》。

《互联网文化管理暂行规定》界定了互联网文化产品的内涵与范围，包括专门为互联网而生产的文化产品，以及通过一定技术手段复制到互联网传播的文化产品。② 并且规定，经营进口互联网文化产品的活动应当由取得文化行政部门核发的《网络文化经营许可证》的经营性互联网文化单位实施，进口互联网文化产品应当报文化部进行内容审查。③

此外，还规定了互联网文化单位不得提供载有以下内容的文化产品：①反对宪法确定的基本原则的；②危害国家统一、主权和领土完整的；③泄露国家

① 《视听节目管理规定》第16条规定："互联网视听节目服务单位提供的、网络运营单位接入的视听节目应当符合法律、行政法规、部门规章的规定。已播出的视听节目应至少完整保留60日。视听节目不得含有以下内容：（一）反对宪法确定的基本原则的；（二）危害国家统一、主权和领土完整的；（三）泄露国家秘密、危害国家安全或者损害国家荣誉和利益的；（四）煽动民族仇恨、民族歧视，破坏民族团结，或者侵害民族风俗、习惯的；（五）宣扬邪教、迷信的；（六）扰乱社会秩序，破坏社会稳定的；（七）诱导未成年人违法犯罪和渲染暴力、色情、赌博、恐怖活动的；（八）侮辱或者诽谤他人，侵害公民个人隐私等他人合法权益的；（九）危害社会公德，损害民族优秀文化传统的；（十）有关法律、行政法规和国家规定禁止的其他内容。"

② 《互联网文化管理暂行规定》第2条规定："本规定所称互联网文化产品是指通过互联网生产、传播和流通的文化产品，主要包括：（一）专门为互联网而生产的网络音乐娱乐、网络游戏、网络演出剧（节）目、网络表演、网络艺术品、网络动漫等互联网文化产品；（二）将音乐娱乐、游戏、演出剧（节）目、表演、艺术品、动漫等文化产品以一定的技术手段制作、复制到互联网上传播的互联网文化产品。"

③ 《互联网文化管理暂行规定》第15条规定："经营进口互联网文化产品的活动应当由取得文化行政部门核发的《网络文化经营许可证》的经营性互联网文化单位实施，进口互联网文化产品应当报文化部进行内容审查。文化部应当自受理内容审查申请之日起20日内（不包括专家评审所需时间）做出批准或者不批准的决定。批准的，发给批准文件；不批准的，应当说明理由。经批准的进口互联网文化产品应当在其显著位置标明文化部的批准文号，不得擅自变更产品名称或者增删产品内容。自批准之日起一年内未在国内经营的，进口单位应当报文化部备案并说明原因；决定终止进口的，文化部撤销其批准文号。经营性互联网文化单位经营的国产互联网文化产品应当自正式经营起30日内报省级以上文化行政部门备案，并在其显著位置标明文化部备案编号，具体办法另行规定。"

秘密、危害国家安全或者损害国家荣誉和利益的；④煽动民族仇恨、民族歧视，破坏民族团结，或者侵害民族风俗、习惯的；⑤宣扬邪教、迷信的；⑥散布谣言，扰乱社会秩序，破坏社会稳定的；⑦宣扬淫秽、赌博、暴力或者教唆犯罪的；⑧侮辱或者诽谤他人，侵害他人合法权益的；⑨危害社会公德或者民族优秀文化传统的；⑩有法律、行政法规和国家规定禁止的其他内容的。

（5）全国人民代表大会常务委员会《关于加强网络信息保护的决定》

2012 年 12 月，全国人民代表大会常务委员会通过了《关于加强网络信息保护的决定》。

《关于加强网络信息保护的决定》规定，网络服务提供者应当加强对其用户发布的信息的管理，发现法律、法规禁止发布或者传输的信息的，应当采取相应的处置措施。[①]

（6）《互联网新闻信息服务管理规定》

为加强互联网信息内容管理，促进互联网新闻信息服务健康有序发展，国家互联网信息办公室 2017 年 5 月发布了《互联网新闻信息服务管理规定》。

《互联网新闻信息服务管理规定》对新闻信息的概念和内涵进行了界定，即包括有关政治、经济、军事、外交等社会公共事务的报道、评论，以及有关社会突发事件的报道、评论[②]。

此外，还规定了提供互联网新闻信息服务，应当遵守宪法、法律和行政法规，坚持正确舆论导向，促进形成积极健康、向上向善的网络文化，维护国家利益和公共利益。[③] 通过网站、应用程序、论坛、博客、微博客、公众账号、即时通信工具、网络直播等形式向社会公众提供互联网新闻信息服务，应当取得互联

---

① 全国人民代表大会常务委员会《关于加强网络信息保护的决定》规定：“五、网络服务提供者应当加强对其用户发布的信息的管理，发现法律、法规禁止发布或者传输的信息的，应当立即停止传输该信息，采取消除等处置措施，保存有关记录，并向有关主管部门报告。”

② 《互联网新闻信息服务管理规定》第 2 条规定：“在中华人民共和国境内提供互联网新闻信息服务，适用本规定。本规定所称新闻信息，包括有关政治、经济、军事、外交等社会公共事务的报道、评论，以及有关社会突发事件的报道、评论。”

③ 《互联网新闻信息服务管理规定》第 3 条规定：“提供互联网新闻信息服务，应当遵守宪法、法律和行政法规，坚持为人民服务、为社会主义服务的方向，坚持正确舆论导向，发挥舆论监督作用，促进形成积极健康、向上向善的网络文化，维护国家利益和公共利益。”

网新闻信息服务许可①。

《互联网新闻信息服务管理规定》还对转载新闻的规制进行了明确，转载应注明新闻信息来源、原作者、原标题、编辑真实姓名等，不得歪曲、篡改标题原意和新闻信息内容，并保证新闻信息来源可追溯，保护著作权人的合法权益。②互联网新闻信息服务提供者和用户不得制作、复制、发布、传播法律、行政法规禁止的信息内容。③

（7）《网络音视频信息服务管理规定》

为促进网络音视频信息服务健康有序发展，保护公民、法人和其他组织的合法权益，维护国家安全和公共利益，国家互联网信息办公室、文化和旅游部、国家广播电视总局于2019年11月发布了《网络音视频信息服务管理规定》，该规定于2020年1月1日施行。

《网络音视频信息服务管理规定》规定了网络音视频信息服务提供者和使用者应当遵守宪法、法律和行政法规，坚持正确政治方向、舆论导向和价值取向，弘扬社会主义核心价值观，促进形成积极健康、向上向善的网络文化。

此外，还规定了不得利用网络音视频信息服务以及相关信息技术从事危害国家安全、破坏社会稳定、扰乱社会秩序、侵犯他人合法权益等法律法规禁止的活动，不得制作、发布、传播煽动颠覆国家政权、危害政治安全和社会稳定、网络谣言、淫秽色情，以及侵害他人名誉权、肖像权、隐私权、知识产权和其他合法权益等法律法规禁止的信息内容。网络音视频信息服务提供者应当加强对网络音视频信息服务使用者发布的音视频信息的管理，部署应用违法违规音视频以及非真实音视频鉴别技术，发现音视频信息服务使用者制作、发布、传播法律法规禁

① 《互联网新闻信息服务管理规定》第5条规定：“通过互联网站、应用程序、论坛、博客、微博客、公众账号、即时通信工具、网络直播等形式向社会公众提供互联网新闻信息服务，应当取得互联网新闻信息服务许可，禁止未经许可或超越许可范围开展互联网新闻信息服务活动。前款所称互联网新闻信息服务，包括互联网新闻信息采编发布服务、转载服务、传播平台服务。”

② 《互联网新闻信息服务管理规定》第15条规定：“互联网新闻信息服务提供者转载新闻信息，应当转载中央新闻单位或省、自治区、直辖市直属新闻单位等国家规定范围内的单位发布的新闻信息，注明新闻信息来源、原作者、原标题、编辑真实姓名等，不得歪曲、篡改标题原意和新闻信息内容，并保证新闻信息来源可追溯。互联网新闻信息服务提供者转载新闻信息，应当遵守著作权相关法律法规的规定，保护著作权人的合法权益。”

③ 《互联网新闻信息服务管理规定》第16条第1款规定：“互联网新闻信息服务提供者和用户不得制作、复制、发布、传播法律、行政法规禁止的信息内容。”

止的信息内容的，应当依法依约停止传输该信息，采取消除等处置措施，防止信息扩散，保存有关记录，并向网信、文化和旅游、广播电视等部门报告。

（8）《网络信息内容生态治理规定》

国家互联网信息办公室2019年12月发布了《网络信息内容生态治理规定》。

《网络信息内容生态治理规定》规定了网络信息内容生态治理的内涵，包括价值观导向，网络信息内容治理，建立健全综合治理体系、营造清朗的网络空间、建设良好的网络生态，处置违法和不良信息等相关活动。①

对于网络信息内容，《网络信息内容生态治理规定》规定了遵守法律法规，遵循公序良俗，不得损害国家利益、公共利益和他人合法权益的基本规则。② 此外，还规定了鼓励网络信息内容生产者制作、复制、发布的信息内容类型，③ 以及网络信息内容生产者不得制作、复制、发布的违法信息内容④。

---

① 《网络信息内容生态治理规定》第2条规定："中华人民共和国境内的网络信息内容生态治理活动，适用本规定。本规定所称网络信息内容生态治理，是指政府、企业、社会、网民等主体，以培育和践行社会主义核心价值观为根本，以网络信息内容为主要治理对象，以建立健全网络综合治理体系、营造清朗的网络空间、建设良好的网络生态为目标，开展的弘扬正能量、处置违法和不良信息等相关活动。"

② 《网络信息内容生态治理规定》第4条规定："网络信息内容生产者应当遵守法律法规，遵循公序良俗，不得损害国家利益、公共利益和他人合法权益。"

③ 《网络信息内容生态治理规定》第5条规定："鼓励网络信息内容生产者制作、复制、发布含有下列内容的信息：（一）宣传习近平新时代中国特色社会主义思想，全面准确生动解读中国特色社会主义道路、理论、制度、文化的；（二）宣传党的理论路线方针政策和中央重大决策部署的；（三）展示经济社会发展亮点，反映人民群众伟大奋斗和火热生活的；（四）弘扬社会主义核心价值观，宣传优秀道德文化和时代精神，充分展现中华民族昂扬向上精神风貌的；（五）有效回应社会关切，解疑释惑，析事明理，有助于引导群众形成共识的；（六）有助于提高中华文化国际影响力，向世界展现真实立体全面的中国的；（七）其他讲品味讲格调讲责任、讴歌真善美、促进团结稳定等的内容。"

④ 《网络信息内容生态治理规定》第6条规定："网络信息内容生产者不得制作、复制、发布含有下列内容的违法信息：（一）反对宪法所确定的基本原则的；（二）危害国家安全，泄露国家秘密，颠覆国家政权，破坏国家统一的；（三）损害国家荣誉和利益的；（四）歪曲、丑化、亵渎、否定英雄烈士事迹和精神，以侮辱、诽谤或者其他方式侵害英雄烈士的姓名、肖像、名誉、荣誉的；（五）宣扬恐怖主义、极端主义或者煽动实施恐怖活动、极端主义活动的；（六）煽动民族仇恨、民族歧视，破坏民族团结的；（七）破坏国家宗教政策，宣扬邪教和封建迷信的；（八）散布谣言，扰乱经济秩序和社会秩序的；（九）散布淫秽、色情、赌博、暴力、凶杀、恐怖或者教唆犯罪的；（十）侮辱或者诽谤他人，侵害他人名誉、隐私和其他合法权益的；（十一）法律、行政法规禁止的其他内容。"

（9）《移动互联网应用程序信息服务管理规定》

2022年，国家互联网信息办公室发布了《移动互联网应用程序信息服务管理规定》（以下简称《移动互联网信息服务规定》）。

《移动互联网信息服务规定》第6条第2款规定，移动互联网应用程序提供者和互联网应用商店服务提供者不得利用移动互联网应用程序从事危害国家安全、扰乱社会秩序、侵犯他人合法权益等法律法规禁止的活动。

2. 网络真实身份及行为可追溯立法

随着电子支付和电子商务的发展以及其他远程办公技术的支持，远程交易、远程办公成为一种常态，网络可信身份问题成为数字化转型过程中首先需要考虑的问题。数字化经济发展意味着交易的远程化、自动化，通过电子化的方式达成交易并实施合同的签约，是数字化经济的常态。在这一过程中，如何识别在线交易的主体，如何对远程交易中的电子文档的完整性与不可篡改性进行鉴定与识别，都是数字化转型中电子签约需要考虑的问题。因此，对于网络真实身份的验证以及对于网络行为的可追溯，成为制约网络经济发展的重要因素。对此，立法也有相应的举措。

（1）网络实名制立法与推行

对于网络实名制的要求，2000年9月，国务院发布的《电信条例》规定，任何组织或者个人不得以虚假、冒用的身份证件办理入网手续并使用移动电话。

2012年12月，全国人民代表大会常务委员会通过的《关于加强网络信息保护的决定》，则进一步明确了网络身份实名制的要求。

2017年施行的《网络安全法》第24条第1款规定，“网络运营者为用户办理网络接入、域名注册服务，办理固定电话、移动电话等入网手续，或者为用户提供信息发布、即时通信等服务，在与用户签订协议或者确认提供服务时，应当要求用户提供真实身份信息。用户不提供真实身份信息的，网络运营者不得为其提供相关服务”。

2022年9月，全国人民代表大会常务委员会通过了《反电信网络诈骗法》（以下简称《反电诈法》），也规定了网络实名制的要求和保障措施。

此外，在《网络信息内容生态治理规定》《互联网跟帖评论服务管理规定》等互联网内容治理的规则中，也都提到了用户注册制度的完善及网络实名验证问题。在中国人民银行发布的《人民币银行结算账户管理办法》（部分失效）以及中国证券监督管理委员会发布的《证券公司开立客户账户规范》中均规定，金融机构为客户办理开户，应审核客户身份的真实性，确保客户资料真实、准确和完整。

《反洗钱法》第16条第1款规定："金融机构应当按照规定建立客户身份识别制度。"《非银行支付机构网络支付业务管理办法》第6条规定，支付机构应当遵循"了解你的客户"原则，建立健全客户身份识别机制。

对于网络实名制的内容，本书在第七章有详细论述，本处不做展开。

（2）电子签名立法与推行

为了解决远程身份及行为可追溯问题，金融行业较早从技术上尝试了突破。2000年6月29日，中国人民银行牵头，联合中国工商银行、中国银行、中国农业银行、中国建设银行、交通银行、招商银行、中信实业银行、华夏银行、广东发展银行、深圳发展银行、光大银行、民生银行等12家商业银行共同参加银行卡信息交换总中心承建的中国金融认证中心（China Finance Certification Authority，CFCA）。CFCA的认证系统主要是采用非对称加密架构（Pubic Key Infrastructure，PKI）建立的，PKI是一种利用公钥加密技术为网络交易开展提供安全基础平台的技术和规范。在现有的技术条件下，其所采用的非对称加密技术被公认具有很高的安全性、不可篡改性和不可抵赖性。

随着非对称加密技术的应用，全国人大常委会于2004年8月28日通过了《电子签名法》，该法于2005年4月1日起施行。随后，工业和信息化部针对电子签名的第三方认证服务，颁布了《电子认证服务管理办法》。2015年，我国对《电子签名法》进行了修正。

电子签名技术及密码技术的运用以及《电子签名法》的施行，一定程度上解决了网络可信身份证明问题，为我国网络经济与数字化转型提供了技术与制度基础。

关于电子签名的立法及相关法律问题，本书在第九章有详细的论述，本处不做展开。

3. 数字化产业应用立法

对于数字化转型过程中的新技术和产业应用，国家也出台了相应的立法，本处主要介绍区块链和云计算的相关立法。

（1）区块链

对于区块链的规范经历了从区块链虚拟货币到区块链信息服务以及区块链证

据应用的过程。

①区块链虚拟货币立法

2013 年 12 月，中国人民银行、工业和信息化部、原中国银行业监督管理委员会、中国证券监督管理委员会、原中国保险监督管理委员会发布了《关于防范比特币风险的通知》（银发〔2013〕289 号，以下简称 289 号文）。

根据 289 号文，监管机构明确比特币不是由货币当局发行，不具有法偿性与强制性等货币属性，并不是真正意义上的货币，从性质上看应当是一种特定的虚拟商品，不具有与货币等同的法律地位，不能且不应作为货币在市场上流通使用。

2017 年 9 月，中国人民银行、原中共中央网络安全和信息化领导小组办公室、工业和信息化部、原国家工商行政管理总局、原中国银行业监督管理委员会、中国证券监督管理委员会、原中国保险监督管理委员会发布了《关于防范代币发行融资风险的公告》。该公告重申“虚拟货币”（包括比特币）“不由货币当局发行，不具有法偿性与强制性等货币属性，不具有与货币等同的法律地位，不能也不应作为货币在市场上流通使用”，与 289 号文的规定一致，同时未否定 289 号文对比特币关于“一种特定的虚拟商品”的定性。

②区块链信息服务的立法

2019 年 1 月，国家互联网信息办公室发布了《区块链信息服务管理规定》。《区块链信息服务管理规定》第 11 条第 1 款规定：“区块链信息服务提供者应当在提供服务之日起十个工作日内通过国家互联网信息办公室区块链信息服务备案管理系统填报服务提供者的名称、服务类别、服务形式、应用领域、服务器地址等信息，履行备案手续。”区块链信息服务提供者应按照《区块链信息服务管理规定》履行备案手续，而区块链信息服务使用者并非《区块链信息服务管理规定》项下所规定的履行备案手续的义务主体。

③区块链证据应用的立法

2018 年生效的最高人民法院《关于互联网法院审理案件若干问题的规定》首次明确将区块链上承载的数据界定为民事诉讼证据类型。《关于互联网法院审理案件若干问题的规定》第 11 条第 2 款明确规定，“当事人提交的电子数据，通过电子签名、可信时间戳、哈希值校验、区块链等证据收集、固定和防篡改的技术手段或者通过电子取证存证平台认证，能够证明其真实性的，互联网法院应当确认”。

关于区块链的立法及相关法律问题，本书在相关章节有详细的论述，本处不做展开。

（2）云计算

2016年11月24日，工业和信息化部发布了《关于征集〈关于规范云服务市场经营行为的通知〉意见的公告》，其中对云服务作了界定：本通知所称云服务是指互联网数据中心业务（IDC）中的互联网资源协作服务业务。该通知向社会征求意见的期限截至2016年12月24日，目前并未正式发布。

而根据工业和信息化部发布的《电信业务分类目录（2015年版）》（2019年修订版），与云服务相关的是B11类增值电信业务，即互联网数据中心业务，IDC在解释“互联网数据中心业务”的同时，定义了“互联网资源协作服务业务”。

2020年10月16日，中国人民银行发布了《云计算技术金融应用规范——技术架构》（JR/T 0166—2020）、《云计算技术金融应用规范——安全技术要求》（JR/T 0167—2020）、《云计算技术金融应用规范——容灾》（JR/T 0168—2020）。[①]上述三项标准，结合《信息安全技术——云计算服务安全指南》（GB/T 31167—2014）（以下简称《云计算安全指南》），共同构成了金融云的标准体系。该金融云标准体系结合了金融云的运行机制与风险特征，从基本能力、网络安全、数据保护、运行环境安全、业务连续性保障等方面提出了有针对性的技术要求，确保金融云在安全性、稳定性、适配性等方面满足监管要求和行业需求，防范因云服务缺陷引发的风险向金融领域传导。

关于云计算的立法及相关法律问题，本书在相关章节有详细的论述，本处不做展开。

4. 网络整体安全及数据安全立法

（1）国家整体安全观的确立

信息技术的应用与飞速发展，是21世纪科技、经济、社会发展的重要特征之一。网络空间成为数字化发展的产物和载体，网络空间安全既是数字化的基石，也是国家安全的重要领域。

2013年6月披露的“棱镜门”事件，将网络空间的国家安全问题直观地展

---

① 2020年中国人民银行发布的三项云计算技术金融应用规范标准，对2018年发布的《云计算技术金融应用规范——技术架构》（JR/T 0166—2018）、《云计算技术金融应用规范——安全技术要求》（JR/T 0167—2018）、《云计算技术金融应用规范——容灾》（JR/T 0168—2018）三项金融行业标准作出进一步完善。

现给公众。根据斯诺登披露给《卫报》和《华盛顿邮报》的秘密文件，美国国家安全局的PRISM监听项目在互联网上对包括中国在内的多个国家及个人10类主要信息进行秘密监视、监听。

2014年2月27日，中央网络安全和信息化领导小组第一次会议召开。没有网络安全就没有国家安全，没有信息化就没有现代化。要抓紧制定立法规划，完善互联网信息内容管理、关键信息基础设施保护等法律法规，依法治理网络空间，维护公民合法权益。

2015年7月1日，第十二届全国人民代表大会常务委员会第十五次会议审议通过了《国家安全法》。

《国家安全法》的一个重大突破在于，将网络空间安全纳入了国家安全范畴，从而使数字化进程有了更为强有力的法律保障。该法第25条规定：国家建设网络与信息安全保障体系，提升网络与信息安全保护能力，加强网络和信息技术的创新研究和开发应用，实现网络和信息核心技术、关键基础设施和重要领域信息系统及数据的安全可控；加强网络管理，防范、制止和依法惩治网络攻击、网络入侵、网络窃密、散布违法有害信息等网络违法犯罪行为，维护国家网络空间主权、安全和发展利益。

同时，《国家安全法》还确立了网络信息技术和服务的安全审查机制，通过安全审查，预防和化解国家安全风险。

（2）网络安全与数据安全法律体系的建立

《国家安全法》的修订，开启了我国网络安全和数据安全立法的密集立法阶段。此后，围绕数字化进程中的网络与数据安全，我国相继通过了《网络安全法》《数据安全法》《个人信息保护法》及一系列的法规、规章。

①《网络安全法》

《网络安全法》是我国第一部专门对网络安全、数据安全进行规范的法律。该法于2016年11月7日经第十二届全国人民代表大会常务委员会第二十四次会议通过，自2017年6月1日起施行。

《网络安全法》主要确立了网络安全等级保护制度、关键信息基础设施保护制度、重要数据出境安全评估、网络安全审查制度、数据/个人信息保护的基本制度、网络实名制规则等制度。虽然随着《数据安全法》与《个人信息保护法》的相继通过与生效，《网络安全法》中的部分内容已经被替代，但该法依然是网络与数据安全合规的重要规则。

②《数据安全法》

《数据安全法》是为了规范数据处理活动，保障数据安全，促进数据开发利用而制定的法律。《数据安全法》于2021年6月10日经第十三届全国人民代表大会常务委员会第二十九次会议审议通过，并于2021年9月1日起施行。

《数据安全法》对数据和数据处理作出了界定、规定了数据分类分级保护制度、对重要数据与核心数据进行了界定，还规定了数据安全风险评估、报告、监测预警机制、数据风险应急处置机制、数据安全审查机制、重要数据出境管理制度等各项数据安全管理制度。

③《个人信息保护法》

《个人信息保护法》是我国第一部专门为保护个人信息权益、规范个人信息处理活动而制定的法律。《个人信息保护法》依据《宪法》制定，于2021年8月20日经第十三届全国人民代表大会常务委员会第三十次会议审议后正式发布，于2021年11月1日正式实施。

《个人信息保护法》对个人信息与个人信息处理作出了界定，并规定了个人信息保护法的适用范围及域外效力。此外，还对个人信息处理的原则、个人信息处理的基本规则、个人信息跨境处理规则、个人在个人信息处理活动中的权利、个人信息处理者的义务、个人信息保护负责人设置、个人信息处理的合规审计、个人信息保护影响评估等进行了规定。

（3）其他法规及规章

①《关键信息基础设施安全保护条例》

该条例于2021年4月27日国务院第133次常务会议通过，并已经于2021年9月1日开始施行。该条例是网络安全及数据安全的基础制度之一，也是我国《网络安全法》规定的重要制度。该条例规定了关键信息基础设施的定义和行业领域适用范围，即公共通信和信息服务、能源、交通、水利、金融、公共服务、电子政务、国防科技工业等重要行业和领域以及其他一旦遭到破坏、丧失功能或者数据泄露，可能严重危害国家安全、国计民生、公共利益的重要网络设施、信息系统等。

此外，该条例对于关键信息基础设施的保护部门、认定规则，以及通知程序作了专门规定，并对关键信息基础设施运营者的责任义务作出了详细的规定。

②《网络安全审查办法》

《网络安全审查办法》由国家互联网信息办公室、国家发展和改革委员会、工业和信息化部、公安部、国家安全部、财政部、商务部、中国人民银行、国家市场监督管理总局、国家广播电视总局、国家保密局、国家密码管理局联合制定，于2020年4月13日发布，并于2020年6月1日生效。

2021年7月10日，国家互联网信息办公室发布了《网络安全审查办法（修订草案征求意见稿）》。新《网络安全审查办法》于2021年12月正式通过，并已经于2022年2月15日施行。

该办法作为落实《网络安全法》中网络安全审查的规章，构建了网络安全审查的基础制度。该办法确定了网络安全审查机制的组成单位、适用网络安全审查的情况以及审查程序。

③《数据出境安全评估办法》

2021年10月29日，国家互联网信息办公室发布《数据出境安全评估办法（征求意见稿）》公开征求意见。2022年5月19日，《数据出境安全评估办法》正式通过，并于2022年9月1日起施行。

《网络安全法》《数据安全法》《个人信息保护法》规定了重要数据和个人信息出境的有关制度，但相关规则较为原则，可操作性不够，《数据出境安全评估办法》更为细致地规定了重要数据、个人信息出境的安全评估、数据出境协议签订等相关方面的规范要求。

（4）行业数据安全立法

2021年8月16日，国家互联网信息办公室、国家发展和改革委员会、工业和信息化部、公安部、交通运输部联合发布《汽车数据安全管理若干规定（试行）》，2021年10月1日起施行。该规定作为我国首个汽车行业数据安全方面的规章制度，开启了我国汽车数据安全强监管时代。该规定对于汽车数据的概念、汽车数据涉及的重要数据范围、汽车数据的安全保护义务等作了详细的界定。

2021年9月30日，工业和信息化部首次对《工业和信息化领域数据安全管理办法（试行）》征求意见，该管理办法定位于工业和信息化数据安全管理的顶层设计，主要界定了工业数据的概念，提出了工业数据分类分级、安全管理等工作的具体要求，构建了工业数据领域的监管体系，明确了工业数据全生命周期安全保护要求等。

2022年2月10日，工业和信息化部对《工业和信息化领域数据安全管理办法（试行）》再次征求意见，新旧两版《工信数据管理办法（征求意见稿）》相比较，第二次征求意见调整了工业数据的概念，不再采用数据处理者应当坚持先分类后分级的表述，增加了何种情形下需要履行重要数据和核心数据目录备案变更手续等。

（5）正在制定的征求意见稿

除了上述已经通过并施行的相关法律、法规、规章外，我国当前尚有多部重要的行政法规、规章处于立法征求意见阶段。

①《网络数据安全管理条例（征求意见稿）》

国家互联网信息办公室2021年11月14日发布该条例的征求意见稿，当前仍处于征求意见阶段。该条例征求意见稿系根据《网络安全法》《数据安全法》《个人信息保护法》等法律制定，目的是规范利用网络开展数据处理活动，以及加强网络数据安全的监督管理。

②《网络安全等级保护条例（征求意见稿）》

《网络安全等级保护条例（征求意见稿）》系依据《网络安全法》《保守国家秘密法》等法律制定，当前处于征求意见阶段。《网络安全法》规定了等级保护制度，该制度是网络与数据安全的基础性制度之一。该条例征求意见稿由公安部于2018年6月27日发布，主要内容包括网络安全等级保护的一般原则、主管部门、网络的安全保护、涉密网络的安全保护、密码管理等。

5. 人工智能立法规制

对于人工智能、算法的立法规制，是数字化发展过程中必然会面临的问题。事实上，我国对于人工智能虽然在立法上处于早期阶段，但在某些特定的领域，一直在进行局部的探索与规制。

（1）智能金融的立法规制

我国对于智能金融关注最早的立法是原中国证券监督管理委员会2015年10月公布的《证券期货市场程序化交易管理办法（征求意见稿）》，但该规则最终并未生效。

2018年中国人民银行牵头多部委发布了《关于规范金融机构资产管理业务的指导意见》（银发〔2018〕106号，以下简称《资管新规》），其中提到了智能投资顾问的监管问题。

关于程序化交易，则规定了金融机构应当根据不同产品投资策略研发对应的人工智能算法或者程序化交易，避免算法同质化加剧投资行为的顺周期性，并针对由此可能引发的市场波动风险制定应对预案。因算法同质化、编程设计错误、对数据利用深度不够等人工智能算法模型缺陷或者系统异常，导致“羊群效应”、影响金融市场稳定运行的，金融机构应当及时采取人工干预措施，强制调整或者终止人工智能业务。

这可以视为人工智能规制的早期立法，但这些规制总体而言，是金融资产管理的配套规则，且立法效力层级较低。

2020 年 3 月 1 日施行的《证券法》则进一步规定了计算机程序的备案问题。该法第 45 条规定，通过计算机程序自动生成或者下达交易指令进行程序化交易的，应当符合国务院证券监督管理机构的规定，并向证券交易所报告，不得影响证券交易所系统安全或者正常交易秩序。

（2）个人信息保护中的智能程序监管问题

我国个人信息保护立法中也关注到了人工智能与大数据应用对于个人权利的影响，并进行了相应的规制。

《个人信息保护法》中，对于通过自动化程序处理个人信息作了限制。其中包括对于自动化推送，应提供不针对个人特征的选项，并明确告知个人。此外，个人信息保护法对于通过自动化程序实施的差别待遇也作了限制。

（3）关于算法的专门监管制度

2021 年 12 月 31 日，《互联网信息服务算法推荐管理规定》公布。《互联网信息服务算法推荐管理规定》系国家互联网信息办公室审议通过，并经工业和信息化部、公安部、国家市场监督管理总局同意，自 2022 年 3 月 1 日起施行。

《互联网信息服务算法推荐管理规定》是我国立法首次对算法进行体系化的规制，也可以视为我国人工智能领域一部较为系统的立法。《互联网信息服务算法推荐管理规定》主要从算法推荐的内涵界定、国家对于算法的监管体系、算法备案制度与流程、若干具体规则、用户权益保护的基本制度等方面对算法进行规制，构建了体系化的监管规范。同时，还将算法分为生成合成类、个性化推送类、排序精选类、检索过滤类、调度决策类等算法。

关于人工智能的立法及相关法律问题，本书在相关章节有详细的论述，本处不做展开。

第四章 云计算的法律问题

一、云计算的概念与内涵

1. 云计算的概念

（1）云计算

2015 年 1 月 6 日，国务院发布了《关于促进云计算创新发展培育信息产业新业态的意见》（国发〔2015〕5 号），该文件中提到了“云计算是推动信息技术能力实现按需供给、促进信息技术和数据资源充分利用的全新业态”。但是，该意见并没有直接对云计算的概念作出界定。

2014 年发布的推荐性国家标准《云计算安全指南》对云计算的概念界定较为全面。按照《云计算安全指南》的定义，云计算是一种计算资源的新型利用模式，用户以购买服务的方式，通过网络获得计算、存储、软件等不同类型的资源。在云计算模式下，使用者不需要自己建设数据中心、购买软硬件资源，避免了前期基础设施的大量投入，仅需较少的使用成本即可获得优质的信息技术资源和服务。并进而将云计算界定为：通过网络访问可扩展的、灵活的物理或虚拟共享资源池，并按需自助获取和管理资源的模式（资源实例包括服务器、操作系统、网络、软件、应用和存储设备等）。

工业和信息化部办公厅 2015 年 11 月 19 日发布的《云计算综合标准化体系建设指南》则将云计算的概念界定为：“云计算通过网络将分散的计算、存储、软件等资源进行集中管理和动态分配，使信息技术能力如同水和电一样实现按需供给，具有快速弹性、可扩展、资源池化、广泛网络接入和多租户等特征，是信息技术服务模式的重大创新。”

2016年11月24日，工业和信息化部发布了《关于征集〈关于规范云服务市场经营行为的通知〉意见的公告》，其中对云服务作了界定：本通知所称云服务是指互联网数据中心业务中的互联网资源协作服务业务。该通知向社会征求意见的期限截至2016年12月24日，目前并未正式发布。

而根据工业和信息化部发布的《电信业务分类目录（2015年版）》（2019年修订版），与云服务相关的是B11类增值电信业务，即互联网数据中心业务，IDC在解释“互联网数据中心业务”的同时，定义了“互联网资源协作服务业务”。

据此可知，云服务是互联网数据中心业务的组成部分，一般特指“互联网资源协作服务业务”，即“利用架设在数据中心之上的设备和资源，通过互联网或其他网络以随时获取、按需使用、随时扩展、协作共享等方式，为用户提供的数据存储、互联网应用开发环境、互联网应用部署和运行管理等服务”。

云服务作为一种存储与运算资源共享的互联网服务模式，具有资源按需使用、泛在接入、资源池化、动态分配、灵活性强、系统可用性高等特点。

（2）与云计算相关的概念

按照《云计算安全指南》，云计算主要概念有：

云计算服务（cloud computing service），是指使用定义的接口，借助云计算提供一种或多种资源的能力。

云服务商（cloud computing provider），是指云计算服务的供应方。云服务商管理、运营、支撑云计算的基础设施及软件，通过网络交付云计算的资源。

云计算基础设施（cloud computing infrastruction），是指由硬件资源和资源抽象控制组件构成的支撑云计算的基础设施。

云计算平台（cloud computing platform），是指云服务商提供的云计算基础设施及其上的服务软件的集合。

2. 云计算的主要特征

（1）按需自助获取服务

按需自助获取服务，是指客户能够根据需要获得所需的存储、运算等计算资源，并自主确定资源的占用时间和数量。这一过程对于云服务商的人员依赖较小，或基本不需要。

（2）泛在接入

泛在接入，是指客户可以通过标准接入机制，利用计算机、移动电话、平板电脑或其他各种终端设备，通过网络随时随地使用服务。

（3）资源池化

资源池化，是指云服务商将计算资源、存储资源、网络资源等公共资源提供给多个用户使用，并将这些物理的或虚拟的资源根据客户的需求进行动态分配。池内的资源具有弹性，可以根据用户需求的变化进行动态调整。

（4）快速伸缩性

快速伸缩性，是指客户可以根据需求快速、灵活、方便地获取和释放计算资源。对于客户的需求而言，这种资源是近乎于“无限”的，并能在任何时候获得所需要的资源量。

（5）服务可计量

服务可计量，是指云计算可以按照多种计量方式（如按次付费或充值使用等）自动控制或量化资源，计量的对象可以是存储空间、计算能力、网络带宽或账户数等。

3. 云计算的服务模式

根据《云计算安全指南》，一般而言，云计算的服务模式主要包括 IaaS（基础设施即服务）、PaaS（平台即服务）和 SaaS（软件即服务）。随着服务模式的发展，当前还发展出了 DaaS 等服务模式。由于篇幅所限，本处仅介绍三种最为常见的模式。

（1）IaaS（基础设施即服务）

在 IaaS 模式下，云服务商向用户提供虚拟计算机、存储、网络等计算资源，提供访问云计算基础设施的服务接口。客户可以在这些资源上部署或者运行操作系统、中间件、数据库和软件等。客户通常不能管理或者控制云计算基础设施，但能控制自己部署的操作系统、存储和应用，也能部分控制使用的网络组件，如主机防火墙。

（2）PaaS（平台即服务）

在 PaaS 模式下，云服务商向客户提供的是运行在云计算基础设施之上的软件开发和运行平台，如标准语言和工具、数据访问、通用接口等。客户可利用该平台开发和部署自己的软件。客户通常不能管理或控制支撑平台运行所需的网络、服务器、操作系统、存储等低层资源，但可以对应用的运行环境进行配置，控制自己部署的应用。

（3）SaaS（软件即服务）

在SaaS模式下，云服务商向用户提供的是运行在云计算基础设施之上的应用软件。客户不需要购买、开发软件，但可以利用不同设备上的客户端或应用程序接口通过网络访问和使用云服务商提供的应用软件，如电子邮件、协同办公软件系统、财务管理系统、生产管理系统等。客户通常不能管理或控制支撑软件运行所需的网络、服务器、操作系统、存储等低层资源，但可以对应用软件进行有限的配置管理。

二、云计算的政策及立法状况

总体来说，云计算的立法当前尚处于较为初级的阶段。究其原因，主要有两个方面的因素影响。其一，云计算作为新兴的数字化业态，当前仍处于发展的早期阶段，行业参与各方的权利义务边界厘清还需要经过一定期间的实践；其二，云计算的体系具有复合化的特点，不仅整合了IaaS、PaaS、SaaS，还整合了多种参与主体和综合化的功能支持，这也决定了云计算的内涵清晰化及其法律调整的复杂性。

因此，对于云计算，我国当前尚未出台全国人大层级的法律，仅在国务院层级出台了相应的指导意见。此外，国家互联网信息办公室、工业和信息化部及有关部委针对云计算的安全等出台了相应的指导意见，中国人民银行等行业监管机构也出台了本行业的云计算规范和标准等。这些意见、规范、标准虽然立法层级不高，但对于界定行业的准入、监管等均起到了一定的规范作用。

1. 国务院层面的立法

2015年1月6日，国务院发布了《关于促进云计算创新发展培育信息产业新业态的意见》（国发〔2015〕5号），该意见主要包括如下三个部分：（1）指导思想、基本原则和发展目标；（2）主要任务，包括增强云计算服务能力、提升云计算自主创新能力、探索电子政务云计算发展新模式、加强大数据开发与利用、统筹布局云计算基础设施、提升安全保障能力等；（3）保障措施，包括完善市场环境、建立健全相关法规制度、加大财税政策扶持力度、完善投融资政策、建立健全标准规范体系、加强人才队伍建设、积极开展国际合作等。

2. 四部委颁布的《云计算服务安全评估办法》

2019年7月2日，国家互联网信息办公室、国家发展和改革委员会、工业和信息化部、财政部联合发布了《云计算服务安全评估办法》（国家互联网信息办公室、国家发展和改革委员会、工业和信息化部、财政部2019年第2号，以下简称《办法》）。

《办法》是我国首部关于云计算安全准入的评估办法。其发布的目的在于提高党政机关、关键信息基础设施运营者采购使用云计算服务的安全可控水平。关于安全评估的主要内容包括三个方面：

（1）评估适用对象

按照《办法》的规定，如果云服务商面向党政机关、关键信息基础设施提供云计算服务，则可申请安全评估。这一规定意味着，如果云服务商的服务对象并非党政机关、关键信息基础设施，则并不需要进行安全评估。

（2）评估机构

国家互联网信息办公室会同国家发展和改革委员会、工业和信息化部、财政部建立云计算服务安全评估工作协调机制，审议云计算服务安全评估政策文件，批准云计算服务安全评估结果，协调处理云计算服务安全评估有关重要事项。

云计算服务安全评估工作协调机制办公室设在国家互联网信息办公室网络安全协调局。

（3）评估内容

按照《办法》的规定，云计算服务安全评估重点评估以下内容：①云平台管理运营者（以下简称云服务商）的征信、经营状况等基本情况；②云服务商人员背景及稳定性，特别是能够访问客户数据、能够收集相关元数据的人员；③云平台技术、产品和服务供应链安全情况；④云服务商安全管理能力及云平台安全防护情况；⑤客户迁移数据的可行性和便捷性；⑥云服务商的业务连续性；⑦其他可能影响云服务安全的因素。

3. 工业和信息化部发布的《云计算综合标准化体系建设指南》

工业和信息化部办公厅于2015年11月19日发布了《云计算综合标准化体系建设指南》，该指南主要规定了：（1）云计算综合标准化体系建设指南总体思路，包括指导思想、基本原则；(2）云计算综合标准化体系建设内容，包括云计算综合标准化体系框架、云计算标准研制方向等。

4. 国家标准

云计算最主要的国家标准是全国信息安全标准化技术委员会于2014年发布的推荐性国家标准《云计算安全指南》。

《云计算安全指南》首次系统地对云计算的术语和定义，云计算的特征、服务模式、部署模式，云计算的优势进行了概括，同时对云计算的风险（包括安全风险、云计算服务安全管理的主要角色及责任、云计算服务安全管理基本要求、云计算服务生命周期)、规划准备、选择服务商与部署、运行监管、退出服务等内容进行了系统化的界定。

《云计算安全指南》虽然是推荐性标准，但是在法律法规并不完善的情况下，对于指引云服务的各参与方合理规划技术实现方式及规划各方权利义务，仍具有重要的指导意义。

5. 行业标准

2018年，中国人民银行发布了《云计算技术金融应用规范——技术架构》(JR/T 0166—2018)、《云计算技术金融应用规范——安全技术要求》(JR/T 0167—2018)、《云计算技术金融应用规范——容灾》(JR/T 0168—2018)。2020年10月16日，中国人民银行对于上述三个标准又进行了修订。上述三项标准，结合《云计算安全指南》(GB/T 31167—2014)，共同构成了金融云的标准体系。该金融云标准体系结合了金融云的运行机制与风险特征，从基本能力、网络安全、数据保护、运行环境安全、业务连续性保障等方面提出了有针对性的技术要求，确保金融云在安全性、稳定性、适配性等方面满足监管要求和行业需求，防范因云服务缺陷引发的风险向金融领域传导。

三、云服务的资质与准入问题

1. 通用的增值电信业务资质

目前，根据《电信业务分类目录（2015年版)》的规定，电信业务分为基础电信业务和增值电信业务。“云计算”的服务所涉及的“云存储”“云计算”及其他相关服务主要归属于IDC服务及“互联网资源协作服务”，皆属于第一类增值电信业务，须向通信主管部门申领相应的（B11）类增值电信业务许可证。

2. 非通用的增值电信业务资质

除了《电信业务分类目录（2015 年版）》明确规定的云计算所涉的 IDC 服务及“互联网资源协作服务”外，还需要根据云平台实际提供的服务类别来判断是否需要获得其他类型的增值电信许可。云计算的 IaaS 层面，因为需要提供网络资源，可能会涉及相应的增值电信许可证。比如，在云服务内容中所包含的“负载均衡”业务，可能会构成《电信业务分类目录（2015 年版）》B12“内容分发网络（CDN）业务”，从而需要相应的许可。此外，云服务商在为用户本地服务器与云服务器搭建加密传输通道时，还可能会涉及国内互联网虚拟专用网业务（以下简称 IP－VPN）的相关许可。

3. 网络安全准入要求

此外，根据《网络安全法》第 21 条的规定，网络运营者应当按照网络安全等级保护制度的要求，履行安全保护义务，保障网络免受干扰、破坏或者未经授权的访问，防止网络数据泄露或者被窃取、篡改。因此，云服务商提供的产品应依据《信息安全技术　网络安全等级保护测评要求　第 2 部分：云计算安全扩展要求》具备公安部信息系统等级保护相应级别的认证资质。

4. 云计算服务安全评估

如前所述，按照《办法》的要求，云计算服务商面向党政机关、关键信息基础设施提供云计算服务，则可申请安全评估。由国家互联网信息办公室会同国家发展和改革委员会、工业和信息化部、财政部共同建立的云计算服务安全评估工作协调机制进行安全评估。对于安全评估，在前文已经做过介绍，本处不作展开。

四、云计算的行业应用及规范

当前，我国云计算的应用领域非常广泛，几乎遍布消费零售、智能制造、汽车、金融、电子商务、电子政务等各个领域。并且，随着云计算技术的发展，诸多企业“上云”的方式已经不是将原有的系统迁移到云上，而是直接将自身的系统搭建在云上，即所谓的“云原生”。

在各个行业的应用中，电子政务、金融行业是最为集中的行业。针对金融行业的云计算发展，中国人民银行发布的《云计算技术金融应用规范——技术架构》（JR/T 0166—2020）、《云计算技术金融应用规范——安全技术要求》（JR/T 0167—2020）、《云计算技术金融应用规范——容灾》（JR/T 0168—2020）三个标准，较为系统全面地表述了金融云的相关技术标准。

对于金融云的应用，早在2016年，原中国银行业监督管理委员会就印发了《中国银行业信息科技“十三五”发展规划监管指导意见》，提出银行业金融机构要稳步推进云计算应用并主动实施架构转型。考虑到云计算技术“资源共享”和“弹性调配”的天然优势，直至2018年，近九成金融机构已经或正计划应用云计算技术。其中，中国银联的“银联云”、工商银行的“工银星云”、招商证券的“混合云Azure”、众安保险的“金融云”、兴业数金的“银行云”、平安集团打造的“平安云生态”，以及其他提供云服务的新兴企业，不断推动金融行业的云计算服务应用。

金融云服务可以从两个角度来理解：从金融机构角度，可以理解为金融机构应用云计算技术提供更高效的金融服务；从云服务商角度，可以理解为云服务商面向金融行业客户（保险、证券、基金、银行、消费金融等）提供的云计算服务。与公有云相比，金融云具有特定的行业技术标准。一方面，金融云应遵循云服务的基本规则；另一方面，金融云还需要符合金融行业的应用标准。

1. 云服务的概念与内涵

对于金融云，我国尚未在法律层面明确其概念及法律内涵。依据国家认证认可监督管理委员会于2019年10月发布并实施《金融科技产品认证规则》，金融科技产品中有一类为“云计算平台”，其包括金融业各机构自建、自用、自运行的私有云和供金融业各机构共享使用的团体云。

结合上述三项金融行业标准对金融云服务应用中的各类安全技术作了梳理和说明，以及《金融科技产品认证规则》的界定，金融云是结合金融合规与安全要求而发展起来的行业应用，金融云的部署方式以私有云、团体云及上述两者的混合云为主。

其中，金融私有云是指为某个金融机构单独使用而构建的，可根据业务流程进行专属化定制的，可部署在金融机构系统数据中心的“防火墙”内的一种云部署模式，其核心在于资源专属，数据安全性高。而金融团体云，则指仅供金融机构共享使用，承载金融业务系统的团体云。而其中团体云系由一组特定的云服务使用者使用和共享，且资源被云服务提供者或使用者控制的一种云部署模式，云服务提供者和使用者在监管政策、安全要求等方面相同或高度相似。

对于金融云服务提供者而言，除遵循云计算的一般规则外，还应遵循中国人民银行、原中国银行保险监督管理委员会、中国证券监督管理委员会等金融监管机构关于金融科技与金融外包服务的相关规则。

2. 金融云服务的资质与准入问题

正是由于金融云的特殊属性，相较公有云及其他行业化的团体云，金融云在资质与准入方面，除需要具备通用云服务的资质条件外，还有其特殊的准入标准。

根据《云计算技术金融应用规范——技术架构》的要求，对于云服务提供商而言，其所受监管应不弱于金融机构。按照这一要求，云服务商在采用的技术标准、安全标准和措施方面，应符合中国人民银行、原中国银行保险监督管理委员会、证监会等监管机构对于金融机构信息系统实施的安全标准。

值得关注的是，监管机构对于云服务的不同层次也设置了不同的监管要求。针对应用系统层级的云服务，《云计算技术金融应用规范——技术架构》第7.4.4条专门规定："云计算平台提供SaaS时，应满足金融领域相应类型的信息系统在服务外包、信息安全、业务流程等方面的监管要求。"

因此，对于SaaS云服务商而言要求更为严格，除网络与信息系统的监管要求外，还需要考虑金融监管的要求。例如，原中国银行业监督管理委员会于2017年牵头成立云服务公司——融联易云金融信息服务（北京）有限公司，在该公司经营范围中标示"金融信息服务"，而根据《金融信息服务管理规定》第4条的规定，金融信息服务提供者从事应予以备案的金融业务应当取得相应资质，并接受有关主管部门的监督管理。

在SaaS技术语境下，云服务商可以直接接触和处理金融机构的业务、数据和用户信息，做到了对应用、数据、中间件、操作系统、虚拟化、服务器、储存以及网络全掌控。SaaS系统事实上成为了金融机构具体业务的支撑。于是SaaS云服务商事实上也成了承载特定金融业务的重要参与者，对于业务本身的合规性应有相应的注意义务。

按照技术架构的定义，金融云服务的接受者应为金融机构。但是对于金融机构的定义，目前金融云标准体系未给予明确的范围。

笔者认为，按照监管标准等同的原则，金融机构主要包括由中国人民银行、原中国银行保险监督管理委员会、证监会发放金融许可证的机构，如银行、保险、信托、证券公司、金融租赁、期货、公募基金、基金子公司、基金销售、非银行支付机构等。

但是，对于具有金融属性、按照国家规定接受地方金融监管部门监管的机构，如小额贷款公司、融资担保公司、典当行、融资租赁公司、商业保理公司等，目前还存在一些争议。由于监管标准和体系的不同，对于此类机构能否作为金融云的用户，参照何种技术安全标准、合规要求等问题亟须监管机构进一步予以明确。

3. 金融云服务的网络安全与数据安全问题

（1）关于物理隔离

云计算的特征是计算资源利用的效率最大化，而且，通常认为公有云部署方式具有最大的系统优化能力和资源配置能力。但是对于金融云而言，并不支持采用公有云架构。

按照中国人民银行的标准，金融云应主要采用私有云、团体云或上述两种方式混合部署。也就是说，在 IaaS、PaaS、SaaS 层面所提供的云服务均应在金融团体云或私有云部署下完成。对此，《云计算技术金融应用规范——安全技术要求》第 6.1（a）条专门规定，“应保证用于金融业的云计算数据中心运行环境与其他行业物理隔离”。物理隔离，即服务金融行业的云计算数据中心在基础设施层面与其他行业进行隔离，对物理服务器、网络接入设施等均实现隔离。

物理隔离是信息系统及数据安全防护的最高等级防护措施，金融云提出这样的高等级安全措施要求是基于金融数据，特别是金融个人信息保护的需求，以及金融机构业务正常开展的需要。金融业务具有虚拟性、在线化的特点，云上部署的系统一旦受到破坏导致系统无法正常运行或数据丢失，对于经济金融秩序、社会安定、国家安全都会带来极大的危害。

（2）网络及数据安全责任主体

原则上，云计算服务的安全责任边界受限于云服务参与各方可以触达的资源控制范围。

根据《信息安全技术——云计算安全参考架构》（GB/T 35279—2017）列示的 IaaS、PaaS 和 SaaS 服务提供商及其服务客户可以分别控制的资源范围，云服务商主要安全责任是保障其部署在云平台基础设施之上的云计算环境的安全。而且，云服务商部署并控制的环境根据其提供的服务类型，可能包括数据中心物理设施、网络层、服务器/存储、安全设备、虚拟化平台，数据库系统、中间件、应用程序乃至数据。因此，实践中，云服务商所提供服务模式的不同，能够触达或控制、管理的范围也会有所不同。从一般的归责原则来看，有效控制范围内的设备、设施故障、漏洞，或者操作不当所导致的网络安全与数据安全责任，由其实施控制的主体承担责任。按照这一原则，云服务商与云服务的接受方需要根据实际情况划分各自的责任。

同时，需要明确的是，虽然云服务商与金融机构各自为系统安全与数据安全承担相应的责任，但由于金融机构直接面对用户，如果发生网络安全及数据安全事故导致用户损失，则金融机构仍然是首要的责任方。

具体而言，关于金融机构使用云服务过程中承担的安全责任，《云计算技术金融应用规范——安全技术要求》明确：金融机构是金融服务的最终提供者，其承担的安全责任不应因使用云服务而免除或减轻。因此，金融机构所需承担的责任不仅限于金融行业准入机制下的行业责任，还应该对业务“上云”承担网络安全等责任。金融机构在对外承担责任后，可以根据实际的责任分担情况向云服务商追偿。

（3）金融云服务中的“关键信息基础设施”安全与容灾恢复

《网络安全法》第 31 条规定，关键信息基础设施（critical information infrastructure）是指公共通信和信息服务、能源、交通、水利、金融、公共服务、电子政务等重要行业和领域，以及其他一旦遭到破坏、丧失功能或者数据泄露，可能严重危害国家安全、国计民生、公共利益的信息基础设施。对于关键信息基础设施更深层次的理解，在 2021 年 9 月 1 日施行的《关键信息基础设施安全保护条例》中也作了定义。

对于金融云服务的提供者而言，相关信息系统同时具备金融、云计算、大数据的属性，因而符合《关键信息基础设施安全保护条例》对关键信息基础设施的界定。

因此，《网络安全法》、《网络安全审查办法》、公安部《贯彻落实网络安全等级保护制度和关键信息基础设施安全保护制度的指导意见》，以及其他有关关键信息基础设施运营者的网络安全与数据安全保护责任，对于金融云服务提供者同样适用。金融云服务提供者主要的义务包括以下四个方面：

①相关制度及操作规程的建立

从网络安全及数据安全的角度看，金融云服务提供者应按照相关法律、法规、监管规则的要求，建立内部的网络安全与数据安全管理制度和操作规程，严格身份认证和权限管理。在人员管理和培训层面，《网络安全法》规定，应设置专门的网络安全管理机构和网络安全管理负责人，并对该负责人和关键岗位人员进行安全背景审查；定期对从业人员进行网络安全教育、技术培训和技能考核；制定网络安全事件应急预案并定期进行演练。

需要关注的是，《云计算技术金融应用规范——安全技术要求》第 11 条明确提出了包括建立安全策略、管理制度、人员管理以及安全建设等在内的管理要求，其中安全建设的方案在实施前还应提交审批，即安全方案必须根据云计算平台的需求选择基本安全措施，方案应论证其合理性和正确性，并在监管单位批准后才能正式实施。

②履行有关产品及服务的安全审查申报义务

金融云服务提供者在采购相关网络产品及服务时，应依据 2022 年 2 月 15 日，国家互联网信息办公室、国家发展和改革委员会、工业和信息化部、公安部、国家安全部等 13 个部门联合发布的《网络安全审查办法》，在采购网络产品和服务时评估其业务影响国家安全的可能性，并按照该办法主动进行网络安全申报，完成相关审查。

③数据存储本地化的义务

《网络安全法》第 37 条规定，关键信息基础设施的运营者在中国境内运营中收集和产生的个人信息和重要数据应当在境内存储。金融云服务提供者本身不直接收集用户信息，但提供云服务过程中，又必然会涉及个人信息或其他数据的收集和存储问题。虽然直接收集个人信息和其他数据的主体是云服务的接受者，但数据通常会存储在云服务器中。云服务提供者服务器中存储的个人信息和重要数据，其数量通常巨大。因此，对于数据的境内存储要求更加严格。

④容灾备份义务

对于网络安全的防控而言，容灾也是非常重要的一环。《网络安全法》第34条以及《关键信息基础设施安全保护条例》第24条都对关键信息基础设施的重要系统和数据库提出了容灾备份的要求。

具体而言，金融云服务作为关键信息基础设施运营者可参考《信息安全技术——关键信息基础设施安全控制措施》第6.5条制定容灾备份策略，建设灾难备份中心并保证业务的连续性。

4. 个人金融信息安全

在中国互联网金融协会《关于增强个人信息保护意识依法开展业务的通知》、《个人金融信息（数据）保护试行办法（初稿）》、《中国人民银行金融消费者权益保护实施办法》以及《银行业金融机构外包风险管理指引》（2010年）等规范的基础上，中国人民银行和全国金融标准化技术委员会于2020年2月13日发布了《个人金融信息保护技术规范》（JR/T 0171—2020）。虽然该规范文件是推荐性行业标准，但在实践中，不排除会成为监管机构监督检查的重要参考依据。

《个人金融信息保护技术规范》将侧重点放在“个人金融信息”，对个人金融信息安全管理提出了安全准则、安全策略、访问控制、安全监测与风险评估、安全事件处置五个方面要求。

在金融云服务情景中，对于可能涉及个人金融信息的情况，《个人金融信息保护技术规范》明确关注到的问题包括数据使用过程中的信息屏蔽以及数据销毁和清除。《个人金融信息保护技术规范》要求通过信息屏蔽（或截词）技术使信息本身的安全等级降级，实现对敏感信息展示的可靠保护，并使屏蔽的信息保留其原始个人金融信息格式和属性，从而可以在云计算环境中安全地使用脱敏后的信息集。此外，《个人金融信息保护技术规范》要求云环境下有关数据清除应依据《云计算技术金融应用规范——安全技术要求》第9.6条执行，即基本做到云服务使用者鉴别信息的存储空间在被释放或再分配时被完全清除，以及对被更换或报废的存储介质做到物理损坏防止数据被恢复。作为金融云还应支持所有副本数据的清除。

因此，在金融云服务语境下，无论是使用云计算服务的金融机构单位，抑或云服务提供者，在业务运营过程中都应参考《个人金融信息保护技术规范》并开展合规工作，在关注数据安全的基础上，把握涉及个人金融信息处理的自查与合规管理。

在金融机构与多种云计算服务结合模式中，采用云计算的金融机构和云服务商应当根据业务特点判断行业准入标准和资质审批。根据服务模式和控制边界，把握权责边界，关注最新云计算技术金融场景应用的安全要求，如物理隔离、关键信息基础设施安全、采购审查、数据安全、运维管理、风险预警及容灾备份等。在个人信息保护层面，金融云还需重点关注《个人金融信息保护技术规范》实施动态，熟知监管部门在个人金融信息安全方面的技术要求，从而规避法律风险。

第五章 区块链的法律问题

一、区块链概述

1. 区块链的内涵

区块链是一种包括分布式数据存储、点对点传输、共识机制、加密算法等计算机技术的新型应用模式。

从狭义的角度来讲，区块链是一种按照时间顺序将数据区块以顺序相连的方式组合成的一种链式数据结构，并以密码学方式保证的、不可篡改和不可伪造的分布式数据库。

从广义角度来讲，区块链技术是利用块链式数据结构来验证与存储数据、利用分布式节点共识算法来生成和更新数据、利用密码学的方式保证数据传输和访问的安全、利用由自动化脚本代码组成的智能合约来编程和操作数据的一种全新的分布式基础架构与计算方式。

从更为形象的角度理解，区块链是一种去中心化的数据库，它包含一张被称为区块的列表，有着持续增长并且排列整齐的记录。每个区块都包含一个时间戳和一个与前一区块的链接。区块链的设计使数据不可篡改，一旦记录下来，理论上来讲，在一个区块中的数据将不可逆。

2. 区块链的应用

（1）数字货币

区块链最早进入公众视野的应用是比特币，如果不去评判其合法性，而仅就商业运作而言，比特币是目前区块链技术最广泛、最成功的运用。而在比特币的基础上，又衍生出了大量其他种类的去中心化数字货币，如以太坊等大量区块链货币。当然，这些区块链货币在发行、流通中也存在很多问题，如大量假借区块链货币名义发行的“空气币”。当前，我国已经出台了一系列的监管规则，防范虚拟货币对金融秩序和公众利益造成侵害。

（2）农产品溯源

农产品由于其生产过程的非标准化，以及收购流通环节的非标准化等原因，质量往往参差不齐，并且农产品的溯源问题也会成为影响农产品品质提升、流通的重要因素。当前，在绿色、无公害农产品的溯源领域，已经开始推广使用区块链技术。通过农产品生产者、流通者、农资供应商、农技服务单位将农产品产业链的相关信息上链，从而保证农产品的可溯源。

（3）金融领域

金融领域是区块链应用的重要领域。由于金融行业本身是创造信用并利用信用提供服务的产业，因而信用形成机制在金融领域至关重要。区块链作为一种共识机制，在金融领域的应用非常广泛。典型应用包括：

①供应链金融

供应链金融参与方主要包括核心企业、中小微企业、金融机构和第三方支持服务。其中，在供应链链条上下游中拥有较强议价能力的一方被称为核心企业，供应链金融上下游的融资服务通常围绕核心企业展开。

供应链金融面临的主要问题是中小微企业普遍存在抗风险能力低、财务数据不规范、企业信息缺乏透明度等问题，信用难以达到银行融资标准。加上担保体系和社会信用体系发展落后，中小微企业获得贷款的可能性更低，利率更高。尤其对二级供应商经销商来说，他们未与核心企业直接建立业务往来关系，在申请银行融资时处于不利地位。

区块链技术的核心优势在于，因具有去中心化、不可篡改的时间戳及全网公开特性，可以实现供应链金融体系的信用穿透。

具体而言，区块链在供应链金融中发挥两个作用：其一，完成核心企业的确权，包括整个票据真实有效性的核对与确认；其二，证明债权凭证流转的真实有效性。在这个信任的生态中，核心企业的信用（票据、授信额度或应付款项确权）可以转化为数字化权证，通过智能合约防范履约风险，使信用可沿供应链条有效传导，降低合作成本，提高履约效率。

②征信管理

目前银行信贷征信管理模式为获得用户授权，并向央行征信中心上传、查询、下载，这其中存在信息不完整、数据更新不及时、效率较低、使用成本高等问题。

区块链的优势为依靠程序算法自动记录信用信息，以加密形式存储在区块链网络的每一台计算机上并共享，信息透明、不可篡改、使用成本低。

③积分共享

由于企业积分产生并存在于各机构封闭体系内，积分消费困难、利用率低，目前很多商业机构已经开始寻求共享并盘活积分的合作方案。但是主要存在各机构数据库内的用户隐私隔离与保护，积分数据的篡改风险，各机构积分系统复杂导致无法准确制定平衡的兑换比例等障碍。利用区块链技术，则可以在各个企业之间建立一种不可篡改的信任登记机制，利用通用积分在联盟内任意商户进行消费结算。

当然，由于金融监管的原因，积分的跨平台通兑当前会被认定为发行多用途预付费卡，从而构成违规。但如果在监管许可的前提下，借助区块链技术，无疑是解决积分共享的可行思路。

此外，从国外的行业探索来看，区块链技术在支付清算、证券与资管、保险管理等领域也有一定的探索和应用。当然，由于金融行业的特殊性，考虑到风险控制和金融秩序，部分应用尚在探索阶段。

（4）审计行业

区块链技术能够保证所有数据的完整性、永久性和不可更改性，因而可有效解决审计行业在交易取证、追踪、关联、回溯等方面的难点和痛点。

部分国际知名的审计机构已经成立了专门的团队对区块链技术在审计方面的应用进行研究，并寻求为企业提供区块链技术的相关服务。

（5）司法领域

司法领域是区块链应用的一个重要领域，区块链上承载的数据首次被明确界定为民事诉讼证据类型，是在2018年生效的最高人民法院《关于互联网法院审理案件若干问题的规定》中。其第11条第2款明确规定，“当事人提交的电子数据，通过电子签名、可信时间戳、哈希值校验、区块链等证据收集、固定和防篡改的技术手段或者通过电子取证存证平台认证，能够证明其真实性的，互联网法院应当确认”。

据悉，当前我国不少地方的法院系统开始建设相关的司法区块链体系，如杭州互联网法院即率先建立了“司法区块链”。该区块链的重要节点包括法院、CA机构、公证处、司法鉴定中心，并支持对接更多的国家机关和社会组织，采取联盟链的架构。截至2022年10月31日，该司法链的总区块数已经达到267746556个。按照杭州互联网法院诉讼平台的介绍，该司法链具有全部流程自动记录、多节点司法见证、记录不可篡改的特点。能够支持的纠纷解决类型包括数字版权（包括但不限于手机出版、数字期刊、数字报纸、网络原创文学、电子书、网络视频、网络音像、网络游戏、网络教育、网络数据库等）、金融合约（借款人向金融机构借款，到期返还借款并支付利息的合同）、网络服务合同（网络服务合同是指网络服务商给消费者提供通路以及使消费者互联网连线的中介服务或者提供内容服务的合同）等。

2022年5月，最高人民法院为了推进司法区块链的应用，发布了《关于加强区块链司法应用的意见》（法发〔2022〕16号）。该意见指出，为深入贯彻落实习近平法治思想和习近平总书记关于积极推动区块链技术为人民群众提供更加智能、更加便捷、更加优质公共服务的重要指示精神，贯彻落实《规划纲要》和《“十四五”国家信息化规划》，充分发挥区块链在促进司法公信、服务社会治理、防范化解风险、推动高质量发展等方面的作用，全面深化智慧法院建设，推进审判体系和审判能力现代化，结合人民法院工作实际，制定本意见。该意见还提出了区块链司法应用的总体要求，人民法院区块链平台建设要求，充分运用区块链数据防篡改技术提升司法公信力，充分发挥区块链优化业务流程的重要作用提高司法效率，充分挖掘区块链互通联动的巨大潜力增强司法协同能力，充分利用区块链联盟互认可信的价值属性服务经济社会治理，以及保障措施等七个方面的总体要求。

二、区块链与虚拟货币监管

区块链最早被关注的应用即为比特币，比特币问世以来，经历了从无人问津到广受追捧，从政府不加干预，到各国政府态度不一的监管。2010年的一次比特币交易，某位程序员用一万比特币购买了一个比萨，而按照最新的比特币报价，这一万个比特币的价格已经达到2亿美元。随着比特币价格的拉升，与比特币伴随发展的还有一个名词，即ICO（initial coin offering），指发行者以初始产生的数字加密货币作为发行的标的和未来回报，从资金提供方筹集资金的一种方式。随着ICO的泛滥，大量的虚拟货币融资项目出现，其中不乏没有任何实体支撑的“空气币”，这种情况引发了监管机构的高度重视，并出台了对虚拟货币的一系列监管措施。

总体而言，我国对于区块链虚拟货币的监管经历了以下两个阶段：

1. 比特币监管阶段

在这一阶段，监管机构认为比特币非由中国人民银行发行，不属于法定货币。在中国人民银行等部委联合发布的289号文中，监管机构明确指出，比特币不是由货币当局发行，不具有法偿性与强制性等货币属性，并不是真正意义上的货币，从性质上看应当是一种特定的虚拟商品，不具有与货币等同的法律地位，不能且不应作为货币在市场上流通使用。

这与我国法定货币管理秩序的规定是统一的，根据《中国人民银行法》第16条、第18条、第20条，以及《人民币管理条例》第28条的规定，中国的法定货币是人民币，由中国人民银行统一印制、发行。任何单位和个人不得印制、发售代币票券，以代替人民币在市场上流通。

按照289号文的规定，比特币并不属于法定货币，不能作为货币流通，不具有法偿性。但是，289号文对于比特币的价值也并不否认，而是将其作为特殊商品对待。根据当时有效的《民法总则》（现《民法典》）第127条规定：“法律对数据、网络虚拟财产的保护有规定的，依照其规定。”虽然虚拟商品与《民法总则》（已失效）界定的网络虚拟财产在具体措辞上并不相同，但商品在通常含义上可以被纳入财产的范畴，且比特币的产生、流通、交易以及账户管理均依赖网络进行，因此比特币与法律所述的网络虚拟财产具有相似性，具有被归入网络虚拟财产范畴的基础。虽然从我国法律层面并未见对于网络虚拟财产的规定，但根据《民法总则》（已失效）的规定，我国法律并不排斥网络虚拟财产。

按照289号文，比特币交易流通存在限制，但未明确禁止私人持有比特币，亦未明确禁止除上述规定涉及的情形以外的比特币的转让。中国人民银行官方发布《比特币相关事宜答记者问》一文，文中载明比特币交易作为一种互联网上的商品买卖行为，普通民众在自担风险的前提下拥有参与的自由。

但与此同时，289 号文对金融机构参与比特币交易和服务进行限制，规定各金融机构和支付机构不得开展与比特币相关的业务，不得以比特币为产品或服务定价，不得买卖或作为中央对手方买卖比特币，不得承保与比特币相关的保险业务或将比特币纳入保险责任范围，不得直接或间接为客户提供其他与比特币相关的服务。服务内容包括：为客户提供比特币登记、交易、清算、结算等服务；接受比特币或以比特币作为支付结算工具；开展比特币与人民币及外币的兑换服务；开展比特币的储存、托管、抵押等业务；发行与比特币相关的金融产品；将比特币作为信托、基金等投资的投资标的等。提供比特币登记、交易等服务的互联网站应当在电信管理机构备案。

2. ICO 监管阶段

比特币发展的早期阶段对金融秩序尚未造成大的冲击，而随着 2016 年以后 ICO 风潮的发展，大量风险事件涌现，投资人遭受巨大损失，ICO 对于金融秩序造成了一定的冲击，ICO 也引起了我国监管部门的密切关注。2017 年，中国人民银行等七部门发布了《关于防范代币发行融资风险的公告》，明确指出 ICO 是“违规”的、“未经批准”的、“非法”的，[①] 表明了监管部门对于 ICO 的禁止态度。中国人民银行等七部门《关于防范代币发行融资风险的公告》重申“虚拟货币”（包括比特币）“不由货币当局发行，不具有法偿性与强制性等货币属性，不具有与货币等同的法律地位，不能也不应作为货币在市场上流通使用”。并指出，各金融机构和非银行支付机构不得直接或间接为代币发行融资和“虚拟货币”提供账户开立、登记、交易、清算、结算等产品或服务，不得承保与代币和“虚拟货币”相关的保险业务或将代币和“虚拟货币”纳入保险责任范围。任何所谓的代币融资交易平台不得从事法定货币与代币、“虚拟货币”相互之间的兑换业务，不得买卖或作为中央对手方买卖代币或“虚拟货币”，不得为代币或“虚拟货币”提供定价、信息中介等服务。

---

① 《关于防范代币发行融资风险的公告》规定：“一、准确认识代币发行融资活动的本质属性。代币发行融资是指融资主体通过代币的违规发售、流通，向投资者筹集比特币、以太币等所谓‘虚拟货币’，本质上是一种未经批准非法公开融资的行为，涉嫌非法发售代币票券、非法发行证券以及非法集资、金融诈骗、传销等违法犯罪活动……”

此外，对于法律风险，《关于防范代币发行融资风险的公告》专门指出，“准确认识代币发行融资活动的本质属性。代币发行融资是指融资主体通过代币的违规发售、流通，向投资者筹集比特币、以太币等所谓‘虚拟货币’，本质上是一种未经批准非法公开融资的行为，涉嫌非法发售代币票券、非法发行证券以及非法集资、金融诈骗、传销等违法犯罪活动……”

可以看出，《关于防范代币发行融资风险的公告》已经开始将 ICO 活动与非法集资等活动进行了关联。

此外，2017 年原国务院法制办公室公布了《处置非法集资条例（征求意见稿）》。根据该征求意见稿，行为人以发行或者转让股权、募集基金、销售保险，或者以从事理财及其他资产管理类活动、虚拟货币、融资租赁、信用合作、资金互助等名义非法筹集资金的，应该进行非法集资行政调查。《防范和处置非法集资条例》于 2020 年 12 月 21 日国务院第 119 次常务会议通过，自 2021 年 5 月 1 日起施行。通过后的条例在对待虚拟货币的问题上，维持了征求意见稿的表述。

2017 年 9 月 13 日，中国互联网金融协会发布了《关于防范比特币等所谓“虚拟货币”风险的提示》，明确指出：“比特币等所谓‘虚拟货币’缺乏明确的价值基础，市场投机气氛浓厚，价格波动剧烈，投资者盲目跟风炒作，易造成资金损失，投资者需强化风险防范意识。”“比特币等所谓‘虚拟货币’日益成为洗钱、贩毒、走私、非法集资等违法犯罪活动的工具。”“各类所谓‘币’的交易平台在我国并无合法设立的依据。”

2018 年 9 月 18 日，中国人民银行上海总部、上海市金融服务办公室联合发布《常抓不懈　持续防范 ICO 和虚拟货币交易风险》。针对虚拟货币交易平台“出海”，即原本设置在境内的部分虚拟货币交易平台出走海外，在境外注册并继续向境内用户提供虚拟货币的交易服务的情形，国家互联网金融风险专项整治工作领导小组及时部署，采取了一系列针对性措施：其一，加强对 124 家服务器设在境外但实质面向境内居民提供交易服务的虚拟货币交易平台的监测，实施封堵；其二，从支付结算端入手持续加强清理整顿，指导相关支付机构加强支付渠道管理、客户识别和风险提示，建立监测排查机制，停止为可疑交易提供支付服务。此外，还加强了对新摸排发现的境内虚拟货币交易相关网站、公众号、自媒体等的处置，永久封停了部分涉嫌发布虚拟货币交易炒作信息的公众号。

3. 司法审判状况

经查询中国裁判文书网，尚未发现最高人民法院对比特币买卖或交易相关的合同效力进行过认定。

部分法院认为比特币可以在场外进行交易，也有部分法院持否定态度，认为比特币交易不受法律保护，基于投资虚拟货币产生的交易风险及相应后果应由当事人自行承担。

从现行法律的规定看，并未直接对比特币予以禁止。根据《立法法》的相关规定，国务院各部门及金融监管部门发布的各类规章或规范性文件在效力位阶上无法起到法律或行政法规的作用，但其基于金融法律授权而制定的监管规则具有法律约束力。民事行为应当尊重社会公共秩序，符合善良风俗，不得违反国家公共机关建立的公共秩序和社会的一般道德，不能破坏金融机构确立的正常的监管秩序。由中国人民银行等部门发出的各类文件可知，中国人民银行需要保障人民币的法定货币地位，保障既有的货币体系不受冲击，因而并不支持和鼓励比特币及类似虚拟货币的发展和开拓。

根据我国相关法律规定，损害社会公共利益的合同无效。因此，即使法律层面并不直接禁止比特币，但涉及比特币交易的合同也会被司法机关认为违反国务院各部门及金融监管机构发布的各类规章或规范性文件，以损害社会公共利益为由予以援引，判定合同无效。

在实践中，也有仲裁机构在仲裁裁决中支持比特币作为标的的仲裁情况。但是，该仲裁裁决最终因为违背社会公共利益，被人民法院撤销。可以看出，比特币交易会被人民法院认定违背社会公共利益从而认定无效。

【典型案例】

【仲裁裁决情况】2018 年 8 月，深圳仲裁委员会针对一起涉及比特币作为标的物的案件作出了仲裁裁决书［（2018）深仲裁字第 64 号仲裁裁决］。该案件中，按照各方约定，高某应向李某支付数字货币资产 20. 13 个 BTC（比特币）、50 个 BCH（比特币现金）、12. 66 个 BCD（比特币钻石），并约定了通过仲裁解决争议。在仲裁申请中，李某提出要求高某支付与数字货币资产 20. 13 个 BTC（比特币）、50 个 BCH（比特币现金）、12. 66 个 BCD（比特币钻石）资产相等价值的 493158. 40 美元和利息。仲裁庭经审理后，作出仲裁裁决书（以下简称仲裁裁决)，裁定：高某向李某支付401780美元（按裁决作出之日的美元兑人民币汇率结算为人民币)，并支付违约金人民币10万元。

【法院审理情况】

裁决作出后，申请人高某以仲裁裁决违背社会公共利益为由，向深圳市中级人民法院请求撤销深圳仲裁委员会作出的（2018）深仲裁字第64号仲裁裁决。高某认为，仲裁裁决高某归还与数字货币相等价值的美元，并按裁决作出之日的美元兑换人民币汇率结算为人民币，变相支持了数字货币和法定货币的交换，涉嫌支持非法发售代币票券及人民币非法流通行为，违背了法律强制性规定及社会公共利益，仲裁裁决应当予以撤销。

深圳市中级人民法院审理后认为，本案为申请撤销国内仲裁裁决案件，应当根据《仲裁法》第58条的规定进行审查。本案争议焦点为涉案仲裁裁决是否存在违背社会公共利益的情形。中国人民银行、工业和信息化部、原中国银行业监督管理委员会、中国证券监督管理委员会、原中国保险监督管理委员会《关于防范比特币风险的通知》（银发〔2013〕289号）明确规定，比特币不具有与货币等同的法律地位，不能且不应作为货币在市场上流通使用。2017年中国人民银行等七部委联合发布《关于防范代币发行融资风险的公告》，重申了上述规定。同时，从防范金融风险的角度，该公告进一步提出任何所谓的代币融资交易平台不得从事法定货币与代币、“虚拟货币”相互之间的兑换业务，不得买卖或作为中央对手方买卖代币或“虚拟货币”，不得为代币或“虚拟货币”提供定价、信息中介等服务。上述文件实质上禁止了比特币的兑付、交易及流通，炒作比特币等行为涉嫌从事非法金融活动，扰乱金融秩序，影响金融稳定。涉案仲裁裁决高某赔偿李某与比特币等值的美元，再将美元折算成人民币，实质上是变相支持了比特币与法定货币之间的兑付、交易，与上述文件精神不符，违反了社会公共利益，该仲裁裁决应予撤销。

4. 虚拟货币发行的法律风险

擅自发行虚拟货币，可能面临以下五个方面的风险：

（1）非法吸收公众存款的风险

根据《刑法》第176条的规定，非法吸收公众存款罪，主要是指非法吸收公众存款或者非法变相吸收公众存款，扰乱金融秩序的行为。该罪又被社会各界广泛地称为非法集资，其所要保护的法益为国家正常的金融监管秩序。在构成要件上，客观上要求行为人有未经监管部门批准，公开向不特定人群吸收资金或者变相吸收资金，且足以达到扰乱金融秩序程度的行为；主观上要求行为人具有故意，且不以占有资金为目的，否则将构成集资诈骗罪。

值得注意的是，处置非法集资条例规定，行为人以发行或者转让股权、募集基金、销售保险，或者以从事理财及其他资产管理类活动、虚拟货币、融资租赁、信用合作、资金互助等名义非法筹集资金的，已被列入重点进行关注。而最高人民法院发布的《关于进一步加强金融审判工作的若干意见》（已被修改）则明确指出，对于以金融创新名义非法吸收公众存款或者集资诈骗，构成犯罪的，依法追究刑事责任。

（2）集资诈骗的风险

非法集资主要是指《刑法》第 176 条所规定的非法吸收公众存款罪，以及《刑法》第 192 条规定的集资诈骗罪。与非法吸收公众存款罪相比，集资诈骗罪的最大不同之处在于，是否要求行为人主观上以非法占有他人财产为目的。最高人民法院《关于审理非法集资刑事案件具体应用法律若干问题的解释》规定，只要行为人客观上有非法吸收或者变相吸收公众存款，主观上有非法占有为目的的，就以集资诈骗犯罪论处。可见，构成集资诈骗罪的前提往往是存在非法集资行为，只有使用诈骗方法进行集资诈骗的，才有可能成立集资诈骗罪。

如前所述，ICO 过程中募集比特币或其他数字货币的行为有可能被认定为构成非法吸收公众存款罪或非法集资罪。如果数字货币发行机构在 ICO 过程中具有虚构事实的行为，并有非法占有目的，也就有可能因 ICO 行为触犯集资诈骗罪。

（3）诈骗罪的风险

在比特币等数字货币或代币被界定为虚拟商品的前提下，数字货币发行机构的行为更接近于数字财产的销售行为，如果销售过程中存在欺诈，则存在构成诈骗的法律风险。这种欺诈行为的主要表现是，虚构项目的真实性，或者违规运作项目资金，而其真实意图是非法占有投资人的虚拟商品，即发行人以虚构的区块链项目和数字货币骗取他人财产。

（4）擅自发行股票、公司、企业债券罪的风险

根据《证券法》第 9 条的规定，公开发行证券，必须符合法律、行政法规规定的条件，并依法报经国务院证券监督管理机构或者国务院授权的部门注册；未经依法注册，任何单位和个人不得公开发行证券。基于《证券法》给予国务院证

券监督管理机构的授权，以及行政的自由裁量，不排除监管机构在特定情况下对《证券法》的扩张解释适用，从而将 ICO 纳入证券范畴进行解释和监管。

《刑法》第 179 条规定，擅自发行股票、公司、企业债券罪是指未经国家有关主管部门批准，擅自发行股票或者公司、企业债券，数额巨大、后果严重或者有其他严重情节的行为。

ICO 与发行证券募集资金在形式上具有一定的相似之处，中国人民银行、中央网信办、工业和信息化部、工商总局、银监会、证监会、保监会于 2017 年 9 月 4 日发布的《关于防范代币发行融资风险的公告》中也提到了非法发行证券。

（5）非法经营罪的风险

《刑法》第 225 条规定，非法经营罪是指自然人或者单位违反国家规定，故意从事非法经营活动，扰乱市场秩序，情节严重的行为。成立该罪的前提是行为人违反国家规定，即违反全国人民代表大会及其常务委员会制定的法律和决定，国务院制定的行政法规、规定的行政措施、发布的决定和命令，如在国家规定的交易场所以外非法买卖外汇，或者非法从事资金支付结算业务。ICO 过程中，数字货币发行机构募集获得的代币转换成外汇，如果违反外汇管制相关的规定，或者从事资金支付结算业务，则有可能被司法机关认定成为扰乱市场经营秩序的行为，从而触犯非法经营罪。

同时，《关于防范代币发行融资风险的公告》也指出，ICO 涉嫌非法发行代币票券，这样的认定可能使 ICO 因违反《中国人民银行法》关于禁止发行代币票券的规定而触犯非法经营罪。

三、NFT 监管问题

NFT，即非同质化通证，是指以区块链技术为基础的非标准的数字权利凭证。不同于比特币与其他区块链虚拟货币的等值化、标准化特征，NFT 是一种非标准的凭证。这意味着，每一个 NFT 权利凭证只能对应特定的虚拟数字资产。当前，NFT 在虚拟数字藏品领域的应用最为活跃。

NFT 与虚拟货币既有相似性，也有差异性。然而，随着 NFT 市场的发展，部分 NFT 项目存在“货币化”的特征，从而引发了非法集资、过度炒作的风险。对此，中国互联网金融协会、中国银行业协会、中国证券业协会于 2022 年 4 月 13 日联合发布了《关于防范 NFT 相关金融风险的倡议》。

该倡议指出，践行科技向善理念，合理选择应用场景，规范应用区块链技术，发挥NFT在推动产业数字化、数字产业化方面的正面作用。确保NFT产品的价值有充分支撑，引导消费者理性消费，防止价格虚高背离基本的价值规律。保护底层商品的知识产权，支持正版数字文创作品。真实、准确、完整披露NFT产品信息，保障消费者的知情权、选择权、公平交易权。

该倡议同时指出，坚决遏制NFT金融化、证券化倾向，从严防范非法金融活动风险，遵守以下底线：一是不在NFT底层商品中包含证券、保险、信贷、贵金属等金融资产，变相发行交易金融产品。二是不通过分割所有权或者批量创设等方式削弱NFT非同质化特征，变相开展代币发行融资（ICO）。三是不为NFT交易提供集中交易（集中竞价、电子撮合、匿名交易、做市商等）、持续挂牌交易、标准化合约交易等服务，变相违规设立交易场所。四是不以比特币、以太币、泰达币等虚拟货币作为NFT发行交易的计价和结算工具。五是对发行、售卖、购买主体进行实名认证，妥善保存客户身份资料和发行交易记录，积极配合反洗钱工作。六是不直接或间接投资NFT，不为投资NFT提供融资支持。

上述倡议遵循了《关于防范代币发行融资风险的公告》所确定的相关精神，体现了防范NFT走向“货币化”的思路。

四、区块链信息服务法律问题

事实上，虽然比特币及虚拟货币、NFT等形式的区块链应用受到大众的关注，但区块链更为广阔的应用场景在于通过区块链提供信息服务。本章第一部分所介绍的农产品溯源、金融应用、司法应用等，实际上都属于区块链信息服务的范畴。由于区块链具有很强的安全性和防篡改性，因而对于优化社会信用体系建设、提升社会交易效率都具有重要的价值，区块链信息服务也将会成为社会经济活动、管理活动的重要支撑。

为了规范区块链信息服务，国家互联网信息办公室于2019年1月10日发布了《区块链信息服务管理规定》，自2019年2月15日起开始施行。

1. 区块链信息服务的概念

《区块链信息服务管理规定》第2条第2款规定，区块链信息服务，是指基于区块链技术或者系统，通过互联网站、应用程序等形式，向社会公众提供信息服务。

《区块链信息服务管理规定》未明确规定信息服务的定义。根据《互联网信息服务管理办法》第 2 条和第 3 条的规定，互联网信息服务是指通过互联网向上网用户提供信息的服务活动，分为经营性和非经营性两类。其中，经营性互联网信息服务，是指通过互联网向上网用户有偿提供信息或者网页制作等服务活动；非经营性互联网信息服务，是指通过互联网向上网用户无偿提供具有公开性、共享性信息的服务活动。无论提供信息服务的主体是否向用户提供有偿服务或无偿服务，均属于互联网信息服务。按照这一原则，区块链信息服务也包含有偿服务与无偿服务。

2. 区块链信息服务提供者的概念

与此相对应的则是区块链信息服务提供者，是指向社会公众提供区块链信息服务的主体或者节点，以及为区块链信息服务的主体提供技术支持的机构或者组织。

按照这一定义，区块链信息服务提供者包括两类主体，第一类主体是向社会公众提供区块链信息服务的主体或者节点；第二类主体是为区块链信息服务的主体提供技术支持的机构或者组织。

这意味着，基于区块链技术或系统提供的服务才可能被纳入《区块链信息服务管理规定》的适用范围内。法律、行政法规、《区块链信息服务管理规定》等部门规章未明确规定“区块链技术或系统”的定义和范围。但是，目前部分地方政府下属职能部门出台的规范性文件对“区块链技术”进行了解释说明。比如，在由工业和信息化部信息化和软件服务业司指导、工业和信息化部中国电子技术标准化研究院于 2017 年 12 月 22 日主办的“中国区块链技术和产业发展论坛第二届开发大会”上，《区块链　数据格式规范》正式发布，提及区块链是“一种在对等网络环境下，通过透明和可信规则，构建不可伪造、不可篡改和可追溯的块链式数据结构，实现和管理事务处理的模式。”（注：事务处理包括但不限于可信数据的产生、存取和使用等）

需要注意的是，除了“主体”外，《区块链信息服务管理规定》将“节点”也纳入区块链信息服务提供者的范围内。在区块链技术中，每一个分布式账本可以称作一个“节点”。

对于为区块链信息服务的主体提供技术支持的机构或者组织而言，则需要对“技术支持”的定义予以关注。《区块链信息服务管理规定》并未进一步解释说明技术支持的类型包括哪些（如技术开发、实施、维护等）。笔者认为，技术支持应包括与区块链的开发、实施、应用、运行、维护有关的各个领域。

3. 区块链信息服务的安全评估与备案

区块链信息服务提供者需要按照《区块链信息服务管理规定》进行安全评估及备案。

（1）安全评估

《区块链信息服务管理规定》第 9 条规定，区块链信息服务提供者开发上线新产品、新应用、新功能的，应当按照有关规定报国家和省、自治区、直辖市互联网信息办公室进行安全评估。

（2）备案

《区块链信息服务管理规定》第 11 条第 1 款规定："区块链信息服务提供者应当在提供服务之日起十个工作日内通过国家互联网信息办公室区块链信息服务备案管理系统填报服务提供者的名称、服务类别、服务形式、应用领域、服务器地址等信息，履行备案手续。"

此外，该规定第 11 条第 2 款、第 3 款规定，区块链信息服务提供者变更服务项目、平台网址等事项的，应当在变更之日起 5 个工作日内办理变更手续。区块链信息服务提供者终止服务的，应当在终止服务 30 个工作日前办理注销手续，并作出妥善安排。

按照这一规定，备案的时间节点为"提供服务之日起十个工作日内"，从字面上看，如技术开发商一直开展区块链服务的研发工作，但尚未提供服务，则此时尚不需履行备案手续。

（3）未进行备案的法律责任

《区块链信息服务管理规定》第 22 条规定，如区块链信息服务提供者未在提供服务之日起 10 个工作日内通过国家互联网信息办公室区块链信息服务备案管理系统填报信息、履行备案手续的，国家和省级互联网信息办公室依据职责采取的行政处罚责任为责令限期整改、警告，并处 1 万元以上 3 万元以下罚款。

五、区块链的司法应用

如前所述，最高人民法院对于区块链在司法中的应用一直是持开放与前瞻的态度。2018 年生效的《关于互联网法院审理案件若干问题的规定》对通过区块链等技术手段收集的证据予以认可。2022 年 5 月，最高人民法院为了推进司法区块链的应用，发布了《关于加强区块链司法应用的意见》（法发〔2022〕16

号）。该意见指出，大力推动区块链技术与多元解纷、诉讼服务、审判执行和司法管理工作深度融合，积极应用区块链平台服务社会治理、优化营商环境、加强诚信体系建设、防范化解重大风险、支持构建新发展格局，努力创造更高水平的数字正义。

上述意见还指出了总体目标，即到2025年，建成人民法院与社会各行各业互通共享的区块链联盟，形成较为完备的区块链司法领域应用标准体系，数据核验、可信操作、智能合约、跨链协同等基础支持能力大幅提升；区块链在多元解纷、诉讼服务、审判执行和司法管理工作中得到全面应用，有效促进司法公信，提升司法效率，强化廉洁司法；司法区块链跨链联盟融入经济社会运行体系，实现与政法、工商、金融、环保、征信等多个领域跨链信息共享和协同，主动服务营商环境优化、经济社会治理、风险防范化解和产业创新发展，助力平安中国、法治中国、数字中国和诚信中国建设，形成中国特色、世界领先的区块链司法领域应用模式，为新时代我国经济社会数字化转型和高质量发展提供坚强有力的司法服务和保障。

由于当前区块链的司法应用总体处于早期阶段，相关规则、司法解释等均处于探索阶段，笔者认为，我国法院对于区块链司法的实践应用，可以成为分析区块链司法应用的一个重要视角。

1. 区块链证据的定义

严格地讲，区块链本身并不是证据，而是一种电子数据证据存储、承载及固定的技术实现方式。在法律层面，我国《民事诉讼法》第66条①肯定了“电子数据”作为民事诉讼证据的法律效力。在此基础上，2019年新修正的最高人民法院《关于民事诉讼证据的若干规定》对“电子数据”证据的范围、判断方式、采信标准等进行了细化规定，其中虽未提及“区块链”证据作为“电子数据”证据的明确分类，但其第14条中“其他以数字化形式存储、处理、传输的能够证明案件事实的信息”这一兜底条款为“区块链”等新型信息技术在民事诉讼证据中的应用提供了支持。

---

①《民事诉讼法》第66条规定：“证据包括：（一）当事人的陈述；（二）书证；（三）物证；（四）视听资料；（五）电子数据；（六）证人证言；（七）鉴定意见；（八）勘验笔录。证据必须查证属实，才能作为认定事实的根据。”

区块链上承载的数据首次被明确界定为民事诉讼证据类型，是在2018年生效的最高人民法院《关于互联网法院审理案件若干问题的规定》中。其第11条第2款明确规定，“当事人提交的电子数据，通过电子签名、可信时间戳、哈希值校验、区块链等证据收集、固定和防篡改的技术手段或者通过电子取证存证平台认证，能够证明其真实性的，互联网法院应当确认”。

据此，笔者认为，“区块链证据”是指使用区块链技术，或通过使用该技术的存证平台，对事实进行收集、存储和固定，并能有效防篡改、具有真实性，以及通过其记载内容可以起到证明效力的电子数据证据。目前该项证据在我国已经得到了司法解释层面的认可，并在互联网法院审理的案件举证中被广泛使用。截至2021年3月7日，以率先搭建司法区块链平台的杭州、北京、广州互联网法院为例，三平台存证数分别为14.7亿条、1.6亿条、0.5亿条，存量合计近17亿条。①

2. 区块链证据被认可的依据

根据最高人民法院《关于适用〈中华人民共和国民事诉讼法〉的解释》第104条的规定，② 被采信认定作为案件事实根据的证据须满足真实性、合法性以及与待证事实的关联性的要求。考虑到区块链技术虽然在一定程度上为存证数据提供了防篡改、防伪能力，但其仍存在一些理论上无法攻克的难题，如因网络延迟导致的不完美网络，51%攻击，抑或交易所账号和钱包失窃等。③ 因此，对于区块链证据的司法认定，应当紧密契合《民事诉讼法》及有关司法解释的规定，既不能因其属于新型复杂技术手段而提高证据认定标准，也不能因该技术具有难以篡改、删除的特点而放弃设定必要的标准。

---

① 参见杭州互联网法院网，https://www.netcourt.gov.cn/；北京互联网法院网，https://www.bjinternetcourt.gov.cn/；广州互联网法院网，https://gzinternetcourt.gov.cn/#/Home，最后访问时间：2021年3月7日。

② 最高人民法院《关于适用〈中华人民共和国民事诉讼法〉的解释》第104条规定：“人民法院应当组织当事人围绕证据的真实性、合法性以及与待证事实的关联性进行质证，并针对证据有无证明力和证明力大小进行说明和辩论。能够反映案件真实情况、与待证事实相关联、来源和形式符合法律规定的证据，应当作为认定案件事实的根据。”

③ 参见［美］阿尔文德·纳拉亚南、［美］约什·贝努、［美］爱德华·费尔顿、［美］安德鲁·米勒、［美］史蒂文·戈德费德：《区块链：技术驱动金融》，中信出版社2016年版。

最高人民法院《关于互联网法院审理案件若干问题的规定》重点提及了区块链证据的真实性问题。且最高人民法院于2021年1月21日发布了《关于人民法院在线办理案件若干问题的规定（征求意见稿）》（以下简称《在线办案若干规定（征求意见稿）》），其第14条至第17条①分别针对区块链证据效力、区块链证据审核规则、上链前数据真实性审查以及区块链证据补强认定等方面对区块链证据的司法认定提出了标准。

地方性规定层面，2018年6月生效的《杭州互联网法院民事诉讼电子数据证据司法审查细则（试行）》第12条②则明确“为当事人提供电子数据存证服务的企业及机构提供的电子数据”，应当一并审查“第三方数据服务提供商”“电子数据”来源及形成以及与其他证据相互印证的能力，来认定证据的效力。考虑到《在线办案若干规定（征求意见稿）》尚未正式颁布，针对区块链证据的采信与认定审查标准，除了地方法院的审查细则，尚未在法律、法规或司法解释层面

① 《在线办案若干规定（征求意见稿）》第14条规定：“当事人提交的证据系通过区块链技术存证，并经技术核验后一致的，推定该证据材料上链后未经篡改，人民法院可以确认该证据的真实性，但有相反证据足以推翻的除外。”

第15条规定：“当事人对区块链存证证据提出异议并有合理理由的，人民法院应当主要审查以下内容：（一）存证平台是否符合国家有关部门关于提供区块链存证服务的相关规定；（二）当事人与存证平台是否存在利害关系，并利用技术手段不当干预取证、存证过程；（三）存证平台的信息系统是否符合清洁性、安全性、可用性的国家标准或者行业标准；（四）存证技术和过程是否符合《电子数据存证技术规范》关于系统环境、技术安全、加密方式、数据传输、信息验证等方面的要求。”

第16条规定：“当事人提出数据上链存证时已不具备真实性，并提供证据予以证明或者说明理由的，人民法院应当予以审查。人民法院根据案件情况，可以要求提供区块链存证证据的一方当事人提供证据证明上链存证数据的真实性，或者说明上链存证数据的具体来源、生成机制、存储过程、第三方公证见证、关联印证数据等情况。当事人不能提供证据证明或者作出合理说明，该区块链存证证据也无法与其他证据相互印证的，人民法院对该证据的真实性不予确认。”

第17条规定：“当事人可以申请具有专门知识的人就区块链平台存证相关技术问题提出意见。人民法院可以根据当事人申请或者依职权，委托鉴定区块链存证证据的真实性或者调取其他相关证据进行核对。”

② 《杭州互联网法院民事诉讼电子数据证据司法审查细则（试行）》第12条规定：“第三方数据服务提供商的电子数据是指为当事人提供电子数据存证服务的企业及机构提供的电子数据。对于第三方数据服务提供商的电子数据，应当根据第三方数据服务提供商的资质资信、信用状况、经营管理状况、证据形成的过程、所采用的技术手段等因素，结合案件其他证据，审查确定能否作为认定事实的依据。应着重审核第三方数据服务提供商的电子数据来源的真实性、技术手段的安全性，审查电子数据形成的合法性以及形成、传输、接受、存储、提取的过程及方法的可靠性、电子数据的完整性、保持完整性方法的可靠性，审查电子数据与其他证据相互印证的程度，并由此认定证据的效力。”

有明确的规定。

这里需要明确的是对于《关于互联网法院审理案件若干问题的规定》的适用范围问题。上海市普陀区人民法院在上海轻享互联网科技有限公司与宋某喜买卖合同纠纷案［（2020）沪0107民初3976号］的一审判决书中参考适用了《关于互联网法院审理案件若干问题的规定》，采信了原告提交的区块链证据，并认为，虽然《关于互联网法院审理案件若干问题的规定》是就互联网法院审理案件所作的专门规定，但“该条款作为对通过哈希值校验以及区块链等技术存证固证的证据真实性的确认方法，应当作为人民法院判定区块链电子数据证据的共识性标准。非互联网法院如果遇到区块链存证的电子数据，完全可以将前述司法解释条款作为证据真实性审查的参考法律依据”。据此，笔者认为，《关于互联网法院审理案件若干问题的规定》规定的关于区块链证据的裁判规则在一定程度上是一种“共识性标准”，在司法实践中，具有较大的可能性被其他非互联网法院在审理有关案件时参考适用。

3. 区块链存证平台的资质问题

由于区块链证据的运用基于区块链存证平台，在相当数量的区块链证据适用的案例中，都涉及对区块链存证平台资质的判断问题。

（1）法院相关判例的观点

目前我国法律法规尚未出台专门针对区块链存证平台的资质管理规范，笔者从目前公开的判例中，截取的相关法院对存证平台资质合规性的论述主要如下（见表5－1）。

表5－1　部分法院对存证平台资质的观点整理

案号	法院	区块链证据存证平台	关于资质认定的观点
（2019）川0124民初2176号	四川省成都市郫都区人民法院	未提及	原告办理存证的平台，已通过国家互联网信息办公室公布的第一批197个境内区块链信息服务登记备案，运营平台具备第三方电子存证资质

续表

案号	法院	区块链证据存证平台	关于资质认定的观点
（2019）川01 民终1050 号	四川省成都市中级人民法院	易保全公司	1. 若无电子认证许可证书，法院不认可区块链证据等同于电子认证； 2.《信息安全管理体系认证证书》《信息系统安全等级保护备案认证》《电子认证产品和服务授权》均非国务院信息产业主管部门颁发的认证许可证书，故前述证据均不能证明易保全公司具备电子认证服务能力
（2019）京0491 民初805 号	北京互联网法院	易保全公司	1. 易保全公司系独立于双方当事人的第三方存证平台； 2. 存证平台是否获得电子认证许可证书，属于行政管理法规调整的范畴，不能直接以此否定存证平台的资质以及存证平台存证的合法性、真实性
（2019）京0491 民初798 号	北京互联网法院	易保全公司	1. 易保全公司系独立于双方当事人的第三方存证平台； 2. 存证平台是否获得电子认证许可证书，属于行政管理法规调整的范畴，不能直接以此否定存证平台的资质以及存证平台存证的合法性、真实性
（2018）浙0192 民初81 号	杭州互联网法院	保全网	1. 存证平台运营公司的股东及经营范围相对独立于原告，具有独立性； 2. 保全网通过国家网络与信息系统安全产品质量检验检测中心完整性鉴别检测，具备作为第三方电子存证平台的资质

续表

案号	法院	区块链证据存证平台	关于资质认定的观点
(2018) 粤0304民初32560号	广东省深圳市福田区人民法院	易保全公司	1. 易保全公司经营电子数据平台提供电子数据存储、服务; 2. 目前法律、行政法规并未对电子数据存证行业的准入设定资质要求,也未规定进入该行业需要获得行政许可,对第三方电子数据平台并无特定资质要求
(2018) 京0101民初4624号	北京市东城区人民法院	IP360数据权益保护平台	1. IP360数据权益保护平台运营公司[真相网络科技(北京)有限公司]依法成立并独立于原、被告; 2. IP360数据权益保护平台通过了公安部安全与警用电子产品质量检测中心和国家安全防范报警系统产品质量监督检验中心(北京)的检验认证,具备作为第三方电子存证平台的资质

通过梳理上述判例,笔者发现,法院对于“资质”的认定集中在以下几类:

其一,电子认证服务许可。所谓“电子认证服务”,是指为电子签名相关各方提供真实性、可靠性验证的活动。根据《电子签名法》及《电子认证服务管理办法》相关规定,① 从事电子认证服务,应当向国务院信息产业主管部门提出申请以取得《电子认证服务许可证》。

如表5-1所示,在司法实践中,部分法院以区块链存证平台不具备电子认证资质,以此判断区块链存证平台的存证无法达到电子认证的效果,如表5-1中提及的成都日报社、北京全景视觉网络科技股份有限公司侵害作品信息网络传播权纠纷案[(2019)川01民终1050号]。笔者认为,区块链存证不等同于电子

① 《电子签名法》第16条规定:“电子签名需要第三方认证的,由依法设立的电子认证服务提供者提供认证服务。”
《电子认证服务管理办法》第二章规范了电子认证服务机构的设立和管理的各项条件。

认证。所谓“区块链存证”，本质上是通过区块链技术构建的共识与互信框架来实现事实固定的目的。而传统的“电子认证”主要基于权威的第三方构建网络信任，以解决网络身份的识别。两者在解决思路和技术实现层面有显著区别，区块链的解决思路是去中心化的证明，而电子认证的解决思路则是中心化的证明，且针对运用区块链技术的存证平台，目前尚无相应的法律法规明确应当参照传统电子认证平台的资质要求。相比之下，笔者更为认同表 5－1 中北京互联网法院有关判例的观点，即“存证平台是否获得电子认证许可证书，属于行政管理法规调整的范畴，不能直接以此否定存证平台的资质以及存证平台存证的合法性、真实性”。

其二，有法院将公安部安全与警用电子产品质量检测中心和国家安全防范报警系统产品质量监督检验中心（北京）的检验认证作为存证平台的资质。笔者认为，区块链存证平台是否需要这两项认证，需要根据实际情况作出区别。根据《网络安全法》第 23 条[①]的规定，若区块链存证平台所提供的产品包括《网络关键设备和网络安全专用产品安全认证实施规则》所列网络安全专用产品，则应当通过公安部安全与警用电子产品质量检测中心的认定。同时，该存证平台需对其使用之安全防范报警系统产品，按国家安全技术防范产品认证制度进行管理。笔者认为，虽然上述认证本身并非属于针对区块存证平台而专设的资质要求，但从网络安全角度出发，权威机构的认证有助于法院认可区块链存证平台的存证环境安全性。

除上述各类认证外，根据《区块链信息服务管理规定》第 11 条[②]的规定，提供区块链存证技术服务的平台，需要履行区块链信息服务登记备案手续。另外，从网络安全角度，根据司法部发布的《电子数据存证技术规范》（SF/T 0076—2020）第 5.1 条规定，电子数据存证平台应达到《信息安全技术——网络安

① 《网络安全法》第 23 条规定：“网络关键设备和网络安全专用产品应当按照相关国家标准的强制性要求，由具备资格的机构安全认证合格或者安全检测符合要求后，方可销售或者提供。国家网信部门会同国务院有关部门制定、公布网络关键设备和网络安全专用产品目录，并推动安全认证和安全检测结果互认，避免重复认证、检测。”

② 《区块链信息服务管理规定》第 11 条第 1 款规定：“区块链信息服务提供者应当在提供服务之日起十个工作日内通过国家互联网信息办公室区块链信息服务备案管理系统填报服务提供者的名称、服务类别、服务形式、应用领域、服务器地址等信息，履行备案手续。”

全等级保护基本要求》（GB/T 22239—2019）的第三级基本要求。

此外，对于接入司法机关诉讼平台的区块链存证平台，地方互联网法院可能会提出特别的审核标准。例如，杭州互联网法院发布的《杭州互联网法院电子证据平台规范（试行）》第8条对存证平台接入诉讼平台提出了审核标准："证据平台接入方需向本院提供主体身份资料、联系方式等信息。本院管理员审核同意后，通过国家授权的第三方电子认证机构为其颁发CA证书，用于确保网上传递信息的机密性和完整性。"虽然目前尚未有因存证平台不符合杭州互联网法院接入标准而不予采信区块链证据的案例，但是，笔者认为，不排除未来杭州互联网法院的规范将会作为地方经验被推广至外省市，乃至获得司法解释层面的认可，届时，国家授权的第三方电子认证机构颁发的CA证书也有可能成为法院审查区块链存证平台资质的重要一环。

（2）存证平台的独立性

如表5－1所示，部分法院在审查区块链存证平台资质时，也一并考虑了区块链存证平台运营主体的独立性问题。在杭州华泰一媒文化传媒有限公司与深圳市道同科技发展有限公司侵害作品信息网络传播权纠纷案［（2018）浙0192民初81号］一审判决书中，杭州互联网法院通过审查区块链存证平台的股东及经营范围来确认存证平台的独立性。笔者认为，如果案件争诉内容涉及区块链存证平台及其股东的收益，例如，原、被告某一方系案涉区块链证据所依托的存证平台的股东或关联方，则该存证平台的独立性显然会因利益关联受到影响。但对于平台运营主体的经营范围，以何等标准进行平台独立性审查，还有待法律、法规或司法实践作进一步明确。

（3）存证平台的清洁性、安全性、可用性或机器可信检查

参考《在线办案若干规定（征求意见稿）》第15条第3项①，区块链证据在审核中，法院还可能会参考国家标准或者行业标准来审核存证平台系统的清洁性、安全性、可用性（见表5－2）。

① 《在线办案若干规定（征求意见稿）》第15条规定："【区块链证据审核规则】当事人对区块链存证证据提出异议并有合理理由的，人民法院应当主要审查以下内容：……（三）存证平台的信息系统是否符合清洁性、安全性、可用性的国家标准或者行业标准。"

表 5－2　部分法院对存证平台清洁性、安全性、可用性的观点整理

案号	法院	区块链证据存证平台	关于存证平台清洁性、安全性、可用性的观点
（2020）浙 0192 民初 1641 号	杭州互联网法院	数字版权保护平台	1. 法院登录司法链平台，对原告提交的“取证材料”和区块哈希值进行查验，得到验证结果“比对结果一致，数据未被篡改”； 2. 原告提供的电子数据在生成、传输、存储和提交等过程中，所依赖的技术手段具有可靠性，技术环境具有安全性，所获得的电子数据能通过特定形式得到反复验证，符合区块链技术的概念特征，可以作为本案认定侵权的依据
（2020）粤 0307 民初 31379 号	广东省深圳市龙岗区人民法院	联盟链：IPS 区块链保全中心	1. 庭审中，法院通过登录 IPS 区块链保全中心，对该区块链认证证书所附光盘中的三个电子文件分别进行验证，均显示通过验证，且文件名称、取证时间、数字摘要、区块链高度、交易哈希值均与区块链认证证书一致； 2. 原告提交的电子数据，生成过程系由相对独立的第三方操作，在数据生成、传输、存储和提交等过程中，所依赖的技术手段具有可靠性，技术环境具有安全性，所获得的电子数据将通过特定形式得到反复验证，符合区块链技术的概念特征，可以作为认定本案相关事实的依据
（2019）川 0124 民初 2176 号	四川省成都市郫都区人民法院	未提及	1. 原告办理存证的平台，已通过国家互联网信息办公室公布的第一批 197 个境内区块链信息服务登记备案，运营平台具备第三方电子存证资质。因此，区块链技术实现机器可信，即电子数据生成时的清洁环境； 2. 使用区块链进行网页取证，需输入网页 URL，系统默认在联网状态下实现对数据抓取，故排除一方将自身设备数据伪造为网页数据情形，达到环境可信

续表

案号	法院	区块链证据存证平台	关于存证平台清洁性、安全性、可用性的观点
（2019）川01民终1050号	四川省成都市中级人民法院	易保全公司	涉案《电子数据保全证书》的验证方式仅能证明电子副本与留存于服务器上的电子数据一致，不足以证明其留存于服务器上的电子数据形成过程中操作环境的清洁性
（2018）浙0192民初81号	杭州互联网法院	保全网	1. 保全网部署在阿里云中，阿里云作为通用的云平台，能够确保服务器在一般情况下未受病毒和木马感染入侵； 2. 保全网已获得公安部第三研究所与国家网络与信息系统安全产品质量检验检测中心授予的网站安全一级认证证书、信息系统安全等级保护第三级的备案证明； 3. 在以上条件下，除有相反证据否定之外，应认定该网站具备进行电子数据存储的安全环境
（2018）京0101民初4624号	北京市东城区人民法院	IP360数据权益保护平台	1. 结合勘验过程、真相网络科技（北京）有限公司出具的说明及相关《检验报告》《产品购销合同》等，IP360数据权益保护平台通过回收和初始化服务器资源、自动启动录屏、北斗卫星授时系统进行时间认证，避免了对本地系统预先清洁以保证取证环境真实性的问题； 2. 原告在进入远程桌面开始操作前，依然对所用计算机及网络环境等进行了一系列标准化清洁性检查，此举最大限度地排除了因操作者不当介入、取证环境不真实等因素可能对取证结果造成的影响

上述判例中，四川省成都市中级人民法院对于区块链证据的存证与验证环境的认定相对谨慎，认为“电子副本与留存于服务器上的电子数据一致”不足以证明“留存于服务器上的电子数据形成过程中操作环境的清洁性”。除此之外，北

京、深圳、杭州等地的法院在裁判文书中未对于区块链存证平台的信息系统的清洁性、安全性提出质疑。对于存证平台的清洁性、安全性、可用性或机器可信检查，法院在认定中会综合考虑多种因素：

①通过考察区块链存证的方式，结合相应技术规范，[①] 来认定技术环境的安全性；

②存证操作之前对计算机及网络环境是否进行了标准化清洁性检查；

③平台是否取得区块链信息服务登记备案，并以此来判断电子数据是否生成于清洁环境；

④平台系统的环境部署是否安全可信；

⑤平台是否拥有权威机构出具的网站安全一级认证证书、信息系统安全等级保护第三级的备案证明等网络安全认证；

⑥无相反证据否认安全环境。

4. 区块链证据真实性的判断标准

有观点认为，区块链技术的“不可篡改性”尚存漏洞。例如，当一个主体拥有充足知识和资金以掌握全网51%算力时，仍可以篡改、删除区块链以阻止新交易的验证或逆转前序已确认的交易。实际上，这种假设成立的难度极其大，在目前现实生活中发生的可能性可以认为趋向于0。[②] 在此前提下，司法机关对于区块链数据本身的真实性，更多地会从认可区块链存证平台本身的可靠性以及区块链证据的可验证性角度展开分析。

结合判例，司法机关对于数据真实性的审核，可以细分为两种场景：

第一种场景为链上生成的证据。在深圳市兰拓科技发展有限公司（以下简称兰拓科技）与谢某租赁合同纠纷案［（2020）川0108民初2965号］中，原告（兰拓科技）通过接入蚂蚁云金融公司提供的区块链系统，实现兰拓区块链免押租赁平台用户注册、合同签订、订单数据留存都在链上完成。[③] 对此，四川省成

---

① 例如，2020年5月29日实施的《电子数据存证技术规范》（SF/T 0076—2020），以及上海市司法鉴定协会发布、2020年6月8日实施的《基于区块链技术的电子数据存证规范》等。

② 参见姚忠将、葛敬国：《关于区块链原理及应用的综述》，载《科研信息化技术与引用》2017年第8期。

③ 据报道，兰拓租赁是一家数码租赁共享平台，有了蚂蚁区块链赋能以后，用户所有信息、合同、订单数据全部上链。参见 https：//www.8btc.com/article/404640，最后访问时间：2021年3月7日。

都市成华区人民法院认定：原被告间签订的“电子合同，自乙方签署合法可靠的电子签名，或者乙方勾选‘同意本合同规定’并提交订单之日起生效，且本次交易形成的三份电子合同，已通过区块链存证”。在该案裁判文书中，法院认为该互联网上签订的合同合法有效，各方当事人应当按照协议约定，履行相应义务。而在同类型的几个案件中，[①] 法院都未对链上形成的证据提出否定性的意见。

笔者认为，考虑到该类证据在生成、存储、传递的过程都在区块链的环境下完成，所以当事人或第三方介入进行增加、删减、篡改的操作可能性极小，证据保持完整性的可能相对更高。

第二种场景则是链下生成的证据，司法判例中涉及了大量链下生成证据，而后进行区块链存证的情况。例如，在北京全景视觉网络科技股份有限公司与深圳市康辉旅行社有限公司著作权权属、侵权纠纷案［（2019）京0491民初797号］中，北京互联网法院在对于认定侵权事实的分析中，对区块链证据的数据生成、存储的方式具有可靠性提到了三个方面的考虑因素：（1）提到易保全平台通过程序puppeteer打开目标网页，获取网页源码、图片信息、文字信息，对网页截屏固化证据，操作过程是按照取证系统事先设定好的程序由机器自动完成，取证、固证全过程被人为篡改的可能性较小，该电子数据来源可信性较高；（2）易保全公司对取证数据同步传送渝信公证处，法院登录重庆市渝信公证处官网查验哈希值结果一致；（3）被告没有提出足以反驳或推翻《电子数据取证证书》的有效证据。

对于区块链证据的完整性审查，同样是区块链证据认定中的重要考量因素。

杭州互联网法院在杭州华泰一媒文化传媒有限公司与深圳市道同科技发展有限公司侵害作品信息网络传播权纠纷案［（2018）浙0192民初81号］一审判决书中，提出更为详细的审查意见：基于区块链存证技术具有难以篡改、删除的特点，如果能确认诉争的电子数据已上传至区块链，那么可以进一步推断该区块链证据保持了内容完整性。为确认电子数据确已上传至区块链，法院从“真实上传”和“上传的电子数据是否系诉争的电子数据”两个方面进行审查。对于前

① 参见（2020）川0108民初2966号民事判决书、（2020）川0105民初2112号民事判决书及（2020）川0108民初1779号民事判决书。

者，法院从时间生成符合逻辑合理性以及 hash 值比对一致①来确认区块链证据已真实上传；对于后者，法院则通过核验比对“在保全网中下载的网页截图、源代码和调用信息打包压缩文件”的 hash 值及原告提交的区块链保存的电子数据 hash 值一致，得出该区块链证据从上链至今保存完整、未被修改。

值得注意的是，部分司法机关对于区块链证据的效力确认，更强调用技术说明文件或其他证据从侧面进行验证。例如，四川省成都市中级人民法院在审理成都日报社、北京全景视觉网络科技股份有限公司侵害作品信息网络传播权纠纷案［（2019）川 01 民终 1050 号］中，未予采信案涉的区块链证据。其主要观点是：被上诉人（原审原告）提交的《电子数据保全证书》及其所附电子数据文件，在缺乏技术说明及印证证据的情况下，不足以证明被指控的侵权行为客观发生、被控侵权图片客观存在。2018 年 6 月 28 日发布的《杭州互联网法院民事诉讼电子数据证据司法审查细则（试行）》第 6 条对于区块链证据的效力也提出了通过特定形式验证的标准。②

综上所述，目前判例中未强调对链上原生的证据和链下生成的证据的区分，笔者认为，对区块链数据进行真实性审查，至少应当综合考虑以下四个方面的因素：

（1）确认电子数据是否完整、真实地上传至区块链存证平台。

（2）在满足第一项的条件下，需明确区块链证据在被提取、复制、储存等过程中是否保持完整性。司法实践中对于提交区块链证据一方，往往会有同步提交区块链存证“技术说明”的要求。

（3）涉案区块链证据是否可经特定技术手段验证、比对，得到如“比对一致”的结论。例如，当事人申请公证处、司法鉴定中心对存证至区块链存证平台的证据进行哈希值比对，得出文件是否与自取证之时起就存证在公证处、司法鉴

① 保全网将网页截图、源代码和调用信息打包压缩计算出 SHA256 值后上传至 FACTOM 区块链、比特币区块链中以保证电子数据未被修改。因此，时间生成合理性，是指原告提交的区块高度生成时间符合调用日志生成时间（具体指内容上传时间和使用 puppeteer、curl 自动获取网页截图和源代码的调用日志中显示的时间）和 FACTOM 打包规则二者间的时间逻辑。hash 值比对一致，通过验证锚定在比特币区块链中的内容与 FACTOM 中存放内容的 hash 进行验证得出一致的结论，以确认电子数据已上传至 FACTOM 区块链和比特币区块链中。

② 《杭州互联网法院民事诉讼电子数据证据司法审查细则（试行）》第 6 条规定：“……（六）电子数据是否可以通过特定形式验证。”

定中心的文件哈希值一致的结论。

（4）诉讼中的其他各方是否提出有效证据反驳或推翻该区块链证据拟证明的事实。

5. 区块链证据原件问题

根据最高人民法院《关于民事诉讼证据的若干规定》第 15 条第 2 款①以及《关于互联网法院审理案件若干问题的规定》第 10 条②的规定，传统民事诉讼中的电子数据证据效力判断还涉及特定情形下提供证据原件的要求。区块链证据作为电子数据证据，自然也涉及当事人是否应当提供原件来印证的问题。

对此，逻辑上必须先回答“区块链证据本身是否属于原件”这个问题。目前法律法规、司法实践中尚未对此有明确的规定，有学者认为区块链证据本身可能被解释为“复试原件”，即链上形成的数据内容与原始数据完全相同，③ 也有学者认为可以通过“原始载体说”来论证区块链存证的电子数据属于原件，即进行区块链证据存证行为时，原始数据上传至联盟链的某个节点，每个节点就基于点对点实时通信技术完成数据信息的共享，由于为点对点实时传送，每个节点的存储设备都可视为原始载体。④

但是，实务中有观点认为，法院在根据区块链证据认定事实时，需审查原件。例如，在成都高新美极医疗美容门诊部有限公司与张某绮网络侵权责任纠纷案［（2020）京04 民终309 号］中，上诉人辩称被上诉人未提供区块链证据的原件，原审判决根据复印件认定事实有悖于法律。对此观点，北京市第四中级人民法院认为：对于被上诉人提供的 IP360 数据权益保护平台的区块链证据（内容是

① 《关于民事诉讼证据的若干规定》第 15 条第 2 款规定：“当事人以电子数据作为证据的，应当提供原件。电子数据的制作者制作的与原件一致的副本，或者直接来源于电子数据的打印件或其他可以显示、识别的输出介质，视为电子数据的原件。”

② 《关于互联网法院审理案件若干问题的规定》第 10 条规定：“当事人及其他诉讼参与人通过技术手段将身份证明、营业执照副本、授权委托书、法定代表人身份证明等诉讼材料，以及书证、鉴定意见、勘验笔录等证据材料进行电子化处理后提交的，经互联网法院审核通过后，视为符合原件形式要求。对方当事人对上述材料真实性提出异议且有合理理由的，互联网法院应当要求当事人提供原件。”

③ 参见汪振林：《电子数据原件问题研究》，载《重庆邮电大学学报（社会科学版）》2012 年第 5 期。

④ 参见石冠彬、陈全真：《论区块链存证电子数据的优势及司法审查路径》，载《西南民族大学学报（人文社会科学版）》2021 年第 1 期；陈全真：《区块链存证电子数据的司法适用》，载《人民司法》2019 年第 4 期。

上诉人运营的微信公众号未经被上诉人同意使用了其肖像)，如果在上诉人不能提供相反证据的情况下，可以采信该区块链证据。该判决绕开了区块链证据是否系原件的问题，而是从其他方面对区块链证据的真实性进行审查，如审查诉讼相对方是否能够提供相反证据、区块链证据反映的内容与其他证据是否能够相互印证等。

另外，北京全景视觉网络科技股份有限公司与深圳市康辉旅行社有限公司著作权权属、侵权纠纷案［（2019）京0491民初797号］中，原告为证明被告侵权的事实，将含有侵犯著作权的文章和图片网页存证至易保全区块链存证平台，并提交了该存证平台出具的《电子数据取证证书》。对此，法院登录了重庆市渝信公证处官网，在官网下方“易保全公众监督哈希摘要发布处”输入原告所举证的《电子数据取证证书》证书编号后，显示了保全文件备案号、保全主体、保全来源、保全时间及全局监督摘要，上述内容与《电子数据取证证书》所载内容一致。法院并未提出让原告出示关于载有侵犯著作权文章和图片网页的原件，而认可该区块链证据并认定被告侵害原告著作权的事实。

笔者认为，区块链证据的性质是否属于证据原件，以及在诉讼活动中是否需要额外提供原件的问题，目前尚存争议。若未使用直接接入司法机关系统的存证平台，可考虑引入第三方公证机构记录区块链取证、存证的全过程，亦不失为证据补强的有效措施。

对于类似区块链存证这类新型证据形式的证据效力问题，司法鉴定的介入也可以视为一种有效途径。在杭州华泰一媒文化传媒有限公司与深圳市道同科技发展有限公司侵害作品信息网络传播权纠纷案［（2018）浙0192民初81号］中，原告为证明被告侵权行为事实，通过浙江千麦司法鉴定中心对区块链存证平台的取证工具“puppeteer”程序和“curl”程序的技术功能进行司法鉴定，以确认上述程序具备网页截图和源代码调取的可靠性。法院认为，在没有相反证据推翻的情形下，保全网通过使用公开版谷歌开源抓取程序对目标网页进行域名解析以生成、储存数据电文的方式，具有可靠性。

因此，在提交区块链证据时，可以同时提交司法鉴定意见书，或申请法院依职权委托司法鉴定，以增强证据的证明效力。另外，通过申请有专门知识的人出庭发表意见，一定程度上将有助于增强区块链证据的证明效力。

第六章 人工智能的法律问题

人工智能作为数字化技术的核心技术之一，是数字化转型和数据驱动的内在动力。所有的数字化技术，包括大数据、通信、云计算、加密技术等，最终都是为了数据安全、高效传输，而让数据发挥价值则需要人工智能的参与。无论是对于外界信息的感知还是反馈，人工智能无疑是驱动的核心引擎。因此，我国对于人工智能的发展，一直给予高度的重视，并将其作为战略型的产业予以发展。当前，我国人工智能发展面临的总体态势较为紧迫，人工智能的技术发展进入新的阶段，市场应用与技术均面临突破，人工智能成为国际竞争的新焦点和经济发展的新引擎，带来社会建设的新机遇。但也需要看到，人工智能的发展也带来了不确定性和新的新挑战。

为了促进人工智能的发展，国务院在《新一代人工智能发展规划》（国发〔2017〕35 号）中指出，人工智能的迅速发展将深刻改变人类社会生活、改变世界。为抢抓人工智能发展的重大战略机遇，构筑我国人工智能发展的先发优势，我国在加快建设创新型国家和世界科技强国。此外，部分地方政府也出台了鼓励人工智能发展的政策。

一、立法基本情况

由于人工智能涉及数据的融合应用、各类感知与传感技术的应用、软件著作权、开源社区治理等问题，还会涉及科技伦理问题，因此，对于人工智能的法律规制是一个系统性的复杂体系。当前，我国对于人工智能的立法处于早期阶段，国家层面并无专门的人工智能立法。关于人工智能规制的规则散件于部分法律、法规中，有关行政主管机关的部门规章层面虽然专门对人工智能进行了规制，但效力层级较低，且没有形成系统化的规制体系。

1. 国家层面的立法

法律层面对人工智能的规制，主要包括《个人信息保护法》及《证券法》，基本情况如下：

(1)《个人信息保护法》的规制

《个人信息保护法》对于人工智能的规制，主要体现在数据质量和算法歧视两个方面。

①数据质量

《个人信息保护法》在第8条中规定了“处理个人信息应当保证个人信息的质量，避免因个人信息不准确、不完整对个人权益造成不利影响”。

这一规定将对大数据运用质量不高而造成的数据歧视形成制约。在一些大数据运用的案例中，由于数据更新不及时或者数据的质量有瑕疵，可能导致数据分析的结论不准确，甚至会对相关自然人带来负面评级，从而导致其合法、正当权利受到影响。比如信用数据的不准确，可能导致用户的消费或其他经济活动受到不利影响。对此，将个人信息质量作为法定义务，有助于督促个人信息处理者提升数据获取的准确度。

②算法歧视

大数据运用中，通过用户画像与自动化决策方式进行信息推送、商业营销，是较为普遍的应用场景。但是，也带来了算法歧视、大数据杀熟等问题。对此，《个人信息保护法》第24条对利用个人信息进行自动化决策作了有针对性规范：

首先，不得实行不合理差别待遇。个人信息处理者保证自动化决策的透明度和结果的公平、公正，不得对个人在交易价格等交易条件上实行不合理的差别待遇。

其次，个人的便捷拒绝。个人信息处理者通过自动化决策方式向个人进行信息推送、商业营销，应当同时提供不针对其个人特征的选项，或者向个人提供便捷拒绝的方式。

再次，关于说明义务。个人信息处理者通过自动化程序作出对个人权益有重大影响的决定，个人有权要求予以说明。当然，此处的说明义务，并未明确是对于形成自动化决策结果的数据予以说明，还是对算法予以说明。

最后，对于自动化决策的拒绝。个人信息处理者通过自动化程序作出对个人权益有重大影响的决定，个人有权拒绝仅通过自动化决策的方式作出决定。这意味着个人信息处理者在处理个人信息过程中，不能仅考虑人工智能的自动化方式，还应预留人工处理的选项。

（2）《证券法》的规制

2019 年修订的《证券法》关于人工智能的规制，主要体现在对程序化交易的限制。

《证券法》第 45 条规定："通过计算机程序自动生成或者下达交易指令进行程序化交易的，应当符合国务院证券监督管理机构的规定，并向证券交易所报告，不得影响证券交易所系统安全或者正常交易秩序。"同时，还设置了相应的罚则。

2. 国务院层面的立法

2017 年 7 月 8 日，国务院发布了《新一代人工智能发展规划》，该规划系统地论述了人工智能发展的战略态势、总体要求、重点任务、资源配置、保障措施、组织实施。该规划主要部署了人工智能发展的行动路线图。

（1）人工智能发展的总体要求

对于人工智能发展，规划确定了三步走的战略目标：第一步，到 2020 年人工智能总体技术和应用与世界先进水平同步；第二步，到 2025 年人工智能基础理论实现重大突破，部分技术与应用达到世界领先水平，人工智能成为带动我国产业升级和经济转型的主要动力，智能社会建设取得积极进展；第三步，到 2030 年人工智能理论、技术与应用总体达到世界领先水平，成为世界主要人工智能创新中心，智能经济、智能社会取得明显成效。

（2）重点任务

重点任务主要包括：建立新一代人工智能基础理论体系；建立新一代人工智能关键共性技术体系；统筹布局人工智能创新平台；加快培养聚集人工智能高端人才；大力发展人工智能新兴产业；加快推进产业智能化升级；大力发展智能企业；打造人工智能创新高地；发展便捷高效的智能服务；推进社会治理智能化；同时，利用人工智能提升公共安全保障能力，促进社会交往共享互信。构建泛在安全高效的智能化基础设施体系，前瞻布局新一代人工智能重大科技项目。

（3）立法等保障措施

关于立法和监管，规划也进行了部署。其一，提出制定促进人工智能发展的法律法规和伦理规范；其二，建立人工智能技术标准和知识产权体系；其三，建立人工智能安全监管和评估体系。

3. 网信部门的立法

（1）《关于加强互联网信息服务算法综合治理的指导意见》

2021 年 9 月 17 日，国家互联网信息办公室、中共中央宣传部、教育部、科学技术部、工业和信息化部、公安部、文化和旅游部、国家市场监督管理总局、国家广播电视总局发布了《关于加强互联网信息服务算法综合治理的指导意见》（以下简称《指导意见》）。

《指导意见》首先提出了算法治理的总体要求，包括指导思想、基本原则、主要目标。其主要目标为：利用三年左右时间，逐步建立治理机制健全、监管体系完善、算法生态规范的算法安全综合治理格局。

《指导意见》还提出健全算法安全治理机制，包括加强算法治理规范，优化算法治理结构，强化统筹协同治理，强化企业主体责任，强化行业组织自律，倡导网民监督参与。

关于构建算法安全监管体系方面，《指导意见》提出要有效监测算法安全风险，积极开展算法安全评估，有序推进算法备案工作，持续推进监管模式创新，严厉打击违法违规行为。

在促进算法生态规范发展方面，《指导意见》提出要树立算法正确导向，推动算法公开透明，鼓励算法创新发展，防范算法滥用风险。

可以看出，《指导意见》成为后续一系列关于算法规制和深度合成规制的监管规则的基础。

（2）《互联网信息服务算法推荐管理规定》

2021 年 11 月 16 日，国家互联网信息办公室审议通过，并经工业和信息化部、公安部、国家市场监督管理总局同意后发布了《互联网信息服务算法推荐管理规定》，该规定自 2022 年 3 月 1 日起施行。

《互联网信息服务算法推荐管理规定》是一部专门针对算法推荐服务的规章，对于规范算法推荐服务具有重要的作用。

随着大数据的发展，相关的网络运营者在大数据和算法的基础上，发展了各种类型的算法推荐服务。一方面，算法推荐的应用，优化了服务流程、提高了交易效率，也有利于用户获得更完善的服务；另一方面，算法推荐可能会形成信息茧房和算法控制，对于个人自由和社会公共利益造成侵害。

《互联网信息服务算法推荐管理规定》对算法进行分类，算法推荐技术不仅包括最为人熟悉的应用在广告、短视频、“大数据杀熟”场景的个性化推送类，还包括生成合成类，如文章生成算法、换脸算法；排序精选类，如搜索引擎广告排序算法、电商平台店铺排序算法；检索过滤类，如应用在各类公众搜索引擎、电商或内容平台的内部搜索引擎的过滤不良信息的搜索引擎；调度决策类，如网约车平台、外卖平台的订单匹配算法等。

同时，《互联网信息服务算法推荐管理规定》还对算法的分类分级备案及各方的权利义务进行了规定。《互联网信息服务算法推荐管理规定》是我国第一部系统化规范人工智能的法律文件。

（3）《互联网信息服务深度合成管理规定》

2022 年 11 月 3 日，国家互联网信息办公室 2022 年第 21 次室务会议审议通过，并经工业和信息化部、公安部同意，共同发布了《互联网信息服务深度合成管理规定》（以下简称《深度合成规定》），《深度合成规定》自 2023 年 1 月 10 日起施行。

《深度合成规定》的立法目的在于规范利用深度合成技术提供互联网信息服务。该规定对于应用深度合成技术的若干重要问题进行了规定。

（4）《网络信息内容生态治理规定》

对于算法干预，国家互联网信息办公室 2019 年 12 月 15 日发布的《网络信息内容生态治理规定》中也有体现。该规定第 12 条规定：“网络信息内容服务平台采用个性化算法推荐技术推送信息的，应当设置符合本规定第十条、第十一条规定要求的推荐模型，建立健全人工干预和用户自主选择机制。”

（5）《网络音视频信息服务管理规定》

2019 年 11 月 18 日，国家互联网信息办公室、文化和旅游部、国家广播电视总局发布了《网络音视频信息服务管理规定》，该规定于 2020 年 1 月 1 日施行。《网络音视频信息服务管理规定》对于人工智能的约束主要包括以下三个方面：

①安全评估

网络音视频信息服务提供者基于深度学习、虚拟现实等新技术新应用上线具有媒体属性或者社会动员功能的音视频信息服务，应当按照国家有关规定开展安全评估。①

②标识义务

网络音视频信息服务提供者和网络音视频信息服务使用者利用基于深度学习、虚拟现实等的新技术新应用制作、发布、传播非真实音视频信息的，应当以显著方式予以标识。②

③辟谣义务

网络音视频信息服务提供者发现网络音视频信息服务使用者利用基于深度学习、虚拟现实等的虚假图像、音视频生成技术制作、发布、传播谣言的，应当及时采取相应的辟谣措施，并将相关信息报网信、文化和旅游、广播电视等部门备案。③

（6）《生成式人工智能服务管理暂行办法》

2023年7月10日，国家互联网信息办公室、国家发展和改革委员会、教育部、科学技术部、工业和信息化部、公安部、国家广播电视总局发布了《生成式人工智能服务管理暂行办法》，该办法于2023年8月15日施行。《生成式人工智能服务管理暂行办法》对于人工智能的规定主要包括以下六个方面：

①算法反歧视的原则

在算法设计、训练数据选择、模型生成和优化、提供服务等过程中，采取有效措施防止产生民族、信仰、国别、地域、性别、年龄、职业、健康等歧视。

---

① 《网络音视频信息服务管理规定》第10条规定："网络音视频信息服务提供者基于深度学习、虚拟现实等新技术新应用上线具有媒体属性或者社会动员功能的音视频信息服务，或者调整增设相关功能的，应当按照国家有关规定开展安全评估。"

② 《网络音视频信息服务管理规定》第11条规定："网络音视频信息服务提供者和网络音视频信息服务使用者利用基于深度学习、虚拟现实等的新技术新应用制作、发布、传播非真实音视频信息的，应当以显著方式予以标识。网络音视频信息服务提供者和网络音视频信息服务使用者不得利用基于深度学习、虚拟现实等的新技术新应用制作、发布、传播虚假新闻信息。转载音视频新闻信息的，应当依法转载国家规定范围内的单位发布的音视频新闻信息。"

③ 《网络音视频信息服务管理规定》第13条规定："网络音视频信息服务提供者应当建立健全辟谣机制，发现网络音视频信息服务使用者利用基于深度学习、虚拟现实等的虚假图像、音视频生成技术制作、发布、传播谣言的，应当及时采取相应的辟谣措施，并将相关信息报网信、文化和旅游、广播电视等部门备案。"

②不得通过算法实施垄断或不正当竞争

尊重知识产权、商业道德，保守商业秘密，不得利用算法、数据、平台等优势，实施垄断和不正当竞争行为。

③算法的评估与备案

《生成式人工智能服务管理暂行办法》第 17 条规定："提供具有舆论属性或者社会动员能力的生成式人工智能服务的，应当按照国家有关规定开展安全评估，并按照《互联网信息服务算法推荐管理规定》履行算法备案和变更、注销备案手续。"关于舆论属性或者社会动员能力，可参考《具有舆论属性或社会动员能力的互联网信息服务安全评估规定》。实践中，多个大模型服务提供者已经开展了评估，亦称为"双新评估"。

④履行网络安全、数据安全及个人信息保护义务

《生成式人工智能服务管理暂行办法》第 7 条规定，生成式人工智能服务提供者（以下简称提供者）开展预训练、优化训练等训练数据处理活动，应使用具有合法来源的数据和基础模型。此外，其第 9 条还规定，提供者应当依法承担网络信息内容生产者责任，履行网络信息安全义务。涉及个人信息的，依法承担个人信息处理者责任，履行个人信息保护义务。

⑤数据标注规则

在生成式人工智能技术研发过程中进行数据标注的，提供者应当制定符合本办法要求的清晰、具体、可操作的标注规则；开展数据标注质量评估，抽样核验标注内容的准确性；对标注人员进行必要培训，监督指导标注人员规范开展标注工作。

⑥防沉迷义务

提供者应当明确并公开其服务的适用人群、场合、用途，指导使用者科学理性认识和依法使用生成式人工智能技术，采取有效措施防范未成年人用户过度依赖或者沉迷生成式人工智能服务。

4. 其他监管机构的立法

（1）中国人民银行等部委《资管新规》

2018 年 4 月 27 日，中国人民银行、原中国银行保险监督管理委员会、中国证券监督管理委员会、国家外汇管理局发布了《资管新规》。该意见是国内首部专门对金融领域算法进行规制的法律文件。

《资管新规》第23条规定，运用人工智能技术开展投资顾问业务应当取得投资顾问资质，非金融机构不得借助智能投资顾问超范围经营或者变相开展资产管理业务。

金融机构运用人工智能技术开展资产管理业务应当严格遵守本意见有关投资者适当性、投资范围、信息披露、风险隔离等一般性规定，不得借助人工智能业务夸大宣传资产管理产品或者误导投资者。金融机构应当向金融监督管理部门报备人工智能模型的主要参数以及资产配置的主要逻辑，为投资者单独设立智能管理账户，充分提示人工智能算法的固有缺陷和使用风险，明晰交易流程，强化留痕管理，严格监控智能管理账户的交易头寸、风险限额、交易种类、价格权限等。金融机构因违法违规或者管理不当造成投资者损失的，应当依法承担损害赔偿责任。

金融机构应当根据不同产品投资策略研发对应的人工智能算法或者程序化交易，避免算法同质化加剧投资行为的顺周期性，并针对由此可能引发的市场波动风险制定应对预案。因算法同质化、编程设计错误、对数据利用深度不够等人工智能算法模型缺陷或者系统异常，导致羊群效应、影响金融市场稳定运行的，金融机构应当及时采取人工干预措施，强制调整或者终止人工智能业务。

（2）相关部委关于自动驾驶的立法

随着智能网联汽车的发展，汽车行业成为人工智能运用的热点领域。从2015年开始，我国即出台一系列发展规划及行业标准，指导和规范智能网联汽车行业发展，如《“互联网+”人工智能三年行动实施方案》、《推进“互联网+”便捷交通，促进智能交通发展的实施方案》、《数字交通发展规划纲要》、《交通强国战略规划》、《“十四五”智能制造发展规划》、《关于推动5G加快发展的通知》、《智能汽车创新发展战略》、《汽车驾驶自动化分级》标准、《新能源汽车产业发展规划（2021—2035年）》、《智能网联汽车技术路线图2.0》等。此外，针对智能车联网技术落地过程中的道路测试验证与示范应用，国家也出台了一系列指导政策及法规标准，包括《国家车联网产业标准体系建设指南（智能网联汽车）》《车联网（智能网联汽车）产业发展行动计划》《智能网联汽车道路测试管理规范（试行）》《关于促进道路交通自动驾驶技术发展和应用的指导意见》等。同时，重庆、北京、上海、广州、深圳、天津、济南、杭州等20多个城市先后制定了地方智能网联汽车道路测试政策和管理办法及示范区。

2020年2月10日，国家发展和改革委员会等十一部委联合印发《智能汽车创新发展战略》。其中一项重要任务就是要构建科学规范的智能汽车产品监管体系。2021年6月21日，工业和信息化部就《车联网（智能网联汽车）网络安全标准体系建设指南》征求意见，提出2023年年底，初步构建起车联网（智能网联汽车）网络安全标准体系。2021年8月12日，工业和信息化部印发《关于加强智能网联汽车生产企业及产品准入管理的意见》，要求加强汽车数据安全、网络安全、软件升级、功能安全和预期功能安全管理，保证产品质量和生产一致性，推动智能网联汽车产业高质量发展。

上述这些立法、规划及标准中，部分涉及人工智能的应用与规范问题。如国家发展和改革委员会、中央网络安全和信息化委员会办公室、科学技术部、工业和信息化部、公安部、财政部、自然资源部、住房和城乡建设部、交通运输部、商务部、国家市场监督管理总局2020年2月10日发布的《智能汽车创新发展战略》即明确指出："健全法律法规。开展智能汽车'机器驾驶人'认定、责任确认、网络安全、数据管理等法律问题及伦理规范研究，明确相关主体的法律权利、义务和责任等。推动出台规范智能汽车测试、准入、使用、监管等方面的法律法规规范，促进《道路交通安全法》等法律法规修订完善。完善测绘地理信息法律法规。"其中"机器驾驶人"认定问题，以及相关主体权利义务的明确，即对于人工智能环境下法律责任的新思考。

交通运输部2020年12月20日发布的《关于促进道路交通自动驾驶技术发展和应用的指导意见》中则指出：对自动驾驶技术应用衍生的运行和管理风险开展预评估研究。组织开展网络安全及数据保护相关法律问题及规范研究。完善自动驾驶道路测试管理规范，鼓励探索自动驾驶车辆载人载物测试和试点示范。研究基础设施智能化建设支持保障政策。研究自动驾驶车辆营运条件及管理办法，探索建立自动驾驶营运车辆运行安全监管体系。加强部省协同联动，鼓励有条件的区域探索制定自动驾驶新业态管理办法，适时制定相关规章制度。

（3）相关部门关于智能医疗的立法

人工智能技术在健康医疗领域、药品和医疗器械研发领域发挥着越来越重要的作用。比如，对于专科专病库的建立与数据分析，有助于特定疾病诊疗方法的完善和优化；对于药品诊疗过程中真实世界数据的收集与分析，不仅有利于药品效果的分析，还能对药品的适应证进行研究，从而开发药品新的治疗领域。

对于人工智能在医疗领域的应用，国务院办公厅2018年4月25日发布了《关于促进“互联网+医疗健康”发展的意见》，该意见提出了鼓励医疗联合体内上级医疗机构借助人工智能等技术手段，面向基层提供远程会诊、远程心电诊断、远程影像诊断等服务，促进医疗联合体内医疗机构间检查检验结果实时查阅、互认共享。该意见还提出推进“互联网+”人工智能应用服务。具体包括：研发基于人工智能的临床诊疗决策支持系统，开展智能医学影像识别、病理分型和多学科会诊以及多种医疗健康场景下的智能语音技术应用，提高医疗服务效率；加强临床、科研数据整合共享和应用，支持研发医疗健康相关的人工智能技术、医用机器人、大型医疗设备、应急救援医疗设备、生物三维打印技术和可穿戴设备等。

国家卫生健康委员会2020年5月21日发布了《关于进一步完善预约诊疗制度加强智慧医院建设的通知》。该通知主要从智慧医院建设角度，提出了一系列的规范意见。

5. 地方立法

除国务院和国家有关部委的立法外，深圳、上海等地也制定了相应的地方立法，促进人工智能的发展。

（1）深圳地方立法

2021年6月28日，《深圳经济特区人工智能产业促进条例（草案）》（以下简称《条例草案》）提请深圳市七届人大常委会第二次会议审议，这是全国人工智能领域首部地方性法规草案。

2022年8月30日，《深圳经济特区人工智能产业促进条例》（以下简称《人工智能条例》）经深圳市第七届人民代表大会常务委员会第十一次会议审议通过，并自2022年11月1日起施行。

《人工智能条例》主要内容包括：探索建立与人工智能产业发展相适应的产品准入制度，缩短人工智能产品与服务进入市场的审批链条和周期，破解人工智能产品应用“落地难”等问题。明确了人工智能产业的边界，将人工智能软硬件产品、系统应用、集成服务等核心产业，以及人工智能在各领域融合应用形成的相关产业也纳入人工智能产业范畴。

此外，《人工智能条例》将人工智能定义为“利用计算机或者其控制的设备，通过感知环境、获取知识、推导演绎等方法，对人类智能的模拟、延伸或者扩展”。《人工智能条例》还规定由市政府设立人工智能伦理委员会，推动构建覆盖全面、导向明确、规范有序、协调一致的人工智能伦理治理规则。

除《人工智能条例》外，深圳市还同步制定了《深圳经济特区数字经济产业促进条例》（以下简称《数字经济条例》）。2022 年 8 月 30 日，《数字经济条例》经深圳市第七届人民代表大会常务委员会第十一次会议通过，自 2022 年 11 月 1 日起施行。

《数字经济条例》从更为广泛的角度规定了数字经济发展的相关问题，从而为人工智能的发展创造更为有利的整体环境。

《数字经济条例》第 13 条规定，市发展改革、工业和信息化、科技创新等部门应当统筹推进人工智能、区块链、云计算、边缘计算等新技术应用，支持建设新一代人工智能开放创新平台、区块链底层平台、行业云平台等基础平台，建立领先的数字技术基础设施支撑体系。第 14 条提出了围绕电子信息、汽车、智能装备等领域，开放和升级行业工业互联网平台，推动建设国家级工业互联网平台。第 31 条第 1 款规定，相关部门应当协同高等院校、科研机构和企业，在高端芯片、基础和工业软件、人工智能、区块链、大数据、云计算、信息安全等领域推动数字关键核心技术攻关。第 65 条第 1 款规定，市人民政府或者其授权的单位根据国家集中采购目录的有关规定和本市实际需要，可以将云计算、大数据、人工智能等数字产品和服务项目列入集中采购目录。

（2）上海地方立法

2021 年 7 月 8 日，上海市经济和信息化委员会、上海市发展和改革委员会、上海市教育委员会、上海市科学技术委员会共同发布了《上海新一代人工智能算法创新行动计划（2021—2023 年）》（以下简称《创新行动计划》）。

《创新行动计划》指出，到 2023 年，上海人工智能算法水平总体保持国内领先、部分领域达到国际一流，初步成为前沿成果丰硕、应用生态活跃、创新人才集聚的国际人工智能算法高地，为驱动上海人工智能高质量发展、赋能城市全面数字化转型提供有力支撑。具体包括：（1）形成以上海人工智能实验室等创新机构为核心的创新平台集群，在基础理论、核心算法、通用模型、软件框架等领域创造 10 个左右引领性成果。（2）形成以人工智能算法产品为标志的应用生态体系，在城市数字化转型重点领域打造具有示范推广效应的 100 个算法产品和 100 个算法应用典范案例。（3）形成以人工智能算法交易集市为载体的知识产权流通市场，有效促进算法供需双方匹配对接，建成算法标准体系和评测体系。（4）形成以首席算法师为中坚的多层次人才队伍，引进和培育50位左右国际算法领军学者和杰出青年科学家，在行业企业培育和选树100位左右首席算法师。（5）形成以白玉兰开源开放平台等为代表的算法开放社区，培育10万人规模的算法应用开发者群体。

二、人工智能的算法规制

2021年11月16日，《互联网信息服务算法推荐管理规定》公布。《互联网信息服务算法推荐管理规定》经国家互联网信息办公室审议通过，并经工业和信息化部、公安部、国家市场监督管理总局同意，自2022年3月1日起施行。《互联网信息服务算法推荐管理规定》是在我国数字经济发展进程中的重要立法事件。

1. 算法规制的必要性

算法是数字经济发展过程中的必然产物，结合大数据，通过特定的算法，可以对相关领域的发展趋势进行预测、对人的行为模式与关系模式进行分析、对社会经济运行进行研判，从而推进数据利用价值的充分发挥。

随着数字经济的发展，我国于2021年发布了《规划纲要》，其中明确将数字经济发展作为"十四五"期间的重要目标。数字经济的发展，一方面带来社会福利的提升；另一方面也会带来数据与算法的滥用，从而影响社会利益。因此，对于数据本身的合规性、算法的合规性都有予以规制的必要。

算法规制与人工智能的发展是一枚硬币的两面，是数字化的经济价值与社会利益的再平衡。算法推荐规范，不仅是一个技术问题，也是一个科技伦理问题。亦即科技发展的目的是什么？如果以技术本身的先进性和技术为竞争所带来的经济价值为衡量的唯一尺度，那么就会发生技术对于社会公平、社会长期发展利益的侵害，从而触发科技伦理的反思。

事实上，由算法推荐所产生的反思，一直伴随数字经济的发展。从个性化信息推荐导致的"信息茧房"问题，到个性化推荐与不合理定价结合而产生的"大数据杀熟"，再到"困"在算法里无法脱身的外卖送餐员和网约车司机，还有算法推荐产生的垄断问题。算法本身作为大数据的应用基础，更应成为构建数字经济高效、公平、公正秩序的基石。因此，算法规制问题是数字经济发展到一定阶段的必然产物，也是保障数字经济发展合乎正义社会价值观的基础。

《互联网信息服务算法推荐管理规定》第 1 条对于立法目的开宗明义提道“弘扬社会主义核心价值观，维护国家安全和社会公共利益，保护公民、法人和其他组织的合法权益，促进互联网信息服务健康有序发展”。

《互联网信息服务算法推荐管理规定》第 6 条第 1 款则进一步规定：“算法推荐服务提供者应当坚持主流价值导向，优化算法推荐服务机制，积极传播正能量，促进算法应用向上向善。”

上述规定可以看出，立法对“科技向善”进行了规定，科技向善的具体标准虽然仍有待细化，但对于科技伦理的思考无疑是立法的重要关注。

《互联网信息服务算法推荐管理规定》是我国立法首次对算法进行体系化的规制。虽然在《电子商务法》与《个人信息保护法》以及国务院反垄断委员会《关于平台经济领域的反垄断指南》中，对于个性化推荐、大数据杀熟、自动化决策等问题已经有了相应的规定，但总体而言，属于个别法条的规定，缺乏体系化的内容架构。《互联网信息服务算法推荐管理规定》则构建了体系化的监管规范。

综上所述，对算法进行规制是对算法经济利益与算法公共利益进行平衡的必然路径，科技伦理、科技向善成为立法过程中特别关注的问题，《互联网信息服务算法推荐管理规定》确立的这一思考范式，对后续立法将会产生重要的影响。

2. 算法规制的价值目标

算法的普及应用，对于整个社会而言，仍属新生事务。如何规制，治理目标是什么，本身就是一个复杂问题。算法作为一种技术应用，与任何科技成果一样，其应用后果一定具有两面性。一方面能够推进社会福利的增长，另一方面也有其负面效应。算法治理价值目标的确定，应建立在对算法价值与算法负面效应的全面与客观评价基础之上。

2021 年 9 月，国家互联网信息办公室、中共中央宣传部、教育部、科学技术部、工业和信息化部、公安部、文化和旅游部、国家市场监督管理总局、国家广播电视总局发布了《指导意见》。

《指导意见》在指导思想部分指出，以算法安全可信、高质量、创新性发展为导向，建立健全算法安全治理机制，构建完善算法安全监管体系，推进算法自主创新，促进算法健康、有序、繁荣发展，为建设网络强国提供有力支撑。

对于具体目标，则提出逐步建立治理机制健全、监管体系完善、算法生态规范的算法安全综合治理格局。对于算法生态规范，则指出：算法导向正确、正能量充沛，算法应用公平公正、公开透明，算法发展安全可控、自主创新，有效防范算法滥用带来的风险隐患。

从《指导意见》可以看出，算法治理的价值目标在于平衡算法的发展与约束算法的滥用。对于促进算法的发展，企业具有天然的驱动力，通过算法创新业务模式、优化服务方法与服务能力、降低企业运营成本、提升效益，对于任何一家依赖算法的企业而言，无疑具有重大的价值。但是，对于公众而言，算法滥用带来的危害，则由于维权成本的高昂而可能导致维权主体缺位。因此，算法治理体系的具体措施更多体现为如何约束算法运用、防范算法滥用。笔者认为，算法治理的具体目标，主要包括以下几个方面：

（1）公序良俗原则

公序良俗即对于公共秩序、道德规则与社会伦理秩序的尊重。对于算法的公序良俗问题，《算法规定》第 4 条指出，“提供算法推荐服务，应当遵守法律法规，尊重社会公德和伦理，遵守商业道德和职业道德，遵循公正公平、公开透明、科学合理和诚实信用的原则”。在《算法规定》中，很明确地提出了“社会公德和伦理”以及“商业道德和职业道德”。在国家互联网信息办公室 2022 年发布的《深度合成规定》中，也规定了“尊重社会公德和伦理道德”以及“服务向上向善”的内容。

在国家互联网信息办公室 2023 年 7 月发布的《生成式人工智能服务管理暂行办法》中，规定了提供和使用生成式人工智能服务，应当遵守法律、行政法规，尊重社会公德和伦理道德。

算法作为人工智能领域的重要问题，也是科技的前沿问题。无论从技术上还是法律上，社会对于算法滥用的危害都尚无法完全评价，法律很难对算法规定过于详细的法律约束措施和责任。因此，引入公序良俗原则，有利于在保护创新的同时约束算法的滥用。

（2）公共利益原则

对于算法治理的公共利益原则，在《算法规定》第 1 条即有开宗明义的规定，制定本办法的目的包括“维护国家安全和社会公共利益”。《深度合成规定》也将“维护国家安全和社会公共利益”作为立法的目的。因此，公共利益是算法规定的基本原则之一。此外，对具有舆论属性和社会动员能力的算法进行备案，也体现了公共利益原则。

《生成式人工智能服务管理暂行办法》也规定了坚持社会主义核心价值观，不得生成煽动颠覆国家政权、推翻社会主义制度，危害国家安全和利益、损害国家形象，煽动分裂国家、破坏国家统一和社会稳定，宣扬恐怖主义、极端主义，宣扬民族仇恨、民族歧视，暴力、淫秽色情，以及虚假有害信息等法律、行政法规禁止的内容。

3. 算法的公平、公正、公开透明原则

在国家互联网信息办公室等多部委 2021 年发布的《指导意见》中，首次提到了公平公正原则。《指导意见》第 2 条指出引导算法应用公平公正、透明可释，充分保障网民合法权益。在《算法规定》及《深度合成规定》的第 4 条，也分别规定了提供算法推荐服务，应当遵循公正公平、公开透明、科学合理和诚实信用的原则。而在《生成式人工智能服务管理暂行办法》中，则规定了基于服务类型特点，采取有效措施，提升生成式人工智能服务的透明度。

算法对于社会公众而言，相当于一个“黑箱”，在算法涉及公众利益的情况下，通过公平公正及公开透明原则，避免算法服务提供者借助技术优势对公众的权益和知情权造成损害，从而平衡算法服务提供者与社会公众的利益。

4. 适用范围

根据《互联网信息服务算法推荐管理规定》第 2 条及第 3 条的规定，其适用范围是在中华人民共和国境内应用算法推荐技术提供互联网信息服务的情形。对于算法推荐，虽然立法与社会均有关注，但系统化的内涵界定却一直没有在立法中予以确认。《互联网信息服务算法推荐管理规定》第 2 条明确规定了应用算法推荐技术的定义：是指利用生成合成类、个性化推送类、排序精选类、检索过滤类、调度决策类等算法技术向用户提供信息。

这里的算法推荐技术不仅包括最为人熟悉的应用在广告、短视频、“大数据杀熟”场景的个性化推送类，还包括生成合成类，如文章生成算法、换脸算法；排序精选类，如搜索引擎广告排序算法、电商平台店铺排序算法；检索过滤类，如应用在各类公众搜索引擎、电商或内容平台的内部过滤不良信息的搜索引擎；调度决策类，如网约车平台、外卖平台的订单匹配算法等。

可以看出，只要企业含有互联网基因，基本都绕不开算法、绕不开算法推荐技术，就可能被认定为算法推荐服务提供者。所以《互联网信息服务算法推荐管理规定》的适用范围非常广泛，值得每一家通过互联网开展业务的企业关注。而《深度合成规定》与《生成式人工智能服务管理暂行办法》，则主要适用于应用生成合成算法的相关服务者。

5. 算法的监管体系分级分类管理

（1）监管体系

《互联网信息服务算法推荐管理规定》第3条确立了网信部门统筹协调，电信、公安、市场监管等有关部门依据各自职责负责算法推荐服务监督管理工作的体系。电信部门从行业管理的角度出发，公安部门从预防侦查违法犯罪活动的角度出发，市场监管部门从工商主体管理、广告管理、反不正当竞争管理等角度出发，依据不同角度负责监管。该体系与既有网络安全、数据安全的体系内在逻辑一致。

（2）算法分级分类管理及备案

《互联网信息服务算法推荐管理规定》第23条确立了算法分级分类安全管理的制度设计。其中分级分类关注的维度包括算法推荐服务的舆论属性或者社会动员能力、内容类别、用户规模、算法推荐技术处理的数据重要程度、对用户行为的干预程度等。

在上述制度设计下，根据《互联网信息服务算法推荐管理规定》第24条至第26条的规定，具有舆论属性或者社会动员能力的算法推荐服务提供者应当履行备案义务。服务提供者应当在提供服务之日起10个工作日内对服务提供者的名称、服务形式、应用领域、算法类型、算法自评估报告、拟公示内容等信息，向网信部门履行备案手续。具体流程如下（见图6－1）。

备案应当填报的信息包括服务提供者的名称、服务形式、应用领域、算法类型、算法自评估报告、拟公示内容等信息。

此外，备案信息发生变更的，应当在变更之日起10个工作日内办理变更手续；终止服务的，应当在终止服务之日起20个工作日内办理注销备案手续，并作出妥善安排。

具体到算法分类而言，除了《算法规定》的分类，其他有关法规也有相应的规定。比如，在《资管新规》中所体现的避免算法缺陷引发羊群效应，即是对决策类算法的规制。

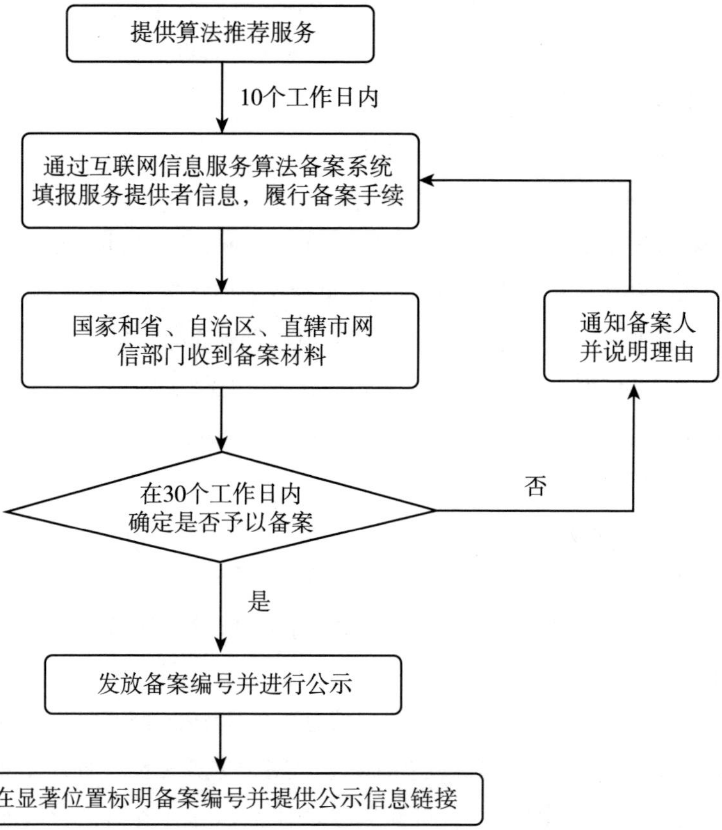

图 6-1　互联网信息服务算法备案流程

而《电子商务法》第 81 条对竞价排名商品或服务应明显标记“广告”的规定，则可以视为是排序精选类算法的一种规制①。

对于个性化推送类，则在《个人信息保护法》中做了规制，如该法第 24 条

① 《电子商务法》第 81 条规定：“电子商务平台经营者违反本法规定，有下列行为之一的，由市场监督管理部门责令限期改正，可以处二万元以上十万元以下的罚款；情节严重的，处十万元以上五十万元以下的罚款：（一）未在首页显著位置持续公示平台服务协议、交易规则信息或者上述信息的链接标识的；（二）修改交易规则未在首页显著位置公开征求意见，未按照规定的时间提前公示修改内容，或者阻止平台内经营者退出的；（三）未以显著方式区分标记自营业务和平台内经营者开展的业务的；（四）未为消费者提供对平台内销售的商品或者提供的服务进行评价的途径，或者擅自删除消费者的评价的。电子商务平台经营者违反本法第四十条规定，对竞价排名的商品或者服务未显著标明“广告”的，依照《中华人民共和国广告法》的规定处罚。”

第2款规定，通过自动化决策方式向个人进行信息推送、商业营销，应当同时提供不针对其个人特征的选项，或者向个人提供便捷的拒绝方式。《电子商务法》第18条第1款也做了类似的规定："电子商务经营者根据消费者的兴趣爱好、消费习惯等特征向其提供商品或者服务的搜索结果的，应当同时向该消费者提供不针对其个人特征的选项，尊重和平等保护消费者合法权益。"

对于生成合成类算法，《深度合成规定》则做了较为系统的规范。《深度合成规定》第7条对于深度合成服务提供者的责任做了界定，其中算法机制机理审核与科技伦理审查的规定特别值得关注。

此外，《深度合成规定》第16条规定，深度合成服务提供者对使用其服务生成或者编辑的信息内容，应当采取技术措施添加不影响用户使用的标识，并依照法律、行政法规和国家有关规定保存日志信息。

对于深度合成服务提供者而言，提供智能对话、智能写作；合成人声、仿声等语音生成；人脸生成、人脸替换、人脸操控、姿态操控等人物图像、视频生成；沉浸式拟真场景等生成类深度合成服务，可能导致公众混淆或者误认的，应当在生成或者编辑的信息内容的合理位置、区域进行显著标识，向公众提示深度合成情况。① 对于深度合成标识，任何组织和个人不得采用技术手段删除、篡改或隐匿。②

上述规定可以看出，分类治理可以针对不同算法的原理、对社会公众的影响制定不同的监管措施。

6. 服务提供者的责任与用户权益保护

（1）服务提供者的责任

服务提供者有以下四个方面的责任：其一，算法安全责任。算法推荐服务提供者落实算法安全主体责任，建立健全算法机制机理审核、科技伦理审查制度和

① 《深度合成规定》第17条规定：深度合成服务提供者提供以下深度合成服务，可能导致公众混淆或者误认的，应当在生成或者编辑的信息内容的合理位置、区域进行显著标识，向公众提示深度合成情况：（1）智能对话、智能写作等模拟自然人进行文本的生成或者编辑服务；（2）合成人声、仿声等语音生成或者显著改变个人身份特征的编辑服务；（3）人脸生成、人脸替换、人脸操控、姿态操控等人物图像、视频生成或者显著改变个人身份特征的编辑服务；（4）沉浸式拟真场景等生成或者编辑服务；（5）其他具有生成或者显著改变信息内容功能的服务。

② 《深度合成规定》第18条规定：任何组织和个人不得采用技术手段删除、篡改、隐匿本规定第十六条和第十七条规定的深度合成标识。

技术措施。其二，防沉迷与过度消费。不得设置诱导用户沉迷、过度消费等违反法律法规或者违背伦理道德的算法模型。其三，版面生态管理。算法推荐服务提供者应当加强算法推荐服务版面页面生态管理，建立完善人工干预和用户自主选择机制，在首页首屏、热搜、精选、榜单类、弹窗等重点环节积极呈现符合主流价值导向的信息。其四，不正当竞争与垄断的防范。算法推荐服务提供者不得利用算法对其他互联网信息服务提供者进行不合理限制，实施垄断和不正当竞争行为。

（2）用户权益保护

对于用户权益保护，《互联网信息服务算法推荐管理规定》也有系统的规范体系。其中，企业首先应当保护用户的知情权和选择权。知情权和选择权的保护看似容易，但如果不能用制度破除“信息茧房”，知情权和选择权往往会落空。《互联网信息服务算法推荐管理规定》的系列内容即体现了这一立法本意。

对于知情权，根据《互联网信息服务算法推荐管理规定》，应当以显著方式告知用户其提供算法推荐服务的情况，并以适当方式公示算法推荐服务的基本原理、目的意图和主要运行机制等。从具体实现方式的角度而言，告知内容应当具有“显著”性，即应当在服务提供者提供服务的平台页面的显著位置体现。此外，对用户权益造成重大影响的，企业还应当依法予以说明并承担相应责任。

对于选择权，根据《互联网信息服务算法推荐管理规定》，选择权体现在应当向用户提供不针对其个人特征的选项，或者向用户提供便捷的关闭算法推荐服务的选项，以及应当向用户提供选择或者删除用于算法推荐服务的针对其个人特征的用户标签的功能。对于标签的删除，也是对《个人信息保护法》有关自动化决策拒绝权以及个人信息删除权相关规定的落实。用户选择关闭算法推荐服务的，算法推荐服务提供者应当立即停止提供相关服务。

这一规定，对应的是《个人信息保护法》第24条关于自动化决策的内容，即自动化决策应提供不针对个人的选项，以及通过自动化决策方式作出对个人权益有重大影响的决定，个人有权要求个人信息处理者予以说明，并有权拒绝个人信息处理者仅通过自动化决策的方式作出决定。

此外，《算法规定》第12条还规定，鼓励算法推荐服务提供者综合运用内容去重、打散干预等策略，并优化检索、排序、选择、推送、展示等规则的透明度和可解释性，避免对用户产生不良影响，预防和减少争议纠纷。其中，算法的透明度和可解释性，与算法的说明义务具有类似性。

《算法规定》第12条、第17条及《个人信息保护法》第24条关于算法说明权的规定，可以理解为对算法治理中“透明”原则的具体落实。但在实践中，关于算法的说明，仍有诸多问题有待解决。

根据《互联网信息服务算法推荐管理规定》第22条的规定，为了畅通用户的救济渠道，算法推荐服务提供者应当设置便捷有效的用户申诉和公众投诉、举报入口，明确处理流程和反馈时限，及时受理、处理并反馈处理结果。

但是对于算法的说明，仍然存在两大难点：

其一，什么是重大影响？

《个人信息保护法》并未界定什么是重大影响，《算法规定》提到了算法应用的若干限制，比如，对未成年人提供算法推荐服务的限制、对劳动者提供工作调度服务的限制，以及对老年人及其他特定人群提供算法推荐服务的限制。这些限制所针对的是特定人群利益，似乎是立法者重点关注的问题，可否作为个人权益构成重要影响的判断依据呢？一种理解是，基于法律的公平原则，仅将重大影响理解为特定群体利益并不妥当。另一种理解则是，将个人权益的重大影响理解为对某些特定法益的损害，如侵害人格尊严、财产权、人身安全的权利等。

笔者认为，对于个人权益的重大影响，应结合不同算法对个人造成的影响进行判断，针对不同算法对个人权利的不同影响，界定重大影响。必要时，采用列举的方式予以列示。

其二，算法说明义务如何实现？

法律及相关的规则，对于如何实现算法的说明，并未予以规定。如果个人对于算法说明不予接受，或者企业拒绝提供算法说明，该行为是否属于《个人信息保护法》中所规定的个人信息处理者拒绝个人行使权利的情形？个人是否可以据此向人民法院提起诉讼？

此外，对于算法的说明程度，也是算法说明过程中的难点。企业可能会以商业秘密为由，或者以算法黑箱为由，拒绝做出适当的说明。而由于法律界定较为笼统，对于算法的监管机关或是司法机关而言，也缺乏必要的规则对算法的说明程度予以规定。

7. 算法推荐服务提供者禁止事项

对于应当适用《互联网信息服务算法推荐管理规定》的企业，其禁止事项如表 6－1 所示：

表 6－1 《互联网信息服务算法推荐管理规定》中算法推荐服务提供者禁止事项

法条要点	法条内容	法条序号
禁止利用算法从事违法活动、传播违法信息	算法推荐服务提供者不得利用算法推荐服务从事危害国家安全和社会公共利益、扰乱经济秩序和社会秩序、侵犯他人合法权益等法律、行政法规禁止的活动，不得利用算法推荐服务传播法律、行政法规禁止的信息，应当采取措施防范和抵制传播不良信息	第 6 条第 2 款
禁止设置违法或违背道德模型	算法推荐服务提供者应当定期审核、评估、验证算法机制机理、模型、数据和应用结果等，不得设置诱导用户沉迷、过度消费等违反法律法规或者违背伦理道德的算法模型	第 8 条
禁止设置违法兴趣点或用户标签	算法推荐服务提供者应当加强用户模型和用户标签管理，完善记入用户模型的兴趣点规则和用户标签管理规则，不得将违法和不良信息关键词记入用户兴趣点或者作为用户标签并据以推送信息	第 10 条
禁止传播违法新闻	算法推荐服务提供者提供互联网新闻信息服务的，应当依法取得互联网新闻信息服务许可，规范开展互联网新闻信息采编发布服务、转载服务和传播平台服务，不得生成合成虚假新闻信息，不得传播非国家规定范围内的单位发布的新闻信息	第 13 条
禁止虚假操作、干预信息呈现影响网络舆论、规避监管	算法推荐服务提供者不得利用算法虚假注册账号、非法交易账号、操纵用户账号或者虚假点赞、评论、转发，不得利用算法屏蔽信息、过度推荐、操纵榜单或者检索结果排序、控制热搜或者精选等干预信息呈现，实施影响网络舆论或者规避监督管理行为	第 14 条

续表

法条要点	法条内容	法条序号
禁止不合理限制第三方实施垄断或不正当竞争行为	算法推荐服务提供者不得利用算法对其他互联网信息服务提供者进行不合理限制，或者妨碍、破坏其合法提供的互联网信息服务正常运行，实施垄断和不正当竞争行为	第 15 条
禁止向未成年人推送诱导信息	算法推荐服务提供者不得向未成年人推送可能引发未成年人模仿不安全行为和违反社会公德行为、诱导未成年人不良嗜好等可能影响未成年人身心健康的信息，不得利用算法推荐服务诱导未成年人沉迷网络	第 18 条第 2 款
禁止“大数据杀熟”	算法推荐服务提供者向消费者销售商品或者提供服务的，应当保护消费者公平交易的权利，不得根据消费者的偏好、交易习惯等特征，利用算法在交易价格等交易条件上实施不合理的差别待遇等违法行为	第 21 条

通过表 6 – 1 可以发现，《互联网信息服务算法推荐管理规定》第 6 条第 2 款的规定是原则性规定，确定了不得利用算法推荐服务从事违法活动、传播违法信息的原则，其他规定均可以视为围绕该原则的具体体现，其中包括大家普遍关心的针对虚拟刷单（第 14 条）、“大数据杀熟”（第 21 条）的禁止性规定。

8. 制度与技术措施

根据《互联网信息服务算法推荐管理规定》第 7 条的规定，企业应当建立健全算法机制机理审核、科技伦理审查、用户注册、信息发布审核、数据安全和个人信息保护、反电信网络诈骗、安全评估监测、安全事件应急处置等管理制度和技术措施，即不仅应当有制度文本、执行制度要求，还应当有能够实现制度要求的技术措施。毕竟反电信网络诈骗、安全评估监测、安全事件应急处置等都有赖于能够及时发现和响应的技术手段。

其中，算法机制机理审核与科技伦理审查制度与国务院发布的《新一代人工智能发展规划》建立人工智能安全监管和评估体系的目标密切相关，但相关指引和规范的制定仍处于初步阶段，还需要政府和企业的共同探索。除此之外，其他制度已经具备相对成熟的法律法规要求。

根据《互联网信息服务算法推荐管理规定》第 7 条的规定，企业应当制定并公开算法推荐服务相关规则。因为对于大多数使用算法推荐服务的用户来说，算法实际上都是一个黑箱，黑箱也意味着难以监管。所以打破黑箱是进行监管的刚性需求，公开规则则是必要手段。当然，由于算法本身也是企业花费时间和技术形成的，具有一定经济价值，可能构成商业秘密，必然面临社会利益和企业利益的冲突，而我们现在的法律绝不是必然要求舍弃企业利益的。这一点也可以从《互联网信息服务算法推荐管理规定》第 12 条的规定中看出来——鼓励算法推荐服务提供者综合运用内容去重、打散干预等策略，并优化检索、排序、选择、推送、展示等规则的透明度和可解释性，避免对用户产生不良影响，预防和减少争议纠纷。《互联网信息服务算法推荐管理规定》具有鼓励优化规则的透明度和可解释性，但不强求企业全盘托出，而最终目的仍然是避免对用户产生不良影响，预防和减少争议纠纷。

根据《互联网信息服务算法推荐管理规定》第 8 条的规定，算法推荐服务提供者应当定期审核、评估、验证算法机制机理、模型、数据和应用结果等。这是算法机制机理审核制度的细化要求，对算法机制机理的审核对象、程序都提出了更为具体的要求，但并未对审核要素作出进一步规定。

根据《互联网信息服务算法推荐管理规定》第 9 条的规定，算法推荐服务提供者应当加强信息安全管理，建立健全用于识别违法和不良信息的特征库，完善入库标准、规则和程序。这是对于禁止传播违法信息的技术措施的细化要求。同时，《互联网信息服务算法推荐管理规定》还对三类信息作出规定：对未作显著标识的算法生成合成信息，应当作出显著标识；对违法信息，应当立即停止传输，采取消除等处置措施，防止信息扩散，保存有关记录，并向网信部门和有关部门报告；对不良信息，应当按照网络信息内容生态治理有关规定予以处置。

《互联网信息服务算法推荐管理规定》第 10 条规定，算法推荐服务提供者应当加强用户模型和用户标签管理，完善记入用户模型的兴趣点规则和用户标签管理规则。这可以理解为算法推荐服务规则的组成部分，与禁止设置违法兴趣点或用户标签的要求相关联。

《互联网信息服务算法推荐管理规定》第 11 条规定，算法推荐服务提供者应当加强算法推荐服务版面页面生态管理，建立完善人工干预和用户自主选择机制，在首页首屏、热搜、精选、榜单类、弹窗等重点环节积极呈现符合主流价值导向的信息。在“千人千面”被广泛应用的现在，除考虑用户的偏好以外，也应当注意设置机制评估展示内容是否符合主流价值导向，今后需要更加注意算法中对于主流价值导向的评价维度和权重设计。

9. 企业的合规建议

笔者认为，对于《互联网信息服务算法推荐管理规定》，应从企业大数据战略的角度出发构建相应的合规体系。这一合规体系的具体内容可以从以下三个方面予以考虑：

（1）算法合规体系的定位

算法合规与数据合规具有较强的关联性，也有部分内容的交叉，但两者关注的问题并不完全相同。笔者认为，在合规体系中，数据合规与治理体系必须关注算法合规，与此同时，企业的竞争法合规、互联网内容合规、消费者权益合规等体系也需要关注算法的合规。

由于算法推荐以数据分析为基础，在合规体系中，将算法合规作为数据合规的一个子板块更有利于管控。但这一板块内容应与竞争法合规、互联网内容合规、消费者权益合规形成有机的结合与匹配，在合规治理的框架中，也应引入上述合规内容与流程。

（2）建立算法准入评估的体系与方法论

从科技伦理、国家安全、社会利益、消费者保护、数据合规、个人信息保护、算法效率、算法准确性等多维度出发，构建算法准入的内部评审体系，严格把握算法的合规性基础。

（3）具体规则层面

在具体规则层面，严格按照《个人信息保护法》《电子商务法》《互联网信息服务算法推荐管理规定》及其他相关法律法规的要求建立各项具体合规的制度。

三、自动化决策限制

自动化决策，是指以个人信息及其他信息为决策的基础，通过人工智能或自动化程序设定的数据分析与决策规则，对相关个人的偏好、趋势、决策意向进行归纳，并以此为依据进行页面展示、信息推送、分值评定、事务响应等活动。

自动化决策是以个人信息或数据为基础，利用相应的算法、模型，构建个人的行为特征或行为模式，从而做出一定的决策行为。对于自动化决策，《个人信息保护法》第24条进行了相应的规制。总体而言，包括三个方面：其一，通过自动化决策进行不合理差别待遇的限制；其二，信息精准推送的限制；其三，对于自动化决策的释明与使用限制。

1. 不合理差别待遇的限制

（1）基本规定

利用个人信息对用户进行分类或者画像，并基于此进行自动化决策，对用户在价格等交易条件上实行不合理的差别待遇，这种情况俗称为“大数据杀熟”。《个人信息保护法》在第24条第1款对此进行了限制，“个人信息处理者利用个人信息进行自动化决策，应当保证决策的透明度和结果公平、公正，不得对个人在交易价格等交易条件上实行不合理的差别待遇”。

不合理差别待遇的原理在于大数据分析技术和人工智能技术的运用。利用特定算法对用户数据进行分析，就可以得到用户的职业状况、健康状况、财产状况、购买能力、行为习惯、购买意愿、出行频次等信息，并据此对用户的行为做出预测，从而区分用户对于价格的敏感程度。对于价格不敏感且不愿多方比价的用户，就可以报出一个商品的最高价；而对于价格敏感且喜欢比价的用户，则报出一个低价，从而促进成交。

仅从一般社会认知来看，定价是企业经营自主权的体现，法律通常不作干预。但差异化定价如果可能导致消费者公平交易权遭到破坏，则法律将予以干预。最为典型的是反垄断法和反不正当竞争法对于滥用市场支配地位的干预，这其中就包括对价格的干预。

然而，在大数据和人工智能的环境下，商家利用数据和算法对消费者施加的不合理差别待遇，利用的并不是市场支配地位，而是利用了数据与算法优势，对此，通过传统的反垄断法和反不正当竞争法无法予以规制。因此，需要通过数字化领域的专门立法，对于该类不合理差别待遇行为予以纠正。

（2）不合理差别待遇的认定

对于什么是“不合理差别待遇”，法律并未作出明确的界定。在国务院反垄断委员会《关于平台经济领域的反垄断指南》中，对于不合理待遇的认定提出了三项考虑因素，包括：①基于大数据和算法，根据交易相对人的支付能力、消费偏好、使用习惯等，实行差异性交易价格或者其他交易条件；②实行差异性标准、规则、算法；③实行差异性付款条件和交易方式。但这些因素也并不能准确归纳正常的价格歧视与不合理差别待遇之间的区别。

笔者认为，应从大数据算法所依赖的信息与商家的成本之间的关系以及正常的商业准则来进行考虑。正常的商业原则是老客户得到更优惠的价格，因为老客户无须额外营销，降低了商家的营销成本。此种情况下对于老客户的让利，如果导致新客户的价格高于老客户，就不能算作“不合理差别待遇”。

此外，在金融等特定行业中，差异化定价在有些情况下，并不能视为采取了“不合理差别待遇”。例如，商业银行针对不同的用户确定差异化的贷款利率，保险公司针对不同的保险用户，制定不同的保险费率。笔者认为，金融机构针对信用和风险状况所做出的差异化定价，并不能被认定为不合理的差别待遇。原因在于，金融机构的服务本质是经营风险，不同的借款人，其自身的风险是不同的。银行和保险机构依据大数据做出的差异化定价，实质是不同风险的定价。但如果是通过分析用户所使用的手机品牌、分析是否经常领取优惠券等行为，从而对于某些价格不敏感人群定价较高，则属于典型的不合理差别待遇。此外，采用统一定价，但是通过差别化发放优惠券等方式进行差异定价，也可能会被认定为构成“不合理差别待遇”。

2. 信息精准推送的限制

通过特定的算法对个人信息进行分析，可以得到用户的阅读习惯、搜索习惯、购物倾向、信用状况，从而在其打开的网页或 App 页面进行资讯、广告等的“个性化”展示，或者通过短信、弹窗等方式进行广告营销，其实质都是利用了智能算法和大数据实施的精准推送。精准推送在带来便利性的同时，也影响了用户的自由选择权。我国《个人信息保护法》对此作出了限制，并在第 24 条第 2 款中规定“通过自动化决策方式向个人进行信息推送、商业营销，应当同时提供不针对其个人特征的选项，或者向个人提供便捷的拒绝方式”。

（1）精准推送的概念

信息精准推送，是指对个人信息进行分析，从而判断个人的习惯、偏好，并以此为基础向个人推送个性化的页面或特定信息。

信息精准推送是传统的互联网信息服务与大数据分析结合的产物，与传统的无差异化的网页信息展示不同，信息精准推送的受众更为准确，推送的成本更低，效率更高。精准推送起初被用于互联网广告行业，但由于精准信息推送可以增加客户黏性，也有一些互联网经营者通过推送文章的方式增加流量。

（2）信息精准推送的典型流程

信息精准推送的典型流程分两种：其一，根据对用户的数据分析结果推送内容，即在对用户进行数据分析的基础上，构建用户特征模型，并根据用户特征模型，将特定的页面或信息推送给用户。其二，根据内容寻找用户，即在对一定群体用户进行数据分析的基础上，构建群体用户的特征模型，并将其与互联网用户的身份识别信息关联，将信息推送给用户的过程。此类精准推送通常会包含三个环节：一是构建群体用户特征模型；二是通过特征模型与特定的用户特征信息进行关联，从而精准找到用户；三是将信息推送给目标用户。

（3）精准推送的拒绝权

信息精准推送在带来便利的同时，也带来了新的问题。精准推送信息，除了会对个人的安宁状态造成影响和打扰外，还可能会因为大数据精准信息推送所带来的精准“投喂”问题，变相剥夺个人获取多元化信息的能力与条件。赋予个人针对精准推送的拒绝权，不仅是保障个人权利的问题，还涉及更深层次的科技伦理问题。

除《个人信息保护法》的规定外，《电子商务法》也对此作出了限制。《电子商务法》第 18 条第 1 款规定：“电子商务经营者根据消费者的兴趣爱好、消费习惯等特征向其提供商品或者服务的搜索结果的，应当同时向该消费者提供不针对其个人特征的选项，尊重和平等保护消费者合法权益。”这一规定事实上是对精准信息推送可能引发的消费者保护问题作出了规范。《个人信息保护法》第 24 条第 2 款则在《电子商务法》的基础上，进一步明确了利用个人信息进行自动化决策的限制规则，“通过自动化决策方式向个人进行信息推送、商业营销，应当同时提供不针对其个人特征的选项，或者向个人提供便捷的拒绝方式”。按照这一条款，精准推送的限制包括：

其一，应同时提供不针对其个人特征的选项。不针对个人特征的，应当是不包含用户特殊习惯、偏好分析的统一页面。也就是说，在大数据精准推送“千人千面”的同时，网络运营者还应提供一个“标准”页面选项。其二，提供便捷的拒绝方式。按照通常的理解，便捷的拒绝方式应包括醒目的展现方式、简易的拒绝方式。用醒目的方式告知个人当前浏览的页面为精准推送页面，个人有权利拒绝；同时，在页面以同样醒目的方式展示拒绝的具体方式，如醒目的按钮、勾选和点击等。

3. 自动化决策的释明与使用限制

（1）自动化决策的释明

大数据分析可能因为数据质量、算法缺陷等，从而对特定的个人产生不公平或者歧视性的分析结果。对此，我国《个人信息保护法》作出限制，对于“通过自动化决策方式作出对个人权益有重大影响的决定，个人有权要求个人信息处理者予以说明”。

如果个人认为某种自动化决策可能对个人权益产生重大影响，则可以要求个人信息处理者予以说明。

（2）对自动化决策的拒绝

在对自动化决策进行释明的基础上，《个人信息保护法》进一步规定个人“有权拒绝个人信息处理者仅通过自动化决策的方式作出决定”。这一规定意味着进行自动化决策的个人信息处理者在个人提出拒绝自动化决策的情况下，对提出异议的个人，应通过非自动化决策提供其服务。

（3）企业的合规要求

在个人提出说明要求的情况下，个人信息处理者应对自动化决策予以说明。但是，说明的内容与程度、说明的监督等方面并未予以规定。笔者认为，企业应主要从以下角度考虑相关义务的履行：

首先，关于说明的内容。与形成自动化决策有关的内容，都需要予以说明，包括据以进行分析的个人信息来源与质量、进行自动化决策的算法逻辑等。其中，自动化决策所依赖的算法可能涉及企业的商业秘密，如何说明？这具有很大的难度。特别是在用户认为说明不够充分，需要将算法逻辑展示的情况下，对于个人信息处理者而言，如何展示无疑是一个巨大的难题。笔者认为，针对这一问题应建立相应的监督机制，在满足个人权利的同时，也能够保护企业的商业秘密。

其次，如何监督。在个人信息对自动化决策进行说明的情况下，如果个人认为说明不够充分从而发生争议，此种情况下，应该由什么样的机构进行监督，以及如何进行监督或裁决？笔者认为，上述提及的自动化决策场景主要涉及消费者权益保护问题，按照《个人信息保护法》对于个人信息保护职责的规定，国务院有关部门依照本法和有关法律、行政法规的规定，在各自职责范围内负责个人信息保护和监督管理工作。

因此，如果就自动化决策的说明产生争议，应由相应的主管部门进行监管。如果个人信息处理者对于自动化决策的说明未能达到个人的期望和预期，并向主管部门投诉的，主管部门应介入，并对自动化决策所涉及的个人信息准确性、算法合理性进行判断。

此外，如果个人认为自动化决策侵害了其公平交易权，也可以向人民法院提起诉讼。

对于自动化决策的说明，是个人信息处理者的一项义务，一旦个人提出，处理者就应予以说明，如拒绝说明，或不能说明，则应承担对其不利的法律后果。这就要求企业应从“科技向善”的视角规划自身的自动化决策应用，从个人信息的完整性、准确性以及自动决策算法的科学性方面进行规划和准备，以便随时可以根据个人的要求做出说明。

此外，由于个人有权拒绝个人信息处理者仅通过自动化决策的方式作出决定。这意味着个人信息处理者在做出决策时应具有两套服务机制，一套是自动化决策机制，另一套则应为非自动化决策机制。在个人明确拒绝个人信息处理者采用自动化决策机制情况下，处理者应及时采用非自动化的机制对个人的申请进行审核。

四、深度合成的规制

如本章之二“人工智能的算法规制”部分所述，《互联网信息服务算法推荐管理规定》明确了算法推荐包括生成合成类、个性化推送类、排序精选类、检索过滤类、调度决策类等算法技术。其中，个性化推送类在《个人信息保护法》和《电子商务法》中均有相应的界定。

与其他类型算法推荐以利用数据和算法进行信息的精准选择、推送、决策不同的是，生成合成类算法主要关注利用算法和数据生成、合成相应的文字表达、图像表达、声音表达或姿态表达。生成合成类算法的全面应用，某种意义上是与人类各种感知能力相对应的，如文字方式进行的智能对话、智能写作，是与文字阅读能力相对应的；合成人声、仿声则与听觉能力相对应；人脸生成、人脸替换、人脸操控、姿态操控等则与视觉感知能力对应。在元宇宙技术发展的当前时代，生成合成类算法无疑将得到更为广泛的应用。

生成合成类算法在给我们带来更多全新体验的同时，也会带来新的问题。比如，利用算法拟合的文章所带来的侵权问题；人脸生成和人脸替换带来的社会治安隐患等问题。

为了规范生成合成算法的应用，2022 年 11 月 3 日，国家互联网信息办公室审议通过，并经工业和信息化部、公安部同意，共同发布了《深度合成规定》，该规定于 2023 年 1 月 10 日起施行。《互联网信息服务深度合成管理规定》较为系统地对深度合成技术的应用进行规范，并规定了相应的责任和约束措施。

1. 深度合成的概念与内涵

按照《互联网信息服务深度合成管理规定》，深度合成技术，是指利用深度学习、虚拟现实等生成合成类算法制作文本、图像、音频、视频、虚拟场景等网络信息的技术。

深度合成技术分为六大类：

（1）篇章生成、文本风格转换、问答对话等生成或者编辑文本内容的技术；

（2）文本转语音、语音转换、语音属性编辑等生成或者编辑语音内容的技术；

（3）音乐生成、场景声编辑等生成或者编辑非语音内容的技术；

（4）人脸生成、人脸替换、人物属性编辑、人脸操控、姿态操控等生成或者编辑图像、视频内容中生物特征的技术；

（5）图像生成、图像增强、图像修复等生成或者编辑图像、视频内容中非生物特征的技术；

（6）三维重建、数字仿真等生成或者编辑数字人物、虚拟场景的技术。

2. 深度合成的监督管理

（1）监管体制

深度合成技术的监管体制与《互联网信息服务算法推荐管理规定》的监管体制一致。由国家网信部门负责统筹协调全国深度合成服务的治理和相关监督管理工作，国务院电信主管部门、公安部门依据各自职责负责深度合成服务的监督管理工作；地方网信部门负责统筹协调本行政区域内的深度合成服务的治理和相关监督管理工作，地方电信主管部门、公安部门依据各自职责负责本行政区域内的深度合成服务的监督管理工作。

（2）备案与评估

《互联网信息服务深度合成管理规定》第 19 条规定，具有舆论属性或者社会动员能力的深度合成服务提供者，应当按照《互联网信息服务算法推荐管理规定》履行备案和变更、注销备案手续。深度合成服务技术支持者应当参照前款规定履行备案和变更、注销备案手续。

此外，深度合成服务提供者开发上线具有舆论属性或者社会动员能力的新产品、新应用、新功能的，应当按照国家有关规定开展安全评估。

（3）监督检查

《互联网信息服务深度合成管理规定》第 21 条规定，网信部门和电信主管部门、公安部门依据职责对深度合成服务开展监督检查。深度合成服务提供者和技术支持者应当依法予以配合，并提供必要的技术、数据等支持和协助。

网信部门和有关主管部门发现深度合成服务存在较大信息安全风险的，可以按照职责依法要求深度合成服务提供者和技术支持者采取暂停信息更新、用户账号注册或者其他相关服务等措施。深度合成服务提供者和技术支持者应当按照要求采取措施，进行整改，消除隐患。

3. 深度合成服务提供者的责任

（1）算法机制机理审核的责任

《互联网信息服务深度合成管理规定》第 7 条对于深度合成服务提供者的责任作了界定，其中算法机制机理审核与科技伦理审查的规定特别值得关注。关于算法机制机理审核问题，一直是人工智能发展中的重要问题。相关算法如何形成，算法是否会对社会产生负面的影响，是否有悖社会公序良俗和社会伦理，则关系人工智能良性发展。

对此，《互联网信息服务算法推荐管理规定》也对算法推荐服务提供者的算法安全主体责任，以及建立健全算法机制机理审核、科技伦理审查义务进行了规定。而在国家互联网信息办公室、中央宣传部、教育部、科学技术部、工业和信息化部、公安部、文化和旅游部、国家市场监督管理总局、国家广播电视总局 2021 年 9 月 17 日发布的《指导意见》中，则对有关下属执法机关提出了“组织建立专业技术评估队伍，深入分析算法机制机理”的要求。

（2）深度合成信息内容标识责任

深度合成算法在给服务提供者带来便利的同时，也会带来新的问题。对于服务的接受方或者其他相关主体而言，获悉所看到的文字或者听到的声音、看到的图像与视频，是人类完成的作品还是算法生成的作品，事关消费者的知情权问题。对此，《互联网信息服务深度合成管理规定》将增加标识作为服务提供者的责任。

《互联网信息服务深度合成管理规定》第16条规定，深度合成服务提供者对使用其服务生成或者编辑的信息内容，应当采取技术措施添加不影响用户使用的标识，并依照法律、行政法规和国家有关规定保存日志信息。这一规定在《互联网信息服务算法推荐管理规定》中也有体现，《互联网信息服务算法推荐管理规定》的表述为：算法推荐服务提供者发现未作显著标识的算法生成合成信息的，应当作出显著标识后，方可继续传输。

而在国家互联网信息办公室、文化和旅游部、国家广播电视总局2019年11月18日发布的《网络音视频信息服务管理规定》中也有关于标识的要求。该规定指出：网络音视频信息服务提供者和网络音视频信息服务使用者利用基于深度学习、虚拟现实等的新技术新应用制作、发布、传播非真实音视频信息时，应当以显著方式予以标识。

对于深度合成服务提供者而言，提供智能对话、智能写作；合成人声、仿声等语音生成；人脸生成、人脸替换、人脸操控、姿态操控等人物图像、视频生成；沉浸式拟真场景的生成等深度合成服务，可能导致公众混淆或者误认的，应当在生成或者编辑的信息内容的合理位置、区域进行显著标识，向公众提示深度合成情况。① 对于深度合成标识，任何组织和个人不得采用技术手段删除、篡改或隐匿。②

（3）内容治理责任

对于互联网信息服务平台的内容治理责任，《网络信息内容生态治理规定》作了明确的规定，要求平台“履行信息内容管理主体责任，加强本平台网络信息

---

① 《互联网信息服务深度合成管理规定》第17条第1款规定：“深度合成服务提供者提供以下深度合成服务，可能导致公众混淆或者误认的，应当在生成或者编辑的信息内容的合理位置、区域进行显著标识，向公众提示深度合成情况：（一）智能对话、智能写作等模拟自然人进行文本的生成或者编辑服务；（二）合成人声、仿声等语音生成或者显著改变个人身份特征的编辑服务；（三）人脸生成、人脸替换、人脸操控、姿态操控等人物图像、视频生成或者显著改变个人身份特征的编辑服务；（四）沉浸式拟真场景等生成或者编辑服务；（五）其他具有生成或者显著改变信息内容功能的服务。”

② 《互联网信息服务深度合成管理规定》第18条规定：“任何组织和个人不得采用技术手段删除、篡改、隐匿本规定第十六条和第十七条规定的深度合成标识。”

内容生态治理，培育积极健康、向上向善的网络文化”。

《互联网信息服务深度合成管理规定》对于深度合成服务提供者规定了相应内容治理责任。具体包括：

①应当加强深度合成内容管理，对深度合成服务使用者的输入数据和合成结果进行审核。

②应当建立健全用于识别违法和不良信息的特征库，完善入库标准、规则和程序。

③发现违法和不良信息的，应当依法采取处置措施，保存有关记录，及时向网信部门和有关主管部门报告；对相关深度合成服务使用者依法依约采取警示、限制功能、暂停服务、关闭账号等处置措施。①

④发现利用深度合成服务制作、复制、发布、传播虚假信息的，应当及时采取辟谣措施，保存有关记录，并向网信部门和有关主管部门报告。②

（4）个人信息保护

《互联网信息服务深度合成管理规定》还提到了深度合成服务提供者的数据安全、个人信息保护问题。③ 关于个人信息保护，《互联网信息服务深度合成管理规定》主要体现在以下两个方面：

①训练数据包含个人信息的，应当遵守个人信息保护的有关规定。

②特定情况下的单独同意。

深度合成服务提供者和技术支持者提供人脸、人声等生物识别信息编辑功能

---

① 《互联网信息服务深度合成管理规定》第 10 条规定：“深度合成服务提供者应当加强深度合成内容管理，采取技术或者人工方式对深度合成服务使用者的输入数据和合成结果进行审核。深度合成服务提供者应当建立健全用于识别违法和不良信息的特征库，完善入库标准、规则和程序，记录并留存相关网络日志。深度合成服务提供者发现违法和不良信息的，应当依法采取处置措施，保存有关记录，及时向网信部门和有关主管部门报告；对相关深度合成服务使用者依法依约采取警示、限制功能、暂停服务、关闭账号等处置措施。”

② 《互联网信息服务深度合成管理规定》第 11 条规定：“深度合成服务提供者应当建立健全辟谣机制，发现利用深度合成服务制作、复制、发布、传播虚假信息的，应当及时采取辟谣措施，保存有关记录，并向网信部门和有关主管部门报告。”

③ 《互联网信息服务深度合成管理规定》第 7 条规定：“深度合成服务提供者应当落实信息安全主体责任，建立健全用户注册、算法机制机理审核、科技伦理审查、信息发布审核、数据安全、个人信息保护、反电信网络诈骗、应急处置等管理制度，具有安全可控的技术保障措施。”

的，应提示深度合成服务使用者告知被编辑的个人，并取得其单独同意。①

五、人工智能在金融行业的法律规制

1. 智能金融的发展概况

金融行业是人工智能应用较早的行业，人工智能与金融全面融合而生成的金融服务新模式，被称为“智能金融”，它以人工智能、大数据、云计算等科技为核心要素，在提升金融机构的服务效率的同时，实现金融服务的智能化、个性化、定制化。

智能金融在我国受到高度重视。国务院印发的《新一代人工智能发展规划》，对于我国人工智能的发展进行了全面而深远的布局。同时，该规划中提到，在智能金融方面，“要建立金融大数据系统，提升金融多媒体数据处理与理解能力。创新智能金融产品和服务，发展金融新业态。鼓励金融行业应用智能客服、智能监控等技术和装备。建立金融风险智能预警与防控系统”。根据《新一代人工智能发展规划》对于智能金融的布局，金融大数据系统、创新型的智能金融产品和服务将是我国智能金融领域中的发展重点。

人工智能赋予金融智能化的特征，也是智能金融的主要特点。人工智能的金融应用主要包括以下四个方面：

（1）宏观分析领域的数据统计和数据分析辅助。

（2）金融产品的智能风控。在拥有大量用户数据的基础上，借助互联网技术以及信息处理技术，金融科技企业可以更好地开展和实施智能风控业务。

（3）智能投顾。智能投顾是指采用人工智能的方法，以计算机软件辅助进行投资决策或给予投资组合的建议，智能投顾是人工智能与投资顾问的跨知识领域的组合，是近年来智能金融的重要应用。

（4）程序化交易。程序化交易是量化交易中的一种方式，量化投资最初源于国外。从20世纪六七十年代开始，美国业内人士就已经开始将程序化交易应用于金融市场，特别是对于一些理论以及逻辑层面能够触及，但是单纯凭借人力以

① 《互联网信息服务深度合成管理规定》第14条规定：“深度合成服务提供者和技术支持者应当加强训练数据管理，采取必要措施保障训练数据安全；训练数据包含个人信息的，应当遵守个人信息保护的有关规定。深度合成服务提供者和技术支持者提供人脸、人声等生物识别信息编辑功能的，应当提示深度合成服务使用者依法告知被编辑的个人，并取得其单独同意。”

及传统的算法和操作无法深入或者无法达到的交易，就要依靠机器程序的算法以及计算机处理方法予以解决。

2. 对程序化交易的法律规制

智能金融是计算机和信息技术发展到一定阶段的产物，属于金融领域的新兴交易形态，我国法律对于智能金融的监管制度尚处于起步阶段。当前法律介入规范较多的是智能投顾和程序化交易领域。我国对于程序化交易的监管主要有以下法规。

（1）《证券期货市场程序化交易管理办法（征求意见稿）》

2015 年，中国证监会即关注到了程序化交易。按照中国证监会 2015 年 10 月公布的《证券期货市场程序化交易管理办法（征求意见稿）》的表述，程序化交易，是指通过既定程序或特定软件，自动生成或执行交易指令的交易行为。程序化交易的本质是将投资思路或交易策略通过软件的语言进行固定，当交易系统捕捉到预设的交易信号时，自主进行买进卖出的操作。虽然该征求意见稿最终并未通过与施行，但征求意见稿对于程序化交易的定义仍可以作为对程序化交易认定的参考。

（2）《资管新规》

2018 年中国人民银行牵头多部委发布的《资管新规》（银发〔2018〕106 号），其中关于程序化交易的具体规定为：金融机构应当根据不同产品投资策略研发对应的人工智能算法或者程序化交易，避免算法同质化加剧投资行为的顺周期性，并针对由此可能引发的市场波动风险制定应对预案。因算法同质化、编程设计错误、对数据利用深度不够等人工智能算法模型缺陷或者系统异常，导致羊群效应、影响金融市场稳定运行的，金融机构应当及时采取人工干预措施，强制调整或者终止人工智能业务。

程序化交易的算法目的在于提高对交易趋势的判断能力，从而作出正确的交易决策。但是，交易程序在设置中，有时会产生算法同质化问题。同质化的算法可能导致交易程序对盘中的信号作出同方向的判断，从而导致羊群效应。这种效应又会给程序正向反馈，从而致使程序在错误方向上进一步操作。这种操作，小则引发个别股票脱离基本面的异动，大则可能引发市场的动荡和整体性风险，甚至引发市场“雪崩”效应。

程序化交易的目的是摆脱证券市场中操盘手不理性操作的弊端，但程序的算法缺陷却可能导致更大的不理性。基于此，将程序化交易纳入监管，是法律的必然选择。

（3）《证券法》

2019年，全国人大颁布了修订后的《证券法》，修订后的《证券法》没有特别提到人工干预问题，但也提到了程序化交易措施应当符合国务院证券监督管理机构的规定，并向证券交易所报告。

《证券法》第45条规定："通过计算机程序自动生成或者下达交易指令进行程序化交易的，应当符合国务院证券监督管理机构的规定，并向证券交易所报告，不得影响证券交易所系统安全或者正常交易秩序。"

同时，《证券法》在第190条设置了罚则："违反本法第四十五条的规定，采取程序化交易影响证券交易所系统安全或者正常交易秩序的，责令改正，并处以五十万元以上五百万元以下的罚款。对直接负责的主管人员和其他直接责任人员给予警告，并处以十万元以上一百万元以下的罚款。"该条规定是我国首次在法律层级对程序化交易进行的规制。

对比《资管新规》的规定，《资管新规》强调了"人工干预"，而《证券法》并未规定"人工干预"。笔者认为，主要原因在于"人工干预"的边界和尺度很难把握。在市场面临巨大波动时，如果市场中采用程序化交易策略的投资机构占比较大，贸然停止程序化交易软件的应用，采用人工干预是否能够起到恢复市场正常秩序的作用？甚至这种对于程序化交易软件"一刀切"的干预，是否会引发更大的市场动荡？这些都是值得深入思考的。

3. 对幌骗行为的法律规制

除了算法失灵的问题外，利用电脑程序进行证券交易还存在利用程序虚假下单、撤单以操纵市场的问题。我国《证券法》与《刑法》对于操纵证券市场及期货市场的界定，均以实际发生交易行为作为认定的基础。但对于未实际发生买卖或交易行为的操纵市场行为，缺乏必要的规范。

如2014年《证券法》第77条对操纵证券市场的基本行为规定了三种：（1）单独或者通过合谋，集中资金优势、持股优势或者利用信息优势联合或者连续买卖，操纵证券交易价格或者证券交易量；（2）与他人串通，以事先约定的时间、价格和方式相互进行证券交易，影响证券交易价格或者证券交易量；（3）在自己实际控制的账户之间进行证券交易，影响证券交易价格或者证券交易量。同时，还规定了一条兜底条款，即以其他手段操纵证券市场。

上述三种主要的操纵市场行为中，都包含了买卖或交易行为。

而《刑法》第182条对于操纵证券、期货市场罪的表现形式采用了与《证券法》相同的列举方式，只是加入了关于期货的表述。该条款规定，有下列情形之一，操纵证券、期货市场，情节严重的，处五年以下有期徒刑或者拘役，并处或者单处罚金；情节特别严重的，处五年以上十年以下有期徒刑，并处罚金：（1）单独或者合谋，集中资金优势、持股或者持仓优势或者利用信息优势联合或者连续买卖，操纵证券、期货交易价格或者证券、期货交易量的；（2）与他人串通，以事先约定的时间、价格和方式相互进行证券、期货交易，影响证券、期货交易价格或者证券、期货交易量的；（3）在自己实际控制的账户之间进行证券交易，或者以自己为交易对象，自买自卖期货合约，影响证券、期货交易价格或者证券、期货交易量的；（4）以其他方法操纵证券、期货市场的。

《刑法》规定的操纵证券、期货交易市场行为，同样也以实际买卖或交易为认定标准。

以实际交易或者买卖作为操纵证券市场的认定标准，在客观上容易认定，但却无法解决“幌骗”（spoofing）问题，即大量不以成交为目的的欺骗性下单和撤单，制造虚假的买卖信息，误导市场中的其他投资者买入相应的证券或期货合约，而操作方再通过反向交易获取利益。在此类操作中，拉高证券交易价格的不是买卖和交易，而是利用系统速度优势作出的“下单”与“撤单”行为，以此误导其他投资者作出买卖行为。

此类不以成交为目的的欺骗性下单和撤单，在传统的人工交易市场中也有体现。在中国证监会的行政执法及相关刑事判决中，将此类行为归入“以其他方法操纵市场”。以苏某操纵证券市场案为例，苏某控制使用苏某等三人账户，通过在先期完成建仓后，开盘集合竞价阶段虚假申报撤单，随后反向卖出，盘中连续竞价阶段频繁使用小额买单申报成交，以及大额买单虚假申报后迅速撤单等方式推高股价，诱导其他投资者跟进推高股价，从而操纵股价。在其他投资者买盘跟进后，反向大额卖出获利，共涉及“中联重科”“东方钽业”等13只股票，获利3805783.71元。证监会认为苏某构成“以其他方法操纵证券市场”，决定没收苏某违法所得380余万元，并处380余万元罚款。

在程序化交易中，通过电脑系统的设置，通过频繁“下单”与“撤单”，使操纵市场的行为实施更加便利。如果仅仅依据“以其他方法操纵证券、期货市场”加以认定，不仅在执法中自由裁量度较大，也会影响法律的权威性。

从境外成熟市场高频交易和程序化交易的发展历程来看，虚假申报行为在程序化交易中并不少见。随着我国程序化交易的逐步发展与普及，有必要对虚假申报行为进行专门的规制。

《证券法》将证券交易中虚假申报、撤单的行为明确纳入操纵市场行为进行规制，是《证券法》适应智能金融趋势的重要体现。《证券法》第55条第4项对于不以成交为目的的下单和撤单行为进行了规制，将其纳入操纵证券市场的行为之一：“禁止任何人以下列手段操纵证券市场，影响或者意图影响证券交易价格或者证券交易量……（四）不以成交为目的，频繁或者大量申报并撤销申报。”

随后我国通过《刑法修正案》，在《刑法》第182条第1款第4项操纵证券市场的行为认定中，将“不以成交为目的，频繁或者大量申报买入、卖出证券、期货合约并撤销申报的”作为操纵证券市场的违法行为之一。

此前，我国《证券法》与《刑法》对于操纵证券、期货市场的客观要件，均强调以交易为基础。无论是集中资金优势、持股优势或者利用信息优势联合或者连续买卖；或者与他人串通，以事先约定的时间、价格和方式相互进行对敲交易；或在自己实际控制的账户之间进行证券交易，都需要以交易为基础。但是随着计算机软件控制的高频交易和程序化交易的发展，通过频繁下单和撤单影响市场交易价格的方式，已经成为操纵证券市场的另一种方法，需要法律予以规制。

上述规定虽然条款内容不多，却是我国在法律层面首次对智能金融活动进行的规定，具有一定的开创性意义。

六、人工智能在汽车行业的法律规制

随着智能网联汽车的发展，人工智能技术未来将在提升汽车使用品质、优化汽车功能、解放驾驶人等方面发挥越发重要的作用。在人工智能的应用中，自动驾驶无疑是汽车最为核心的功能优化。由于自动驾驶涉及公开路面的车辆行驶活动，且车辆运行具有高速的特点，这就涉及公众的人身与财产安全问题，也涉及车主与公众利益的平衡、厂商利益与社会利益的平衡。车辆驾驶是按照交通规则在道路及开放空间操控车辆，将人及物品输送到目的地的行为。在自动驾驶过程中，涉及如下三个因素：

其一，车辆本身。这个因素是人工驾驶和自动驾驶都存在的，只是人工驾驶过程中，人与车辆是分开的，而自动驾驶过程中，自动驾驶程序可能是内嵌于车辆硬件中的。

其二，道路。道路是驾驶的基础条件，承载车辆并决定车辆的行驶方向。城市道路是所有交通环境中最为复杂的环境，集合了多种因素。其他车辆、行人、动物、建筑物、障碍物、气候变化都是道路环境的组成部分。这与飞机的自动驾驶完全不同。

其三，行人。行人是交通参与者，行人安全是交通活动最关注的要素，更是驾驶人必须关注的最核心的问题，而且交通事故、损害赔偿，甚至是刑事追责，都主要围绕行人安全。同时，行人也是最不可预测的变量。

从上述分析不难看出，道路交通环境非常复杂，驾驶行为需要考虑的要素非常多，不可预期的因素也非常多。从这个意义上讲，自动驾驶既是一个技术问题，还是社会心理接受问题，以及法律问题和社会利益的平衡问题。与其他领域的人工智能应用相比，汽车领域所涉及的问题更为复杂。

对于自动驾驶汽车，法律既不能简单地用现行规则去加以否定，也不能放任，而是应该从人工智能的发展趋势、社会安全、伦理秩序等视角对自动驾驶汽车进行全面分析，从而在技术进步与公共安全之间找到平衡点。

1. 民事责任问题

自动驾驶技术被社会公众所接受，除了技术成熟的因素外，对于交通事故责任的合理划定，也是重要的因素。

自动驾驶汽车上路行驶过程中，如果因为交通事故导致他人财产或人身损害，如何进行赔偿，是人工智能应用的首要问题。

根据《民法典》的规定，机动车发生交通事故造成损害的，依照道路交通安全法的有关规定承担赔偿责任。而《道路交通安全法》则规定，由交警判定机动车驾驶人或行人的责任，并最终确定损失如何分担。但是，自动驾驶条件下，由于驾驶人的缺失或者驾驶人基于对自动驾驶技术的合理信任，并未介入车辆的控制，将可能会导致《道路交通安全法》的责任判定原则无法适用。也就是说，一旦自动驾驶汽车发生交通事故，所面对的过错责任判定，究竟是适用传统的民事侵权责任？还是将脱离交通安全法的管辖范畴，而归入《产品质量法》的规制范围？

如果认为自动驾驶车辆仍需车主干预，则应该适用侵权责任法的责任确定方式。但如果认为车主无须干预车辆驾驶，则需要判定自动驾驶汽车是否属于缺陷产品，从而适用产品责任法。当然，在当前阶段，由于自动驾驶技术处于驾驶辅助的定位，且有关法规明确驾驶人是交通安全的责任人，这一问题似乎并不突出。但是，在不远的将来，如果自动驾驶发展到更高的层级，以至技术和法律层面均认为车主无须干预车辆的行驶行为，那么责任确定问题将是法律需要解决的重点问题。

此外，在自动驾驶环境下，非驾驶人或行人索赔还将面临一个法律问题。《产品质量法》第 41 条第 2 款第 3 项规定，产品生产者能够证明将产品投入流通时的科学技术水平尚不能发现缺陷的存在的，可以免责。由于人工智能深度学习算法的“黑箱”机制，程序设计者可能无法完全解析深度学习算法的最终结果。而自动驾驶技术恰恰是构建在人工智能基础之上的，人工智能的不可预期性是否会被认定为“产品投入流通时的科学技术水平尚不能发现缺陷”？这将是决定行人生命权是否得到保护的基础。如果将事故原因归于“产品投入流通时的科学技术水平尚不能发现缺陷”，则可能导致受害者无法获得民事救济。

截至当前，相关法律法规依然是将驾驶人全程掌握车辆作为智能网联汽车测试和使用的重要规则。

2. 监管对于车企及产品提供方的监管规则

工业和信息化部 2021 年 7 月 30 日发布的《关于加强智能网联汽车生产企业及产品准入管理的意见》，则较为系统地对智能网联汽车的相关企业与产品准入管理作了规定。主要要求包括：

（1）严格履行告知义务。企业生产具有驾驶辅助和自动驾驶功能的汽车产品的，应当明确告知车辆功能及性能限制、驾驶员职责、人机交互设备指示信息、功能激活及退出方法和条件等信息。

（2）加强组合驾驶辅助功能产品安全管理。企业生产具有组合驾驶辅助功能的汽车产品的，应采取脱手检测等技术措施，保障驾驶员始终在执行相应的动态驾驶任务。组合驾驶辅助功能是指驾驶自动化系统在其设计运行条件下，持续地执行车辆横向和纵向运动控制，并具备相应的目标和事件探测与响应能力。

（3）加强自动驾驶功能产品安全管理。企业生产具有自动驾驶功能的汽车产品的，应当确保汽车产品至少满足以下四个要求：

其一，应能自动识别自动驾驶系统失效以及是否持续满足设计运行条件，并能采取风险减缓措施以达到最小风险状态。

其二，应具备人机交互功能，显示自动驾驶系统运行状态。在特定条件下需要驾驶员执行动态驾驶任务的，应具备识别驾驶员执行动态驾驶任务能力的功能。车辆应能够依法依规合理使用灯光信号、声音等方式与其他道路使用者进行交互。

其三，应具有事件数据记录系统和自动驾驶数据记录系统，满足相关功能、性能和安全性要求，用于事故重建、责任判定及原因分析等。其中，自动驾驶数据记录系统记录的数据应包括车辆及系统基本信息、车辆状态及动态信息、自动驾驶系统运行信息、行车环境信息、驾乘人员操作及状态信息、故障信息等。

其四，应满足功能安全、预期功能安全、网络安全等过程保障要求，以及模拟仿真、封闭场地、实际道路、网络安全、软件升级、数据记录等测试要求，避免车辆在设计运行条件内发生可预见且可预防的安全事故。

3. 自动驾驶分级

正是考虑到自动驾驶问题的敏感性和与社会利益的重大相关性，因此，自动驾驶的分级也成为自动驾驶监管的重要内容。工业和信息化部提出，并由国家标准化管理委员会制定的推荐性国家标准《汽车驾驶自动化分级》（GB/T 40429—2021）于 2021 年 8 月 20 日发布，并于 2022 年 3 月 1 日实施。

该标准对驾驶自动化的定义为：车辆以自动的方式持续地执行部分或全部动态驾驶任务的行为。

该标准将驾驶自动化进行了分级，根据在执行动态驾驶任务中的角色分配以及有无设计运行范围限制，将驾驶自动化分为 0 级至 5 级，并界定了驾驶自动化等级与划分要素的关系，以及用户与驾驶自动化系统的角色。0 级驾驶自动化系统不能持续执行动态驾驶任务中的车辆横向或纵向运动控制，但具备持续执行动态驾驶任务中的部分目标和事件探测与响应的能力。5 级驾驶自动化系统在任何可行使条件下持续地执行全部动态驾驶任务并自动执行最小风险策略。

在驾驶自动化各等级技术要求部分，均规定当用户请求驾驶自动化系统退出时，解除系统控制权。

第七章 数字化转型过程中的身份识别法律问题

数字化体现为通过数据的交互、分析、运用来提高生产、生活和社会管理的效率，在线化和远程化则是数据传输与交互的基础，相关主体通过网络进行沟通、交流、确定意思表示、签订合同。因此，数字化过程中，主体身份识别及相关网络身份持有者的行为是否具有法律效力是一个无法回避的问题，也是最为基础的法律问题。同时，随着互联网的形态从消费互联网向产业互联网过渡，以及物联网技术的不断发展与成熟，越来越多的智能设备成为网络的节点，这些设备也会自动做出信息的应答。由于互联网的开放性，有关信息是否为特定设备所发出，是确定信息真实性和有效性的前提。以疫苗运输为例，需要确定整个过程冷链运输均达到了相应温度控制标准，运输车辆的相关射频设备在疫苗包装箱进入集装箱的时刻采集到包装箱的信息，运输过程中需要的特定设备监控包装箱没有被移出集装箱，集装箱的温度始终符合安全运输标准，并定时将信息通过互联网传输回监控中心。这一过程中，包装箱的身份、车辆射频接收设备的身份以及车辆温度控制单元的身份，都需要通过特定的技术措施予以识别和确认。

当然，相对于物联网设备的身份识别，自然人和法人的身份识别应用更为广泛，因身份问题所产生的法律问题也更为突出。

一、网络身份识别的基本要求及必要性

笔者认为，身份识别的主要目的是维护健康的互联网生态与秩序。互联网虽

然是虚拟空间，但虚拟空间与现实世界之间会随时产生关联。虚拟空间中的言论会影响人们在现实世界的行为，虚拟空间的活动也会影响现实世界的利益。因此，对于虚拟空间的主体行为进行规范，前提是能够识别到相关主体的真实身份。

1. 网络实名制的基本要求

网络用户实名制，是指网络用户在通过互联网、电话等方式接入网络过程中，应采用其真实身份信息实施注册，以保障其在互联网上所实施的行为最终可以追溯到本人。对于网络身份实名制的考量，最初主要是为了防范利用信息网络实施危害国家安全或社会秩序、社会公共利益和他人合法权益的行为。

对于网络实名制，也有观点认为，实名制会影响言论自由，从而使网友不敢发表真实的观点。比如，用户在论坛中发言或者评论、跟帖，其言论内容虽然并不违反法律、法规或相关规则，也不影响社会公共利益、国家安全和第三方的权益，但用户并不希望其他用户知道自己的真实身份，法律应允许在发表观点时隐藏身份。如果用户均采用实名制，是否会影响用户发言或评论?

笔者认为，这一观点并不成立。首先，我国宪法所规定的言论自由，其前提条件是言论不能违反法律、法规的强制性规定，不能侵害国家安全和违反社会公共利益。因此，如果是在法律规定的限度内发表言论，即使是实名，发表言论的人也不应受到追究；而如果言论违法，即便没有采用实名，发表言论的用户也应受到法律追究。

其次，对于实名制下用户不希望其他用户知道自己真实身份的问题，法律已经预留了空间。比如，国家互联网信息办公室 2015 年 2 月 4 日颁布并于 2015 年 3 月 1 日生效的《互联网用户账号名称管理规定》对此进行了合理的界定。该规定第 5 条第 1 款规定:“互联网信息服务提供者应当按照‘后台实名、前台自愿’的原则，要求互联网信息服务使用者通过真实身份信息认证后注册账号。”而在《移动互联网应用程序信息服务管理规定》第 6 条同样规定，移动互联网应用程序提供者应当按照“后台实名、前台自愿”的原则，对注册用户进行基于移动电话号码等真实身份信息认证。

总结上述规则可以看出，网络实名制具有如下四个特征:

(1) 后台必须实名。保留在网络运营者后台的用户身份信息必须是实名信息，而且需要经过必要的身份认证。

（2）前台可以自愿。用户在互联网论坛、网页、邮箱、微博、博客等各种应用场景下，可以不显示实名而只显示“昵称”或其他称呼。

（3）前台名称不能违反法律、法规的强制性规定。虽然法律不禁止在前台采用昵称，但该称呼不能违反法律、法规的禁止性规定。

（4）身份可追溯。根据用户实名注册信息，用户在前台的所有行为最终可以追溯到具体的真实用户。

2. 网络实名制的意义

网络身份的识别与确认，有助于消除因身份问题带来的信任危机。网络实名制的目的在于让每个互联网的参与者能够最终落实到现实社会中真实存在的“人”，从而增进互信。网络实名制的意义如下：

（1）有利于遏制网络侵权和网络暴力

互联网发展早期阶段，“匿名”带来了网络自由，因而极大地推进了互联网的应用。但网络发展到一定阶段后，匿名的弊端开始显现。互联网上的人肉搜索、网络暴力、侵权行为时有发生。在各类网络论坛中，对他人的人身攻击、谩骂、诋毁，或者将他人隐私暴露于公众视野的行为时有发生。这些行为已经构成了对他人隐私和人格权的侵犯，应当承担相应的法律责任。但是，在网络非实名的环境下，被害者的维权成本非常高昂，通过民事程序很难追溯到实施侵权行为的个人。此种情况下，只能借助公安机关的刑事侦查和技术侦查手段查找加害者，而由于大量的网络侵权并未达到刑事案件的追诉标准，公安机关无法介入调查。因此，实行网络实名制，有利于遏制网络侵权和各种各样的网络暴力。

（2）有利于遏制网络犯罪

网络非实名带来的另一个弊端是网络上的各种违法犯罪活动，比如通过信息网络实施诈骗犯罪，是最近高发的犯罪类型。此外，通过信息网络为犯罪活动提供帮助或者以洗钱的方式为犯罪提供资金转移通道，也具有很高的社会危害性。落实实名制，无疑有利于遏制各类网络犯罪活动。

（3）有利于维护国家安全和社会稳定

互联网的匿名特征，使影响国家安全和社会稳定的活动在互联网上较为容易发生，比如近年发生在国外的一些社会事件，就是通过互联网进行扩散。在非实名制的环境下，也可能会发生通过互联网制造谣言引起社会恐慌，煽动社会公众情绪制造社会不稳定等活动，甚至以通过网络散播危害国家安全的言论、鼓动公众采取不理性的行为等方式危害国家安全，网络实名制可以让用户意识到须对自己在互联网上的各种行为负责，有利于遏制上述违法活动，维护国家安全和社会稳定。

（4）有利于满足特定人群保护的法律要求

实名制也是未成年人保护的重要保障，以《个人信息保护法》所规定的未成年人个人信息保护为例，法律将未满 14 周岁未成年人的个人信息列入敏感个人信息，在处理此类个人信息之前，需要征得监护人的同意。实名验证，才能够识别出用户是否达到 14 周岁。此外，在防止未成年人网络游戏沉迷方面，也需要通过实名验证机制，确定游戏账号的用户是不是未成年人。

网络实名制还可以营造风清气正的上网氛围，维护健康的网络生态，减少互联网上的各种不文明行为，从而有利于未成年人的健康成长，保护未成年人的身心健康。

3. 实名制的具体法律规则及保障

（1）《电信条例》

对于网络实名制的要求，最早见于《电信条例》，《电信条例》2000 年 9 月 20 日经国务院第 31 次常务会议通过。

该条例规定任何组织或者个人不得以虚假、冒用的身份证件办理入网手续并使用移动电话扰乱电信市场秩序。①

2014 年 7 月国务院《关于修改部分行政法规的决定》（国务院令第 653 号）对《电信条例》进行了第一次修订；2016 年 2 月国务院《关于修改部分行政法规的决定》（国务院令第 666 号）对《电信条例》进行了第二次修订。上述两次修订均保留了关于不得以虚假、冒用的身份证件办理入网手续并使用移动电话扰乱电信市场秩序的规定。

（2）《关于加强网络信息保护的决定》

2012 年 12 月 28 日第十一届全国人民代表大会常务委员会第三十次会议通过

---

① 《电信条例》第 58 条规定："任何组织或者个人不得有下列扰乱电信市场秩序的行为：（一）采取租用电信国际专线、私设转接设备或者其他方法，擅自经营国际或者香港特别行政区、澳门特别行政区和台湾地区电信业务；（二）盗接他人电信线路，复制他人电信码号，使用明知是盗接、复制的电信设施或者码号；（三）伪造、变造电话卡及其他各种电信服务有价凭证；（四）以虚假、冒用的身份证件办理入网手续并使用移动电话。"

的《关于加强网络信息保护的决定》，则进一步明确了网络身份实名制的要求。

该决定第6条规定，网络服务提供者为用户办理网站接入服务，办理固定电话、移动电话等入网手续，或者为用户提供信息发布服务，应当在与用户签订协议或者确认提供服务时，要求用户提供真实身份信息。

（3）《网络安全法》

《网络安全法》第24条第1款规定，“网络运营者为用户办理网络接入、域名注册服务，办理固定电话、移动电话等入网手续，或者为用户提供信息发布、即时通讯等服务，在与用户签订协议或者确认提供服务时，应当要求用户提供真实身份信息。用户不提供真实身份信息的，网络运营者不得为其提供相关服务”。这可以视作法律对于网络实名制的一种界定。

（4）《反电信网络诈骗法》

2022年9月，第十三届全国人民代表大会常务委员会第三十六次会议通过了《反电诈法》，该法自2022年12月1日起施行。

《反电诈法》对于网络实名制的规定非常全面和具体，不仅规定了电信业治理过程中的网络实名要求，还规定了金融治理的网络实名要求以及互联网治理中的网络实名要求。此外，《反电诈法》还将为虚构网络身份提供服务的行为列入了禁止范围。为了适应物联网发展的需要，《反电诈法》还规定了物联网卡身份的实名规定。

关于电信业治理的实名登记问题，《反电诈法》第9条规定，电信业务经营者应当依法全面落实电话用户真实身份信息登记制度，并规定了基础电信企业和移动通信转售企业对代理商落实电话用户实名制管理的责任。[①] 在协议中明确代理商实名制登记的责任和有关违约处置措施。

关于互联网治理中的网络实名问题，《反电诈法》第21条规定，电信业务经营者、互联网服务提供者为用户提供下列服务，在与用户签订协议或者确认提供服务时，应当依法要求用户提供真实身份信息，用户不提供真实身份信息的，不得提供服务：①提供互联网接入服务；②提供网络代理等网络地址转换服务；

---

① 《反电诈法》第9条规定：“电信业务经营者应当依法全面落实电话用户真实身份信息登记制度。基础电信企业和移动通信转售企业应当承担对代理商落实电话用户实名制管理责任，在协议中明确代理商实名制登记的责任和有关违约处置措施。”

③提供互联网域名注册、服务器托管、空间租用、云服务、内容分发服务；④提供信息、软件发布服务，或者提供即时通信、网络交易、网络游戏、网络直播发布、广告推广服务。

随着移动通信技术的发展，各类物联网设备日益增加，各类应用层出不穷。物联网设备逐渐成为重要的网络终端，且数量增速仍在提高，比如智能网联汽车、智能穿戴设备、智能家居、智能摄像头、自动售货机、智能金融机具等各种应用，这些物联网设备发挥功能离不开物联网卡。

关于物联网卡的实名验证问题，《反电诈法》规定，电信业务经营者建立物联网卡用户风险评估制度，评估未通过的，不得向其销售物联网卡；严格登记物联网卡用户身份信息；采取有效技术措施限定物联网卡开通功能、使用场景和适用设备。此外，对于转售带有物联网卡的设备，也应当核验和登记用户身份信息，并将信息传送给电信业务经营者。①

（5）互联网内容治理

此外，在《网络信息内容生态治理规定》《互联网跟帖评论服务管理规定》等互联网内容治理的规则中，也都提到了用户注册制度的完善及网络实名验证问题。

（6）金融等特定行业的实名制要求

金融用户的实名制，早于互联网实名制实施。在中国人民银行发布的《人民币银行结算账户管理办法》（部分失效）第24条中规定：“单位开立银行结算账户的名称应与其提供的申请开户的证明文件的名称全称相一致。有字号的个体工商户开立银行结算账户的名称应与其营业执照的字号相一致；无字号的个体工商户开立银行结算账户的名称，由‘个体户’字样和营业执照记载的经营者姓名组成。自然人开立银行结算账户的名称应与其提供的有效身份证件中的名称全称相一致。”证券开户、支付机构的用户开户，各自都有自己的实名

---

① 《反电诈法》第12条规定：“电信业务经营者建立物联网卡用户风险评估制度，评估未通过的，不得向其销售物联网卡；严格登记物联网卡用户身份信息；采取有效技术措施限定物联网卡开通功能、使用场景和适用设备。单位用户从电信业务经营者购买物联网卡再将载有物联网卡的设备销售给其他用户的，应当核验和登记用户身份信息，并将销量、存量及用户实名信息传送给号码归属的电信业务经营者。电信业务经营者对物联网卡的使用建立监测预警机制。对存在异常使用情形的，应当采取暂停服务、重新核验身份和使用场景或者其他合同约定的处置措施。”

注册规则。

金融机构的用户实名注册，主要是因为金融消费者保护和反洗钱的需要。随着金融机构的业务逐步从线下转为线上，对于金融机构用户的实名制要求也得到了扩展。

金融行业历来受到各个国家的严厉监管，而用户实名制是金融行业监督管理的重要内容。我国相关金融法律、法规均规定了用户实名制的原则。除了《人民币银行结算账户管理办法》（部分失效）对于商业银行业务实名制的要求外，中国证监会颁发的《证券公司开立客户账户规范》（已失效）第 3 条规定，证券公司为客户办理开户，应当遵循合法、自愿、审慎原则，审核客户身份的真实性，确保客户资料真实、准确和完整。

《反洗钱法》第 16 条则规定："金融机构应当按照规定建立客户身份识别制度。金融机构在与客户建立业务关系或者为客户提供规定金额以上的现金汇款、现钞兑换、票据兑付等一次性金融服务时，应当要求客户出示真实有效的身份证件或者其他身份证明文件，进行核对并登记。……任何单位和个人在与金融机构建立业务关系或者要求金融机构为其提供一次性金融服务时，都应当提供真实有效的身份证件或者其他身份证明文件。"

随着金融科技的发展，出现了各种新类型的金融机构，对此，监管机构也制定了严格的实名认证规则。

《非银行支付机构网络支付业务管理办法》第 6 条规定，支付机构应当遵循"了解你的客户"原则，建立健全客户身份识别机制。支付机构为客户开立支付账户的，应当对客户实行实名制管理，登记并采取有效措施验证客户身份基本信息，按规定核对有效身份证件并留存有效身份证件复印件或者影印件，建立客户唯一识别编码，并在与客户业务关系存续期间采取持续的身份识别措施，确保有效核实客户身份及其真实意愿，不得开立匿名、假名支付账户。

此外，《反电诈法》规定了金融、电信、市场监管、税务等有关部门建立开立企业账户相关信息共享查询系统，市场主体登记机关应当依法对企业实名登记履行身份信息核验职责，为银行业金融机构、非银行支付机构进行客户尽职调查和依法识别受益所有人提供便利。① 这些规定也是为了落实金融机构的用户实名制。

4. 实名制的法律保障

网络实名制给社会带来上述好处的同时，也会带来新的问题，其中最为突出的问题包括身份信息的泄露与身份信息的冒用两个方面。

身份信息泄露会侵害用户的隐私权。如果泄露一定数量的个人身份信息，还会影响社会公共利益。2011 年 7 月，韩国门户网站 Nate 以及社交网站“赛我网”遭黑客攻击，导致约 3500 万名用户的个人信息外泄（约占当时韩国总人口的 70%）。被泄露的资料包括姓名、生日、电话、住址、邮箱、密码和身份证号码。上述信息的泄露，将使消费者面临侵犯隐私、骚扰短信、骚扰电话、电话诈骗、账号盗用等风险。2018 年 11 月，国际知名的某酒店集团发生数据泄露事件，攻击者从四年前开始访问其宾客数据库。暴露的记录包括姓名、电话号码、护照详细信息、邮寄和电子邮件地址、客人的抵达和离开信息（在某些情况下，还包括加密的信用卡号码）。经过内部调查，该公司宣布该漏洞影响了约 3.83 亿客人。

实名制用户信息因可以关联到用户，属于典型的个人信息，因而与非实名信息相比，具有更高的数据分析与利用价值，而且实名信息一旦泄露，补救措施往往很难发挥实质性的作用。

此外，由于实名制的实施，实名制后的网络身份成为证明法律主体真实性的评价标准之一。因此，以冒用或购买的方式虚构身份成为规避网络实名制的方法，虚构网络实名身份成为网络诈骗活动的重要帮助手段。

为保障网络实名制得到落实，并且平衡公共管理秩序与个人信息安全的关系，法律主要从以下两个方面进行规制：

（1）个人信息保护技术措施

关于实名身份信息泄露的问题，本质不是该不该实名制，而是如何采取必要

① 《反电诈法》第 17 条规定：“银行业金融机构、非银行支付机构应当建立开立企业账户异常情形的风险防控机制。金融、电信、市场监管、税务等有关部门建立开立企业账户相关信息共享查询系统，提供联网核查服务。市场主体登记机关应当依法对企业实名登记履行身份信息核验职责；依照规定对登记事项进行监督检查，对可能存在虚假登记、涉诈异常的企业重点监督检查，依法撤销登记的，依照前款的规定及时共享信息；为银行业金融机构、非银行支付机构进行客户尽职调查和依法识别受益所有人提供便利。”

的技术措施防范或者降低信息泄露之后的危害。对此，《个人信息保护法》规定了个人信息存储、传输过程的加密和去标识等技术措施。对于个人信息保护的问题，在本书相关章节已经有表述，本处不作展开。

（2）虚构网络身份的法律规制

虚构网络身份，是指用一定的技术手段，并以买卖或冒用的方式，在网络活动中利用他人的身份。虚构网络身份，并不是凭空捏造网络身份，而是利用其他人的身份，注册各类网络应用程序的账号。虚构身份是网络黑产、电信网络诈骗绕过实名验证机制的方式。对于虚构网络身份，《反电诈法》体系化作了规范，主要体现在以下六个方面：

①电话卡实名核验机制

除采用实名制登记外，电信与互联网经营者还应进行实名验证。比如，《反电诈法》第11条规定了电信业务经营者对监测识别的涉诈异常电话卡用户应当重新进行实名核验，根据风险等级采取有区别的、相应的核验措施。① 此外，在将带有物联网卡的物联网设备销售给客户时，也应核验用户身份信息。②

②限制电话卡开卡数量

正常的自然人在使用移动通讯设备时，其数量有合理限度，如果超出一定数量，则不符合常规理解，从而可能会被用于电信网络诈骗或其他黑产。基于此，《反电诈法》规定办理电话卡不应超出国家规定限制的数量。如果超过，则属于异常办卡，电信业务经营者有权加强核查或者拒绝办卡。③

③物联网卡的开卡限制

物联网卡是针对智能终端设备配置的具有通信功能的网卡，常被用于各类智能

---

① 《反电诈法》第11条规定："电信业务经营者对监测识别的涉诈异常电话卡用户应当重新进行实名核验，根据风险等级采取有区别的、相应的核验措施。对未按规定核验或者核验未通过的，电信业务经营者可以限制、暂停有关电话卡功能。"

② 《反电诈法》第12条规定："电信业务经营者建立物联网卡用户风险评估制度，评估未通过的，不得向其销售物联网卡；严格登记物联网卡用户身份信息；采取有效技术措施限定物联网卡开通功能、使用场景和适用设备。单位用户从电信业务经营者购买物联网卡再将载有物联网卡的设备销售给其他用户的，应当核验和登记用户身份信息，并将销量、存量及用户实名信息传送给号码归属的电信业务经营者。电信业务经营者对物联网卡的使用建立监测预警机制。对存在异常使用情形的，应当采取暂停服务、重新核验身份和使用场景或者其他合同约定的处置措施。"

③ 《反电诈法》第10条第1款、第2款规定："办理电话卡不得超出国家有关规定限制的数量。对经识别存在异常办卡情形的，电信业务经营者有权加强核查或者拒绝办卡。具体识别办法由国务院电信主管部门制定。"

终端设备。此次《反电诈法》第12条从国家立法层面，首次将物联网卡纳入了管控范围。管控措施具体包括：其一，电信业务经营者建立物联网卡用户风险评估制度，未通过评估的，不得向其销售物联网卡；其二，登记用户身份信息；其三，采取有效技术措施限定物联网卡开通功能、使用场景和适用设备；其四，销售包含物联网卡设备，应核验和登记用户身份信息，并将信息传送给号码归属的电信业务经营者；其五，建立监测预警机制，对于异常使用的，应暂停服务或者重新核验身份和使用场景等。

④对更改主叫号码的限制

通过改号软件或其他工具对主叫电话号码进行更改，在网络黑产和电信网络诈骗活动中，是较为常见的方法。因此，《反电诈法》第13条规定，电信业务经营者应当规范真实主叫号码传送和电信线路出租，对改号电话进行封堵拦截和溯源核查。

与《反电诈法》第13条对应，《反电诈法》第14条第1款第2项规定，任何单位和个人不得非法制造、买卖、提供具有改变主叫号码、虚拟拨号、互联网电话违规接入公用电信网络等功能的设备、软件。

⑤对有关设备软件的限制

《反电诈法》第14条①将若干类设备、软件的非法制造、买卖、提供、使用列入禁止行列。主要包括：

其一，电话卡批量插入设备。

电话卡批量插入设备，即多卡接收器、多卡槽等设备，也被称为“猫池”（Modem POOL），是基于电话的一种扩充装备。“猫池”可以将相当数量的调制解调器使用特殊的拨号请求接入设备连接在一起，可以同时接受多个用户拨号连接。该设备因这个特点而被大量应用于具有多用户远程联网需求的单位或需要向更多用户提供电话拨号联网服务的单位。

---

① 《反电诈法》第14条规定：“任何单位和个人不得非法制造、买卖、提供或者使用下列设备、软件：（一）电话卡批量插入设备；（二）具有改变主叫号码、虚拟拨号、互联网电话违规接入公用电信网络等功能的设备、软件；（三）批量账号、网络地址自动切换系统，批量接收提供短信验证、语音验证的平台；（四）其他用于实施电信网络诈骗等违法犯罪的设备、软件。电信业务经营者、互联网服务提供者应当采取技术措施，及时识别、阻断前款规定的非法设备、软件接入网络，并向公安机关和相关行业主管部门报告。”

“猫池”设备由于具有支持多卡通信功能，往往被黑产或电信诈骗用在冒用实名手机卡注册账户、使用账户过程中。例如，2022 年 6 月 27 日，广西梧州警方在调查中发现，覃某使用“猫池”设备和实名制手机卡，帮助他人在网络平台进行实名注册账号，侵犯公民个人信息安全。在摸清活动轨迹后，根据“百日行动”工作部署，广西梧州警方立即组织警力展开抓捕。

其二，批量账号、网络地址自动切换系统。

这一类系统主要用于绕开有关网络平台的反电诈监测系统，由于黑产或电信网络诈骗在网络地址分布方面具有一定的规律，采用特定设备切换网络地址，将使网络平台的防黑产或反电诈监测系统无法发挥作用，因此，对于此类设备需要予以限制。

其三，批量接收提供短信验证、语音验证的平台。

通常情况下，在使用“猫池”设备和实名制手机卡进行账号注册的过程中，相关网络平台进行实名验证和反黑产识别的过程中，会采用收集短信验证或语音验证等方式，确保手机卡所在设备由实名登记的用户持有。而此类短信验证平台则通过接收短信验证码，帮助“猫池”设备的使用者进行网络账号注册。

对于上述非法设备、软件的使用，电信业务经营者、互联网服务提供者应当采取技术措施，及时识别、阻断前款规定的非法设备、软件接入网络，并向公安机关和相关行业主管部门报告。

⑥买卖有关实名卡和账号的限制

《反电诈法》第 31 条第 1 款规定，任何单位和个人不得非法买卖、出租、出借电话卡、物联网卡、电信线路、短信端口、银行账户、支付账户、互联网账号等，不得提供实名核验帮助；不得假冒他人身份或者虚构代理关系开立上述卡、账户、账号等。

对于违反上述限制措施的电信业务经营者、互联网服务提供者，《反电诈法》规定了责令改正、警告、通报批评、罚款等处罚措施；对于情节严重的，除进行罚款外，并可处以责令暂停相关业务、停业整顿、吊销相关业务许可证或者吊销营业执照等处罚措施。

二、网络用户实名制的实现路径

在传统的线下交易或事务办理的过程中，用户实名注册或开户并非难事。但在数字化环境下，用户远程注册过程中核验身份却较为复杂。一般而言，有如下实现身份核验的路径：

1. 形式审核加生物特征识别验证

（1）基本过程

相关网站或互联网应用程序的用户在进行注册时，首先需要输入自身的身份证号码，网络运营者在获取用户的身份证号码后，调用人口信息库的数据，确认该用户真实存在。这一过程中，也可以要求用户填入蜂窝移动电话号码，并通过发送手机验证码的方式，验证进行注册的是用户本人。

形式审核通过后，网络运营者在征得用户对于人脸识别数据的授权同意后，通过电脑或手机摄像头扫描获取用户的面部特征模型数据，并将其与公安人口数据库中的面部特征数据进行比对，以审核持有身份证实施注册行为的人是否为身份信息库中登记的本人。此外，虹膜信息的识别、指纹信息识别等生物识别方法也可以发挥同样的作用，但考虑到面部识别特征在公安人口信息数据库中被普遍采用，因此，当前生物识别的最主要渠道仍是面部特征识别。生物特征作为与人体相关性极强的一种特征，具有识别准确率高等特点。但是生物特征识别也具有一定的社会风险，生物特征识别的基础是对用户的生物特征实施扫描并建立数字模型，以数字模型与现有的生物特征比对，从而完成身份的认证。一旦生物识别的数据丢失，意味着按照丢失的数据，通过 3D 打印的方式可以重构一个生物特征体，比如面具、指纹模型、虹膜特征等。另外，由于生物体的不可复制性，人体生物识别特征泄露并遭受仿冒后，改变自身的生物识别特征付出的成本将是极其高昂的。如果网络运营者所保存的巨量生物识别数据被窃取，则对于整个社会秩序造成的危害将是难以估量的。

（2）生物特征识别的安全保障

如上文所述，生物特征具有唯一性、终身伴随性的特征，因此，防范生物特征数据泄露的风险，是个人信息保护体系中非常重要的内容。由于人脸识别应用的广泛性，本书关于生物特征识别的安全保障，也以人脸识别为例进行论述。

对此，我国的相关立法及国家标准进行了必要的尝试。对于人脸识别数据的保护，除了遵循《个人信息保护法》所规定的知情同意原则，以及敏感个人信息处理的原则外，还应履行个人信息保护影响评估义务，并采取相应的加密与去标识的技术措施。此外，全国信息安全标准化技术委员会于2021年4月发布了推荐性国家标准《信息安全技术——人脸识别数据安全要求（征求意见稿）》（以下简称《人脸识别标准》）。

《人脸识别标准》在人脸识别数据的收集、存贮、使用、委托处理、共享、转让、公开披露等方面总体遵循个人信息保护法确立的原则，但是在保护的技术标准和流程方面提出了更为细化的要求。

其一，《人脸识别标准》对人脸图像与人脸特征进行了区分。人脸图像是指自然人脸部信息的模拟或数字表示。人脸图像可通过设备收集，也可对视频、数字照片等进行处理后获得，主要包括可见光图像、非可见光图像（如红外图像）、三维图像等。人脸特征是指从数据主体的人脸图像提取的反映数据主体的参数。

其二，人脸识别的基本安全要求。除遵循《个人信息保护法》及相关法规要求外，《人脸识别标准》对于开展人脸验证或人脸辨识，提出应至少满足以下要求：①非人脸识别方式安全性或便捷性显著低于人脸识别方式（如机场、火车站进行人证比对时，使用人脸识别以外的身份识别方式会导致相关服务便捷性的明显下降）。②原则上不应使用人脸识别方式对不满14周岁的未成年人进行身份识别。③应同时提供非人脸识别的身份识别方式，并提供数据主体选择使用。④应提供安全措施保障数据主体的知情同意权。⑤人脸识别数据不应用于除身份识别之外的其他目的，包括但不限于评估或预测数据主体工作表现、经济状况、健康状况、偏好、兴趣等。

其三，人脸识别数据存储安全要求。除了应遵循《个人信息保护法》关于个人信息存储期限的要求，《人脸识别标准》对于数据控制者提出了有关采取安全措施存储和传输人脸识别数据，包括但不限于加密存储和传输人脸识别数据，采用物理或逻辑隔离方式分别存储人脸识别数据和个人身份信息等存储安全要求。对于人脸识别数据中的人脸图像，则指出不应存储人脸图像，经数据主体单独书面授权同意的除外。

其四，人脸识别数据使用的安全要求。《人脸识别标准》主要提出了如下安全要求：

①应在完成验证或辨识后立即删除人脸图像。

②对于从人脸图像提取的人脸特征数据，应生成可更新、不可逆、不可链接的人脸特征。可更新指从同一人脸图像可产生不同的人脸特征。当特定人脸特征泄露时，可重新生成不同的人脸特征。不可逆指无法从人脸特征恢复人脸图像。不可链接指根据同一人脸图像产生的不同人脸特征之间不具备关联性。

③应具备防护呈现干扰攻击的能力。呈现干扰攻击主要包括使用人脸照片、纸质面具、人脸视频、人脸合成动画、仿真人脸三维面具等攻击和干扰人脸识别。

④在本地和远程人脸识别方式均适用时，应使用本地人脸识别。本地人脸识别是在采集终端中完成人脸识别数据的采集和人脸识别。远程人脸识别是通过采集终端完成人脸识别数据采集，并在服务器端完成人脸识别。

2. 形式审核加交叉验证实施实名验证

（1）基本过程

通过对身份证进行形式审核，并辅以第三方机构的信息交叉完成实名注册的身份认证。相关网站或互联网应用程序的用户在进行注册时，需要用户输入自身的身份证号码，网络运营者在获取用户的身份证号码后，首先调用人口信息库的数据，根据身份证号码与公安人口信息库数据的比对可以确认主体的真实存在。但由于远程操作中无法确定身份证的真伪，或者无法确认操作者是否为本人，因而一般在实施网上实名注册时，还需要用户提供移动电话号码、银行卡卡号等信息。

在手机号码实名注册的前提下，可以通过发送手机短信验证码等方式进行实名注册的身份核实。用户需要在限定时间内，在注册页面或其他操作页面填写本人手机所收到的验证码，验证码与网络运营者发出的验证码一致的情况下，即可以间接证明实施注册或操作页面的用户是手机号码的持有人。

有的金融机构会进一步要求用户绑定银行卡，并保证银行卡所载的身份信息与身份证相同。客户在办理银行卡时，依据有关法律、法规及监管部门的规定，需要以实名方式办理，银行卡往往意味着商业银行已经对客户的身份进行了核实。为了证明银行卡是真实有效的，有的机构在进行认证时会要求用户利用绑定的银行卡支付小额资金以完成验证。但是，上述方法均为间接的身份认证方式，需要通过烦琐、复杂的证据链条锁定主体身份。在实务操作中成本较高，且效力有限。

由于手机号码、银行卡可以用于网络身份验证，因此，通过手机卡、银行卡交易的方式，冒用网络身份的事件也时有发生，甚至因此催生了手机卡、银行卡交易及验证码接码的网络黑产。

（2）安全保障

如前文所述，虽然我国对于电话卡、银行卡实行严格的实名制管理，但由于伪造网络身份有利可图，且对于出售电话卡、银行卡乃至身份证的处罚不够严厉，网络黑产通过收购他人电话卡、银行卡乃至身份证的方式进行牟利的现象仍屡禁不止。为了防止利用伪造网络身份实施电信网络诈骗，《反电诈法》作了相应的规定，详见第七章之“一”之“4”之“（2）虚构网络身份的法律规制”，本处不做赘述。

此外，对于出借、出租电话卡、银行卡等行为，《反电诈法》也作了规定。主要包括对于非法买卖、出租、出借本人有关卡、账户、账号等被用于电信网络诈骗的法律责任作出警示，① 以及不得非法买卖、出租、出借电话卡、物联网卡、电信线路、短信端口、银行账户、支付账户、互联网账号等，不得提供实名核验帮助；不得假冒他人身份或者虚构代理关系开立上述卡、账户、账号。②

对于银行账户、账号出借问题，中国人民银行发布的《人民币银行结算账户管理办法》（部分失效）也有相应的禁止性规定。该管理办法第45条规定，存款人不得出租、出借银行结算账户。③ 第65条对于存款人行为的禁止性规定中，也规定了存款人不得出租、出借银行结算账户，以及对于出租、出借账户违法行为

① 《反电诈法》第30条第1款规定：“电信业务经营者、银行业金融机构、非银行支付机构、互联网服务提供者应当对从业人员和用户开展反电信网络诈骗宣传，在有关业务活动中对防范电信网络诈骗作出提示，对本领域新出现的电信网络诈骗手段及时向用户作出提醒，对非法买卖、出租、出借本人有关卡、账户、账号等被用于电信网络诈骗的法律责任作出警示。”

② 《反电诈法》第31条第1款规定：“任何单位和个人不得非法买卖、出租、出借电话卡、物联网卡、电信线路、短信端口、银行账户、支付账户、互联网账号等，不得提供实名核验帮助；不得假冒他人身份或者虚构代理关系开立上述卡、账户、账号等。”

③ 《人民币银行结算账户管理办法》（部分失效）第45条规定：“存款人应按照本办法的规定使用银行结算账户办理结算业务。存款人不得出租、出借银行结算账户，不得利用银行结算账户套取银行信用。”

的处罚措施。①

3. 通过调用第三方注册信息实施实名验证

调用第三方注册信息实施实名注册，是较为直接并且成本很低的一种实名注册验证路径。有些网络运营者在用户注册时，直接给予用户选择以其他网络平台用户身份登录的权利，用户一旦点击确认并授权，网络运营者根据与第三方网络平台的协议，调用用户在第三方网络平台的注册信息，为用户在本平台完成注册实名验证。调用第三方注册信息实施实名注册，最大的制约因素是第三方进行实名注册时是否进行了准确且完备的身份验证。如果第三方的实名注册验证标准较低，通过第三方注册信息完成实名验证的可靠性也会较低。

一般而言，大型的互联网平台的实名验证信息被第三方调用的概率较大。主要基于以下三点理由：

其一，大型平台的实名验证措施更为严格，可信度也更高。

其二，大型互联网平台往往具有多场景、持续性服务的特点，用户通过购物、社交、金融活动（借贷、支付）等持续的网络行为，重复进行网络身份的确认，各种网络行为通过大数据算法也能够达到身份不断验证的效果。

其三，大型互联网平台往往作为相关服务的入口，身份验证的数据调用更为便利。以某支付类应用为例，该应用界面整合了大量的其他服务提供者。用户点击相关服务提供者的按钮，即可切换到相关服务页面，并根据该页面的提示完成实名注册与验证。此时，调用该互联网平台的数据，具有更高的便利性。

4. 通过数字证书实现实名验证

用户在实名注册的同时，通过数字证书的方式完成身份认证，也是一种可

---

① 《人民币银行结算账户管理办法》（部分失效）第65条规定："存款人使用银行结算账户，不得有下列行为：（一）违反本办法规定将单位款项转入个人银行结算账户。（二）违反本办法规定支取现金。（三）利用开立银行结算账户逃废银行债务。（四）出租、出借银行结算账户。（五）从基本存款账户之外的银行结算账户转账存入、将销货收入存入或现金存入单位信用卡账户。（六）法定代表人或主要负责人、存款人地址以及其他开户资料的变更事项未在规定期限内通知银行。非经营性的存款人有上述所列一至五项行为的，给予警告并处以1000元罚款；经营性的存款人有上述所列一至五项行为的，给予警告并处以5000元以上3万元以下的罚款；存款人有上述所列第六项行为的，给予警告并处以1000元的罚款。"

行的方法。数字证书的认证系统主要是采用PKI建立的，PKI是一种利用公钥加密技术为安全通信提供支持的技术和规范。现代的密码技术强度很大，可以充分地保证密码信息的安全。在现有的技术条件下，其所采用的不对称加密技术被公认具有很高的安全性、不可篡改性和不可抵赖性。数字证书由国家特许的认证中心颁发，认证中心对用户的身份进行严格的审核后，为用户颁发数字证书，通过公钥加密技术对用户的公钥信息和用户的身份信息作了数字签名，把用户的身份信息与公钥绑定在一起。包含用户个人身份信息、公钥和数字签名的一个特殊的电子文件就形成了数字证书。

关于数字证书验证的流程、效力以及数字证书所形成的电子签名效力问题，在本书专门章节有论述，本处不做展开。

以上各种实名注册的身份认证路径各有利弊，相关机构可以根据自身的特点以及相关监管机构的特殊规则，合理确定自身的身份认证路径。

三、伪造网络身份的法律责任

1. 伪造网络身份的法律定性

在电信服务及金融服务实名制的背景下，凭空伪造身份几乎是不可能的。但是，冒用他人的实名制电话卡、银行卡伪造网络身份的活动却较为常见。通常而言，冒用他人电话卡、银行卡伪造网络身份的行为包括以下三个环节：

其一，实名制电话卡、银行卡的收购与转让环节；

其二，利用实名制电话卡、银行卡实施网络身份的注册或验证；

其三，利用网络身份，如社交程序的账号、即时通信工具账号实施诈骗或其他违法行为。

基于此，除《反电诈法》对于伪造网络身份有关的禁止性规定外，《刑法》也规定了相关的罪名，并对上述行为进行了法律界定。

（1）侵犯公民个人信息罪

犯罪人员通常利用管理漏洞或持卡人法律意识的淡薄，从持卡人处进行收购，或者冒用他人身份办理实名卡。在收购后，实施批量转让。此类行为，势必需要利用持卡人的个人信息，或者需要同步转让持卡人的个人信息。这就涉及非法获取、非法转让个人信息的问题。对此，《刑法》第253条之一规定了侵犯公民个人信息罪。

根据司法实践的情况来看，在部分“帮助信息网络犯罪活动罪”的案件中，对于为犯罪活动提供电话卡、银行卡的犯罪嫌疑人适用的罪名即为“侵犯公民个人信息罪①”。

（2）帮助信息网络犯罪活动罪

由于实名制电话卡、银行卡的购买方通常为利用信息网络实施犯罪活动的主体，因而对于出售实名制电话卡、银行卡或者帮助他人利用实名制电话卡、银行卡实施网络身份注册或验证的当事人而言，其行为可能会被界定为“帮助信息网络犯罪活动罪”。

《刑法》第287条之二规定了帮助信息网络犯罪活动罪，即明知他人利用信息网络实施犯罪，为其犯罪提供互联网接入、服务器托管、网络存储、通信传输等技术支持，或者提供广告推广、支付结算等帮助，情节严重的，处3年以下有期徒刑或者拘役，并处或者单处罚金。

最高人民法院、最高人民检察院2019年10月发布的《关于办理非法利用信息网络、帮助信息网络犯罪活动等刑事案件适用法律若干问题的解释》对于“明知他人利用信息网络实施犯罪”进行了相应的界定。②

（3）拒不履行信息网络安全管理义务罪

上述两个罪名主要针对买卖实名制电话卡、银行卡等违法活动，对于网络运营者而言，如果未能履行实名认证义务，则除了行政责任外，也可能会涉及相关的刑事罪名。

---

① 《刑法》第253条之一规定：“【侵犯公民个人信息罪】违反国家有关规定，向他人出售或者提供公民个人信息，情节严重的，处三年以下有期徒刑或者拘役，并处或者单处罚金；情节特别严重的，处三年以上七年以下有期徒刑，并处罚金。违反国家有关规定，将在履行职责或者提供服务过程中获得的公民个人信息，出售或者提供给他人的，依照前款的规定从重处罚。窃取或者以其他方法非法获取公民个人信息的，依照第一款的规定处罚。单位犯前三款罪的，对单位判处罚金，并对其直接负责的主管人员和其他直接责任人员，依照各该款的规定处罚。”

② 最高人民法院、最高人民检察院《关于办理非法利用信息网络、帮助信息网络犯罪活动等刑事案件适用法律若干问题的解释》第11条规定：“为他人实施犯罪提供技术支持或者帮助，具有下列情形之一的，可以认定行为人明知他人利用信息网络实施犯罪，但是有相反证据的除外：（一）经监管部门告知后仍然实施有关行为的；（二）接到举报后不履行法定管理职责的；（三）交易价格或者方式明显异常的；（四）提供专门用于违法犯罪的程序、工具或者其他技术支持、帮助的；（五）频繁采用隐蔽上网、加密通信、销毁数据等措施或者使用虚假身份，逃避监管或者规避调查的；（六）为他人逃避监管或者规避调查提供技术支持、帮助的；（七）其他足以认定行为人明知的情形。”

《刑法》第286条之一规定了拒不履行信息网络安全管理义务罪,[1] 特定情况下，未履行真实身份认证，也会触发该罪名。《信息网络犯罪司法解释》第6条[2]规定，拒不履行信息网络安全管理义务，对绝大多数用户日志未留存或者未落实真实身份信息认证义务的，应当认定为《刑法》第286条之一第1款第4项规定的“有其他严重情节”。

2. 司法打击伪造网络身份的实践案例

（1）认定侵犯公民个人信息罪的案例

【案例】被告人雷某、滕某、周某、韦某、李某侵犯公民个人信息案［（2021）桂01刑终467号］。

【法院查明事实】2019年至2020年，被告人雷某利用其身为中国联通员工的工作便利，在他人不知情的情况下使用他人的身份证信息办理电话卡，后将电话卡出售给被告人滕某，得款78553元。被告人韦某利用帮客户办理贷款的便利，以贷款需要为由，向客户收购电话卡后出售给被告人滕某，得款18622元。被告人滕某将从被告人雷某、韦某处收购来的电话卡再出售给被告人周某、李某，从周某处得款31118元，从李某处得款11212元。被告人周某、李某再将从被告人滕某处收购来的电话卡出售给他人，周某将电话卡出售给他人得款12086元；李某将电话卡出售给他人得款10870元。经查，被告雷某、滕某、周某、韦某、李某出售的电话卡中涉及多起网络诈骗。

【一审判决】被告人雷某犯帮助信息网络犯罪活动罪，判处有期徒刑1年6

① 《刑法》第286条之一第1款规定：“网络服务提供者不履行法律、行政法规规定的信息网络安全管理义务，经监管部门责令采取改正措施而拒不改正，有下列情形之一的，处三年以下有期徒刑、拘役或者管制，并处或者单处罚金：（一）致使违法信息大量传播的；（二）致使用户信息泄露，造成严重后果的；（三）致使刑事案件证据灭失，情节严重的；（四）有其他严重情节的。”

② 最高人民法院、最高人民检察院《关于办理非法利用信息网络、帮助信息网络犯罪活动等刑事案件适用法律若干问题的解释》第6条规定：“拒不履行信息网络安全管理义务，具有下列情形之一的，应当认定为刑法第二百八十六条之一第一款第四项规定的‘有其他严重情节’：（一）对绝大多数用户日志未留存或者未落实真实身份信息认证义务的；（二）二年内经多次责令改正拒不改正的；（三）致使信息网络服务被主要用于违法犯罪的；（四）致使信息网络服务、网络设施被用于实施网络攻击，严重影响生产、生活的；（五）致使信息网络服务被用于实施危害国家安全犯罪、恐怖活动犯罪、黑社会性质组织犯罪、贪污贿赂犯罪或者其他重大犯罪的；（六）致使国家机关或者通信、能源、交通、水利、金融、教育、医疗等领域提供公共服务的信息网络受到破坏，严重影响生产、生活的；（七）其他严重违反信息网络安全管理义务的情形。”

个月。被告人韦某犯帮助信息网络犯罪活动罪，判处有期徒刑 1 年 6 个月。被告人滕某犯帮助信息网络犯罪活动罪，判处有期徒刑 2 年。被告人周某犯帮助信息网络犯罪活动罪，判处有期徒刑 2 年。被告人李某犯帮助信息网络犯罪活动罪，判处有期徒刑 1 年 6 个月。

【二审改判】雷某犯侵犯公民个人信息罪，判处有期徒刑 1 年 6 个月。滕某犯侵犯公民个人信息罪，判处有期徒刑 2 年。周某犯侵犯公民个人信息罪，判处有期徒刑 2 年。韦某犯侵犯公民个人信息罪，判处有期徒刑 1 年 6 个月。李某犯侵犯公民个人信息罪，判处有期徒刑 1 年 6 个月。

（2）认定帮助信息网络犯罪活动罪的案例

【案例】被告人金某、万某、樊某、安某、王某、刘某、吴某帮助信息网络犯罪活动罪案。

【法院查明事实】2019 年 5 月，被告人樊某、金某、安某经事先预谋，在山东搭建了“宜信”接码平台，串连被告人王某、刘某等拥有“猫池”设备及大量手机卡的“卡商”与利用非法获取的他人身份信息批量注册网络 App 账号的陈某 1（另案起诉）等“客户”，在明知“客户”通过从接码平台获取手机号、验证码批量注册网络 App 账号可能用于实施网络犯罪的情况下，仍然通过平台提供的技术支持，为在平台注册账号并支付费用的“客户”提供“卡商”在平台推送的手机号和验证码服务。2019 年下半年，被告人王某、万某、刘某、吴某在明知他人通过从接码平台获取手机号、验证码批量注册网络 App 账号可能用于实施网络犯罪的情况下，仍先后购买“猫池”设备及大量的手机卡，连接“宜信”“致敬”等接码平台成为“卡商”。

【一审判决】一审法院认为，被告人樊某、金某、安某、王某、万某、刘某、吴某明知他人利用信息网络实施犯罪，仍然为其提供帮助，情节严重，上述被告人的行为均已构成帮助信息网络犯罪活动罪。

【二审裁定】二审法院认为，上诉人樊某、金某、安某、王某、万某、刘某、吴某明知他人利用信息网络实施犯罪，仍然为其提供帮助，情节严重，其行为均已构成帮助信息网络犯罪活动罪。原审认定事实清楚，证据确实、充分，定罪准确，审判程序合法。裁定如下：驳回上诉，维持原判。

第八章 电子合同的法律问题

一、电子合同概述

1. 电子合同的概念

电子合同，是指在互联网条件下，当事人之间为明确相互之间的权利义务关系，以电子邮件、电子数据交换或其他电子方式作为要约与承诺的表示方式而达成的协议。

对于电子合同的标准定义，我国法律并未直接予以规定，但是有关法律对于电子合同作了间接的规定。

我国《电子签名法》第 3 条第 1 款、第 2 款规定，“民事活动中的合同或者其他文件、单证等文书，当事人可以约定使用或者不使用电子签名、数据电文。当事人约定使用电子签名、数据电文的文书，不得仅因为其采用电子签名、数据电文的形式而否定其法律效力”。据此，可以看出，我国法律对于采用电子签名、数据电文订立的文书是予以认可的。此处，所提到的使用电子签名、数据电文的文书也包括电子合同。

我国《合同法》（已经被《民法典》取代）也规定了数据电文方式签署合同。《民法典》第 469 条规定，电子合同符合书面形式。该条规定，当事人订立合同，可以采用书面形式、口头形式或者其他形式。书面形式是合同书、信件、电报、电传、传真等可以有形地表现所载内容的形式。以电子数据交换、电子邮件等方式能够有形地表现所载内容，并可以随时调取查用的数据电文，视为书面形式。由此可见，对于数据交换、电子邮件等方式签署的合同，法律认可其符合书面形式的要求，从而认可了电子合同的法律地位。

在商务部2016年发布的《电子合同在线订立流程规范（征求意见稿）》中，将电子合同定义为：电子合同是平等主体的自然人、法人、其他组织之间以数据电文为载体，并利用电子通信手段设立、变更、终止民事权利义务关系的协议。

此外，作为重要的部门法，我国《电子商务法》第三章专章规定了电子商务合同的订立与履行，从而提出了电子商务合同的概念。笔者认为，电子商务合同属于电子合同的类型之一。

《电子商务法》第47条规定："电子商务当事人订立和履行合同，适用本章和《中华人民共和国民法总则》《中华人民共和国合同法》《中华人民共和国电子签名法》等法律的规定。"

对于电子合同的概念，还可以参考《资产管理产品电子合同业务指引》的界定，对于该类电子合同具体定义为："本指引所称电子合同，是指资产管理产品委托人、管理人、托管人之间通过电子信息网络以电子形式达成的，规定当事人之间基本权利义务的法律文件。"

中国证券投资基金业协会于2022年6月2日颁布了《私募投资基金电子合同业务管理办法（试行）》，其中，第2条第1款将电子合同界定为："电子合同，是指私募基金当事人之间以数据电文为载体，并利用电子通信手段设立、变更、终止权利义务关系的协议。电子合同包括但不限于私募基金合同及补充协议、风险揭示书、认申购单、服务业务协议、托管协议、经纪操作协议等文件，实现合同要素字段化。电子合同与纸质合同具有同等法律效力。"

2. 电子合同的特征

电子合同是以数据电文方式签署和保存的合同，不同于传统的书面合同，电子合同具有如下五个特征：

（1）签署过程的低成本

不同于传统的书面方式签订的合同，电子合同以数据电文方式签署。合同在内部流转、报送、审批的过程中，可以全流程通过OA系统进行合同生产、合同修改及审批，可以多方在线协同修改，因而其内部审核成本与审核效率均优于传统的纸质合同。

（2）保存介质的电子化

由于订立合同的双方采用电子数据交换的方式签订合同，合同的生成与签署均通过电子方式进行，因而合同的保存介质由纸张和油墨（墨水）等变为计算机磁盘或光盘中记录的数据。

（3）合同签署及保存的技术要求高

由于构成电子合同的电子数据具有易消失性和易改动性，需要特殊技术手段加以存储和传输。对于传统的纸质合同而言，通常采用签名或骑缝章用于证明纸质合同的效力和完整性；对于电子合同而言，则需要采用电子签名技术，以不对称加密的方法来实现合同文本传输和存储的不可篡改性。因此，电子合同签署及保存的技术要求更高。

（4）签订地规则的改变

由于电子合同的双方无须面对面签署合同，而是通过在线的方式达成合同内容的谈判和修改，因此，电子合同的签约地规则也带来相应的改变。

（5）合同的证据保全方式改变

对于传统的纸质合同而言，通过公证机关公证是合同重要的证据保全方式。而对于电子合同，除了采用传统的公证方式外，第三方数据存证甚至是区块链方式的存证，均可以起到一定的证据保全作用。

3. 电子合同的应用场景

互联网和信息技术的发展在无形之中改变着我们的日常生活和交易行为，也给市场交易带来了诸多便利，这其中就包括实现合同无纸化的电子合同。

我们对于电子合同的认知，实际上可以从电子支付开始。例如，银行用户通过网银进行转账支付，其背后蕴含着一个委托支付的合同关系。又如，证券投资者通过证券公司的系统进行股票交易，买进或者卖出的动作本身也包含了对证券公司的委托合同关系。

对于电子商务交易而言，在线点击商品、确认购买，其实质也是一个买卖合同的订立过程，因此，电子合同的运用是数字化进程中司空见惯的行为。

只是因为很多交易场景的标准化和流程化，或者交易金额较小，人们对于合同的磋商、订立过程不易感知，从而使这些交易中的电子合同不容易受到关注。

而随着金融数字化的发展，越来越多的大额金融交易或者复杂金融交易通过网络开展，围绕这些电子交易，当事人更为关注合同的细节约定。加上监管机构对于金融交易的告知要求的严格性，金融电子合同成为用户感知度较高的电子合同类型。此外，由于金融产品最终体现为虚拟的账务变化，金融产品或服务的交付无须依赖运输和物流，这使金融产品或服务都可以依赖网络和数据电文的交互完成，因而对于电子合同合同的依赖度更高。

电子合同的应用场景非常丰富，可以说，只要有互联网的场景，就有电子合同。这与纸质合同不同，纸质合同虽然与交易伴随，但纸质合同的制作、谈判、签约却可能与交易本身脱离甚至滞后。比如，双方在产生交易意向后，需要各自制作、审核合同并约定签约地点，然后才是合同的缔结。由于签约与交易场景的脱离，使纸质合同效率低下，甚至有时各方因为情绪化的原因无法商定签约地点，也会导致合同无法签订从而影响交易的达成。

电子合同可以用于各种场景，常见的场景如下：

（1）电子商务场景

电子商务是电子合同较为常见的场景之一，卖家在电子商务购物网站上展示商品，买家以点击购买的方式签订电子合同，从而完成交易。在此类交易中，买家往往看不到卖家公示的合同条款，但是通过点击商品并确认沟通，依然可以构成买卖合同关系。事实上，对于此类合同，由于法律关系清晰、权利义务关系较为明确，因此，法律的规定以及电子商务平台的交易规则可以被视为合同的默认组成部分。

《电子商务法》第48条第1款规定，电子商务当事人使用自动信息系统订立或者履行合同的行为对使用该系统的当事人具有法律效力。

（2）各类平台的注册场景

随着数字化的发展，除电子商务、网络金融外，大量的其他机构乃至公共服务机构、政府机关均通过网站、App、小程序等方式为社会公众提供各类服务。在用户注册过程中，一般需要签署注册协议或用户协议，并同意个人信息保护政策。用户协议、注册协议、个人信息保护政策等文本均以电子合同的方式予以体现，用户以点击、手指划写屏幕的方式完成上述电子合同的签署。

（3）网络金融场景

在金融数字化的大背景下，金融机构以网页或App、小程序等方式展示金融产品和服务，金融消费者以点击方式购买金融产品或服务，从而达成金融交易。网络金融场景可以说是最为丰富的交易场景，包括证券、银行、信托、基金、保险等各个领域。网络金融的电子合同签署流程、合同的内容要求，也是各种场景中最为严格的。

（4）混合场景

混合场景主要体现在消费金融和供应链金融领域。以消费金融领域的消费分期或消费贷款为例，消费者在电商网站上购买商品，选择分期支付或者消费贷款，一个点击动作可能同时完成多个合同的签订行为。如果分期消费是以银行或其他金融机构提供消费信贷作为基础，则这一个点击行为将至少产生两个合同：一是消费者与卖家之间的买卖合同；二是消费者作为借款人与金融机构签订的消费分期借款合同。

随着数字化的发展，跨域融合的模式创新会不断出现，混合场景也会不断产生。

（5）其他社会服务场景

如共享单车、网络约车、订餐服务、快件寄递等其他服务场景，通过点击方式或屏幕划写方式，都可以在消费者与服务提供者之间订立电子合同。

（6）公共服务场景

随着数字法治政府的建设，大量的政府行政管理、司法活动开始向线上迁移。此外，公共服务也在不断数字化。以上海市政府的“随申办”为例，“随申办”整合了大量的政府服务职能和公共服务职能，市民通过在线点击方式，即可签订相应的电子合同。

4. 电子合同的价值

（1）降低合同订立成本

合同订立的成本，又称为缔约成本。具体而言，缔约成本包含以下内容：

其一，搜寻成本。搜寻成本即为寻找交易对象而需要支付的费用。在传统合同中，搜寻成本包括交易各方将产品（服务）供求的信息传播出去所需要的费用或者是获取他人产品（服务）供求的信息而需要付出的成本。比如，为获取信息进行的社会交往费用，在专门性的交易场所发布、收集信息花费的费用，将产品进行展示的样品制作费用和展示的场地租金等，或者是通过报纸、杂志、电视、广播等各种形式打广告而支出的费用。在网络环境下，网页制作的费用、通过网站发布广告的费用、电子邮件广告的费用、服务器租用的费用、人工费用等也属于信息搜寻的费用。

其二，谈判与签约成本。谈判成本即交易双（各）方在发现交易的对象后，为达成交易而进行谈判所支出的成本。具体而言，包括发出交易条件的成本与发出同意交易条件（承诺）的成本（发出要约和承诺的邮寄费用、交通费用等）；还包括为会谈而准备的谈判场地费用等。在互联网上，谈判的成本将有所降低。

（2）降低合同管理成本

合同签订后，为了保证按约履行，合同管理通常会成为业务管理中非常重要的内容。电子合同由于其电子化的属性，通常以数据电文方式保存于系统中，通过特定的合同管理软件，可以提取合同的关键要素，并设置相应的预警或管理指标，从而有利于合同管理，降低违约风险。同时，还可以及时监测对方的履约行为，防范本方的损失。

（3）降低违约的救济成本

电子合同的保存可以采用第三方存证或者区块链存证的方式，这意味着当事人在发生纠纷时，可以通过特定的系统将诉讼证据上传至人民法院的系统。特别是对于批量的标准化、法律关系简单的诉讼案件，通过批量上传证据和诉讼辅助程序的分析，提取相应的合同要素，并批量生成判决文书的初稿，这将大大降低诉讼的成本和周期，从而降低合同的违约救济成本。

5. 电子合同的效力

我国的《民法典》《电子签名法》等法律均认可电子合同的效力。但是，对于电子合同效力，《民法典》规定了例外条款，具体包括恶意串通，损害他人合法权益，违反法律、行政法规的强制性规定或违背公序良俗等情形。

此外，在金融等特定行业的电子合同订立过程中，由于行业的许可经营制度，特定的电子合同只能由特定主体签订。如果不具备签订相关电子合同的主体资格，也可能导致合同因违反法律、法规的强制性规定而被司法机关或仲裁机构认定为无效。

《电子签名法》第 3 条规定，民事活动中的合同或者其他文件、单证等文书，当事人可以约定使用或者不使用电子签名、数据电文。当事人约定使用电子签名、数据电文的文书，不得仅因为其采用电子签名、数据电文的形式而否定其法律效力。这一规定也确立了电子合同的法律效力。

与此同时，《电子签名法》第 3 条还规定了不适用电子数据方式签署文书的情形：（1）涉及婚姻、收养、继承等人身关系的；（2）涉及停止供水、供热、供气等公用事业服务的；（3）法律、行政法规规定的不适用电子文书的其他情形。

对于上述不适用电子数据方式签署文书的情形，是否必然导致电子合同无效，笔者认为应综合认定。上述情形的主要目的是保护相关当事人利益，如果有关文书系平等主体意思自治范围内，则不宜一概认定无效。比如，用水单位因搬迁、停产，与水务公司签订了协议，停止供水是双方意思一致的行为，则此种情况下签订的合同并不属于上述文书的范围。

对于电子合同的效力，各级人民法院的裁判文书一般均予以支持。比如，戎某与某银行合同纠纷一案二审民事裁定书［（2017）浙民终2899号］认定，用户在网络交易平台开立账号的过程中已经确认相关协议的，不能以其未签字盖章而否认协议效力。二审法院经审查认为，结合相关证据，可以认定当事人戎某在网上开户过程中确认了《客户协议书》内容的事实。当事人仅以其未签字盖章为由否认《客户协议书》的真实性，依据不足。

当然，电子合同效力判断的因素与纸质合同相同，对于特定行业的电子合同，还应考虑合同签订是否违反相关法律法规。比如，对于金融电子合同的签订，法律即规定了相应的流程，如果合同当事方未能按照相关流程办理，即使能够证明合同的真实签署，仍可能因为违反金融产品销售的说明义务而被认定为无效或可撤销。

在刘某诉某保险公司人身保险合同纠纷一案中，法院认为：通过互联网开展保险业务签署的无纸化电子合同并未降低保险人明确说明义务的履行标准。根据《保险法》及司法解释的相关规定，保险人应向投保人说明格式条款的内容，尤其是免除保险人责任的条款，保险人应对上述内容切实履行提示和明确说明义务，使投保人了解在犹豫期后退保的后果、分红的预期测算情况以及收益的不确定性。尤其是在大额保险业务中，保险人不仅应按照司法解释相关规定的要求让投保人对保险人履行明确说明义务签字确认，更应规范保险营销工作，让投保人全面了解保险责任、退保损失、分红测算等内容。在本案中，投保人在未实际阅读、了解保险合同内容的情况下，即签名确认相关文件，亦具有一定过失。法院认为，本案应撤销保险合同，上诉人返还被上诉人所缴纳的保费，被上诉人返还上诉人累计获得的红利和生存保证金。

二、电子合同签约平台

电子合同是以数据电文交互方式所签订的合同，这与口头合同或者传统的纸质书面合同有所不同，数据电文交互必须借助于信息系统，完成数据电文的生成、传输、交互、存储、溯源。因此，电子合同的签署需要依托特定的信息系统。比如，对于金融机构而言，其网络银行系统即可被视为电子合同的签约平台，而电子商务平台则是典型的电子合同签约平台。

根据平台控制主体的不同，电子合同签约平台可以分为第三方平台和非第三方平台。

第三方平台，是指平台本身不是电子合同双方的主体之一，而是为交易各方提供信息展示、数据交互、数据存储、纠纷调处、举证支持服务的电子平台，如各类第三方电子商务平台、第三方金融信息服务平台等。

非第三方平台，是指平台提供方本身作为电子合同的主体之一，并在平台上提供自身的业务服务、信息展示、合同签约、数据交互、数据存储等服务的平台。各类自营平台的电子商务经营者、网络银行、游戏公司、出行服务提供者及其他各类依托互联网直接提供服务或开展业务的平台，均属于非第三方电子合同签约平台。

非第三方平台与第三方平台的差异主要在于，平台经营者是否为交易的一方当事人。按照民事诉讼证据的原理，如果是一方当事人，则在发生争议时，其提供的电子数据证据因存在利害关系，法院或仲裁机构对其证明效力的认定较第三方签约平台提供的电子数据更为严格。

1. 电子合同平台用户管理要求

合同订立主体明确，是合同订立的前提。这就要求电子合同平台应建立完善的用户识别、实名验证、实名注册的体系。

线下签约往往发生在熟人社会，通过面对面的签约方式确定签约的对象是否为双方所确定的交易对象。在数字化环境下，网上签约的过程中，能够依赖的只能是平台的身份核验机制。最高人民法院在《关于互联网法院审理案件若干问题的规定》中，对于电子数据的真实性审查的要素，即包含电子数据的生成主体是否明确，实际上是对于身份核验机制的要求。我国有关法律及规范对于电子合同平台的身份核验均作了相应规定。

(1)《电子商务法》的规定

电子商务法是专门规范电子商务活动的法律，其中对于电子商务平台的身份验证进行了规定，这一规定可以视为对电子合同签约平台的身份验证要求。

《电子商务法》第27条规定：电子商务平台经营者应当要求申请进入平台销售商品或者提供服务的经营者提交其身份、地址、联系方式、行政许可等真实信息，进行核验、登记，建立登记档案，并定期核验更新。

该法第28条进一步将身份核验与市场主体管理进行结合，电子商务平台经营者应当按照规定向市场监督管理部门报送平台内经营者的身份信息，提示未办理市场主体登记的经营者依法办理登记，并配合市场监督管理部门，针对电子商务的特点，为应当办理市场主体登记的经营者办理登记提供便利。

(2)其他规范及标准的规定

商务部2016年发布的《电子合同在线订立流程规范（征求意见稿）》对于合同缔约人身份登记作了明确的界定。虽然该规范并未生效，但相关内容仍可借鉴。首先，合同缔约人在首次使用电子合同订立系统时应按系统要求填写自己真实的身份信息，在身份信息发生变动时应及时办理变更登记。合同缔约人是企业时，应填写企业名称、主要办公地或住所、法定代表人或联系人姓名、联系方式和企业工商登记等信息。合同缔约人是个人时，应填写本人姓名、有效身份证件号码、住所或地址、联系方式等信息。合同缔约人所签订的合同涉及许可经营的，缔约人应登记许可证所载信息。

其次，电子合同订立系统设立人应当采用技术手段对合同缔约人的真实身份进行验证或核实。电子合同订立系统设立人对于合同缔约人身份信息无法验证或未核实的，应以醒目方式提示或告知合同缔约人。

而在中国证券投资基金业协会于2022年发布的《私募投资基金电子合同业务管理办法（试行）》中，对于基金电子合同平台经营电子合同业务也规定了身份核验的义务。该办法第9条第1款规定，电子合同业务应当包括私募基金当事人身份管理，包括身份的识别、认证、变更和注销等。

此外，对于非第三方电子合同平台，相关法律法规也有实名制验证的要求。比如，在商业银行、证券公司、保险公司等机构的网络金融业务办理过程中，实名制验证既是金融监管的要求，也是网络业务的基本要求。

2. 电子合同平台的网络安全与数据安全要求

电子合同是以数据电文方式签订的合同，数据电文的传输、交互均依托于特定的网络与信息系统。这些系统功能的可靠与稳定，数据的安全与不可篡改，均关系电子合同内容的证明与举证。

电子合同平台因为签约服务场景的需要，会收集大量的用户信息，包括企业或个人信息、商务信息、合同文本信息等。作为第三方平台，法律对于其数据安全和个人信息保护义务也作了相应的规定。

比如，《电子商务法》第23条即概括规定，电子商务经营者收集、使用其用户的个人信息，应当遵守法律、行政法规有关个人信息保护的规定。该法还规定了用户的信息查询、更正、删除权利以及用户注销的方式、程序等。① 此外，该法对于电子商务平台的网络安全、稳定运行，制定网络安全事件应急预案、网络安全事件的报告义务，② 以及确保信息的完整性、保密性、可用性的义务③也作了详细的规定。

《私募投资基金电子合同业务管理办法（试行）》也规定，协会对从事电子合同服务业务的机构开展登记，应具备完善的防火墙、入侵检测、数据加密等网络安全设施和管理制度，能够有效防止数据外泄和外部非法入侵；取得公安部颁发的信息系统安全等级保护第三级备案证明以及中国国家认证认可监督管理委员会认证名录机构颁发的信息安全管理体系认证。

《私募投资基金电子合同业务管理办法（试行）》还规定了基金销售机构建

---

① 《电子商务法》第24条规定："电子商务经营者应当明示用户信息查询、更正、删除以及用户注销的方式、程序，不得对用户信息查询、更正、删除以及用户注销设置不合理条件。

电子商务经营者收到用户信息查询或者更正、删除的申请的，应当在核实身份后及时提供查询或者更正、删除用户信息。用户注销的，电子商务经营者应当立即删除该用户的信息；依照法律、行政法规的规定或者双方约定保存的，依照其规定。"

② 《电子商务法》第30条规定："电子商务平台经营者应当采取技术措施和其他必要措施保证其网络安全、稳定运行，防范网络违法犯罪活动，有效应对网络安全事件，保障电子商务交易安全。

电子商务平台经营者应当制定网络安全事件应急预案，发生网络安全事件时，应当立即启动应急预案，采取相应的补救措施，并向有关主管部门报告。"

③ 《电子商务法》第31条规定："电子商务平台经营者应当记录、保存平台上发布的商品和服务信息、交易信息，并确保信息的完整性、保密性、可用性。商品和服务信息、交易信息保存时间自交易完成之日起不少于三年；法律、行政法规另有规定的，依照其规定。"

设电子合同业务系统的原则及数据安全义务。[①] 该办法第20条还规定了私募基金当事人、电子合同业务服务机构及其工作人员泄露或不当使用数据的责任。[②]

对于数据的保密性、完整性和不可否认性，《私募投资基金电子合同业务管理办法（试行）》第21条也作了明确的规定。[③]

对于非第三方电子合同签约平台而言，其本身作为网络运营者和数据处理者或个人信息处理者的地位，决定其应按照《网络安全法》《数据安全法》《个人信息保护法》等相关法律做好其网络安全、数据安全工作。

3. 平台的证明义务

除了为签订电子合同提供支持外，发生争议时，提供与电子合同签约有关的电子数据证明，是电子合同的重要价值之一。因此，对于电子合同签约平台的义务，有关法律作了规定。

我国《电子商务法》第62条规定，在电子商务争议处理中，电子商务经营者应当提供原始合同和交易记录。因电子商务经营者丢失、伪造、篡改、销毁、隐匿或者拒绝提供前述资料，致使人民法院、仲裁机构或者有关机关无法查明事实的，电子商务经营者应当承担相应的法律责任。

按照《电子商务法》的规定，保存原始合同是其基本义务，如果电子合同因丢失、伪造、篡改、销毁、隐匿或者拒绝提供，而导致法院或仲裁机构无法查明事实，电子商务平台应承担法律责任。

对于电子商务平台而言，自行保存电子合同数据，或者引入第三方存证机构帮助保存，均是可以采取的方案。

《私募投资基金电子合同业务管理办法（试行）》对于电子合同数据的保存也作了相应的规定。该办法第23条规定，私募基金当事人、电子合同业务服务

---

① 《私募投资基金电子合同业务管理办法（试行）》第10条规定："电子合同业务服务机构与其服务的合同当事人原则上不得为同一机构。基金销售机构在符合本办法规定的前提下，可以自建电子合同业务系统，为其销售的产品提供电子合同业务服务，同时应当做好与托管（如有）等其他业务间的风险隔离，保证数据安全。"

② 《私募投资基金电子合同业务管理办法（试行）》第20条规定："私募基金当事人、电子合同业务服务机构及其工作人员中的任何一方泄露或者不正当使用私募基金业务活动相关数据的，应当立即改正并采取有效措施保证数据安全，造成损失的应依法承担赔偿责任。"

③ 《私募投资基金电子合同业务管理办法（试行）》第21条规定："电子合同业务服务机构应当保证数据传输的保密性、完整性和不可否认性。"

机构、电子合同数据存证机构应妥善保管电子合同业务相关数据，其保存期限自基金账户销户之日起不得少于20年。

除了法律规定外，最高人民法院的司法解释也对平台的数据保存和证明义务作了规定。最高人民法院《关于互联网法院审理案件若干问题的规定》第5条规定，互联网法院审理案件所需涉案数据，电子商务平台经营者、网络服务提供商、相关国家机关应当提供，并有序接入诉讼平台，由互联网法院在线核实、实时固定、安全管理。诉讼平台对涉案数据的存储和使用，应当符合《网络安全法》等法律法规的规定。

三、电子合同的签署及履行

1. 电子合同的签署方式

与传统纸质合同以签字、盖章作为签署方式不同，电子合同的签署方式较为多样化，主要的签署方式包括以下五种：

（1）以点击或屏幕划写方式签署

在这一方式中，合同一方以电子格式合同方式或者特定合同文本的方式，在网页或者App、小程序的页面展示合同内容，并以预先告知的方式表示合同展示方认可该合同内容并确认已经同意合同内容。合同的相对方在阅读合同内容后，在网页或者合同上的相应位置进行点击确认，或者在页面另行弹出的划写签名对话框进行手写划写签名，从而确定其认可合同的内容并接受合同的约束。

点击或者屏幕划写方式签订的电子合同，对于双方的意思表示确定，通常需要通过系统日志记录等方式予以追溯和确定，而且系统数据是否被篡改或者被部分删减，需要对系统进行技术鉴定，证明的难度及成本较高。

（2）以电子邮件方式签署

电子邮件方式签署的方式下，合同一方主体以电子邮件方式发送正文或者附件，邮件正文或者附件内容具备完整合同的基本内容，发送方表明自己认可合同内容并接收合同内容的约束；另一方则在邮件正文或附件中添加本方的意思表示，表明认可合同内容，并接受合同约束。在此情况下，即视为已经完成了电子合同的要约与承诺过程，合同完成订立。

电子邮件签约与点击或屏幕划写签名的方式相同，也要依赖于邮件系统数据不可篡改的证明。

(3) 以电子签名方式签署

以电子签名方式签署合同，是以点击或屏幕划写方式签署合同与以电子邮件方式签署合同的延伸。不同的是，在电子签名签署合同的场景下，通常需要调用合同签署方的电子签名制作数据，完成电子签名。也就是说，在点击或者屏幕划写的同时，系统检测到电子合同签署方有效的数字证书，即可调用签名制作数据签署合同。对于电子合同接收方而言，则可以通过对电子签名进行验证，从而确定合同签署方的身份。

(4) 以即时通信工具方式签署

通过即时通信工具进行的信息交互，也可以构成法律上所认可的要约与承诺，从而可以通过双方的信息交互完成合同的订立。一方在微信、QQ 等即时通信工具中发出合同内容，另一方表示同意，在形式上可以视为合同订立。

对于微信方式完成的意思表示，最高人民法院在有关司法解释和指导性案例中，均予以认可。

与以点击/屏幕划写方式签署合同及以邮件方式签署合同的证明类似，即时通信工具系统交互的数据证明，除了展示客户端所记载的文档交互记录外，如果一方提出异议，还需通信平台提供相应的系统记录，以证明相关记录的完整性与不可篡改性。

(5) 线上与线下结合的签署方式

线上与线下结合的方式，是指合同一方的意思表示在线下完成，而另一方通过在线确认合同的方式与对方签署合同。在实践中，线上与线下结合的合同比较常见。比如，在一些金融产品中介平台操作中，金融产品的提供方与中介平台通常在线下签订协议，金融机构在金融产品合同上预先加盖公章，并由中介网络平台将金融产品的销售合同以电子合同形式在网站或 App 平台上进行展示，然后由投资人点击购买。这个流程中，金融机构对于文本的签署动作往往是在线下完成的，而投资人的签署动作则是通过在线点击完成的。

线上与线下结合的方式签署的合同，其意思表示的判断应分别按照线下签署规则和线上签署规则进行判断。

2. 意思表示的生效

意思表示是合同一方将自身的意思以某种方式传递给对方，意思表示的传递是合同签订的基本方式。按照我国《民法典》第 137 条第 1 款的规定，以对话方式作出的意思表示，相对人知道其内容时生效。这一规定适用于传统的合同签订方式。对于电子合同签署而言，上述方式仍然适用。

然而，不同于传统的纸质合同签署，电子合同签订过程中，意思表示的“知道”或“到达”的判断，由于远程化签署的特点而变得较难判断。

比如，在数据电文签署的方式下，合同双方通常是处于远程状态，而且除了即时通信工具外，通常是以非对话方式进行合同签署，而意思表示做出的地点可能包括本地设备界面、远程登录的系统界面。此时，如何确定意思表示“达到”的标志，不仅关系合同签订的问题，还涉及诉讼管辖。

对此，《民法典》第 137 条第 2 款规定，以非对话方式作出的采用数据电文形式的意思表示，相对人指定特定系统接收数据电文的，该数据电文进入该特定系统时生效；未指定特定系统的，相对人知道或者应当知道该数据电文进入其系统时生效。当事人对采用数据电文形式的意思表示的生效时间另有约定的，按照其约定。

按照这一规定，首先，以数据电文进入特定系统作为数据电文生效的时间。比如，对于电子合同签约平台签约的方式，数据电文进入系统的时间，即为合同一方登录系统，并在系统上完成操作的时间；对于电子邮件方式签署的合同，则可约定以发出方邮件进入接收方邮件系统为意思表示生效的时间。其次，虽然未指定特定系统，但当事人知道其行为将在对方系统中形成数据电文的记录，则该种情况也构成意思表示的生效时间。

3. 电子合同的成立

按照《民法典》的规定，依法成立的合同，自成立时生效，法律另有规定或者当事人另有约定的除外。合同成立的时间，需要根据承诺生效的时间予以确定。对于承诺生效时间，也同样适用意思表示的生效规定。《民法典》第 484 条规定，以通知方式作出的承诺，生效的时间适用本法第 137 条的规定。承诺不需要通知的，根据交易习惯或者要约的要求作出承诺的行为时生效。

合同成立以承诺的生效为标志，作为意思表示的一种，对于电子化方式做出的意思表示，在上述“2. 意思表示的生效”部分已经论述，本处不再展开。

4. 电子合同的履行时间

电子合同的履行与传统合同的履行并无本质差异。需要关注的是，对于某些以电子方式进行交付和履行的合同而言，其履行行为的判断规则具有特殊性。对于电子合同的履行，《民法典》第 512 条规定了以下几种情况：（1）通过互联网等信息网络订立的电子合同的标的为交付商品并采用快递物流方式交付的，收货人的签收时间为交付时间。（2）电子合同的标的为提供服务的，生成的电子凭证或者实物凭证中载明的时间为提供服务时间；前述凭证没有载明时间或者载明时间与实际提供服务时间不一致的，以实际提供服务的时间为准。（3）电子合同的标的物为采用在线传输方式交付的，合同标的物进入对方当事人指定的特定系统且能够检索识别的时间为交付时间。（4）电子合同当事人对交付商品或提供服务的方式、时间另有约定的，按照其约定。

四、电子合同的争议解决

1. 合同签订地

合同签订地的判断，是确定诉讼管辖法院的重要依据之一。不同于面对面签署的合同，电子合同签订地的判断需要结合意思表示的做出方式及生效地点进行判断。

按照承诺的法律效力来看，承诺生效的地点即为合同成立地点。在以传统书面方式签订合同的场景下，通常以最后签名、盖章或者按指印的地点为合同成立的地点，即合同的签订地。但在以数据电文签署合同的情况下，并不具备有形的签名、盖章或按指印的动作，以最后签名、盖章或者按指印的地点来判断合同成立的地点，不具有可操作性。因此，《民法典》第 492 条第 2 款规定，采用数据电文形式订立合同的，收件人的主营业地为合同成立的地点；没有主营业地的，其住所地为合同成立的地点。当事人另有约定的，按照其约定。

这一规定与《合同法》（现已废止，相关内容由《民法典》规定）第 34 条第 2 款的规定类似："采用数据电文形式订立合同的，收件人的主营业地为合同成立的地点；没有主营业地的，其经常居住地为合同成立的地点。当事人另有约定的，按照其约定。"我国《电子签名法》第 12 条也作了类似规定："发件人的主营业地为数据电文的发送地点，收件人的主营业地为数据电文的接收地点。没有主营业地的，其经常居住地为发送或者接收地点。当事人对数据电文的发送地点、接受地点另有约定的，从其约定。”

不同的是，《合同法》与《电子签名法》规定如果没有主营业地的，其经常居住地为合同成立的地点，而《民法典》则以住所地为合同成立地点。究其原因，是因为当事人的住所地为法定登记地址较为容易判断，而经常居住地则需要另行举证，且举证与判断存在困难，会增加另一方当事人诉讼的负担。

需要注意的是，《民法典》第492条规定的以收件人主营业地为合同生效地的判断原则，与《民法典》第137条第2款所规定的以数据电文进入特定系统作为生效时间采用的是不同的判断原则。《民法典》第137条第2款规定：“以非对话方式作出的采用数据电文形式的意思表示，相对人指定特定系统接收数据电文的，该数据电文进入该特定系统时生效；未指定特定系统的，相对人知道或者应当知道该数据电文进入其系统时生效。当事人对采用数据电文形式的意思表示的生效时间另有约定的，按照其约定。”

上述规定将会导致判断合同生效的时间与合同签署地点存在不同的标准，即合同的生效时间以数据电文进入特定系统的时间为准，而合同的签订地点则以收件方（接收承诺方）的主营业地或住所地为准。

以主营业地或住所地作为判断标准，实际上是将数据电文签约方式的签订地判断规则，最大限度地向传统的书面合同签订地判断规则靠拢。由于在信息化条件下，特别是在云服务日渐普及的情形下，很多企业的主营业地或住所地往往与其电子签约平台系统或邮件系统服务器及系统的物理载体所在地不同，而对方当事人和人民法院在判断系统所在地的问题上，也会面临较高的举证和调查成本，因此，从有利于合同履行和便利诉讼的角度考虑，将数据电文接收方的主营业地或住所地认定为合同签订地，更符合诉讼便民的原则。

而将数据电文进入特定系统时间作为意思表示生效时间，则是因为数据电文的传输、接收必须依赖特定信息系统，因此，系统时间作为判断意思表示生效时间，是数据电文的传输属性所决定的。

2. 电子合同的履行地

由于合同履行地可以被约定为民事诉讼的管辖法院确定方式，因此，电子合同的履行地判断也具有重要的意义。

（1）传统合同的履行地确定

按照《合同法》（后被《民法典》取代）、《民法典》、最高人民法院《关于适用〈中华人民共和国民事诉讼法〉的解释》等法律及司法解释确定的原则，对于合同履行地点，如果有明确约定，按照约定。如果没有约定或者约定不明确，一般就按照如下原则确定履行地点：

给付货币的，在接受货币一方所在地履行；交付不动产的，在不动产所在地履行；其他标的，在履行义务一方所在地履行。对此，原《合同法》第62条①、最高人民法院《关于审理民间借贷案件适用法律若干问题的规定》第3条②、最高人民法院《关于适用〈中华人民共和国民事诉讼法〉的解释》第18条③以及《民法典》第511条均采纳了这样的原则。如《民法典》第511条即规定："当事人就有关合同内容约定不明确，依据前条规定仍不能确定的，适用下列规定：……（三）履行地点不明确，给付货币的，在接受货币一方所在地履行；交付不动产的，在不动产所在地履行；其他标的，在履行义务一方所在地履行。"④

（2）电子合同履行地

对于电子合同的履行地，相关法律规定的原则与上述（1）确定的原则存在一定差异。主要体现在两个方面：一是通过信息网络交付标的的情况；二是其他方式交付标的的情况。

---

① 原《合同法》第62条第3项规定："履行地点不明确，给付货币的，在接受货币一方所在地履行；交付不动产的，在不动产所在地履行；其他标的，在履行义务一方所在地履行。"

② 最高人民法院《关于审理民间借贷案件适用法律若干问题的规定》第3条规定，借贷双方就合同履行地未约定或者约定不明确，事后未达成补充协议，按照合同相关条款或者交易习惯仍不能确定的，以接受货币一方所在地为合同履行地。

③ 最高人民法院《关于适用〈中华人民共和国民事诉讼法〉的解释》第18条规定："合同约定履行地点的，以约定的履行地点为合同履行地。合同对履行地点没有约定或者约定不明确，争议标的为给付货币的，接收货币一方所在地为合同履行地；交付不动产的，不动产所在地为合同履行地；其他标的，履行义务一方所在地为合同履行地。即时结清的合同，交易行为地为合同履行地。合同没有实际履行，当事人双方住所地都不在合同约定的履行地的，由被告住所地人民法院管辖。"

④《民法典》第511条规定："当事人就有关合同内容约定不明确，依据前条规定仍不能确定的，适用下列规定：（一）质量要求不明确的，按照强制性国家标准履行；没有强制性国家标准的，按照推荐性国家标准履行；没有推荐性国家标准的，按照行业标准履行；没有国家标准、行业标准的，按照通常标准或者符合合同目的的特定标准履行。（二）价款或者报酬不明确的，按照订立合同时履行地的市场价格履行；依法应当执行政府定价或者政府指导价的，依照规定履行。（三）履行地点不明确，给付货币的，在接受货币一方所在地履行；交付不动产的，在不动产所在地履行；其他标的，在履行义务一方所在地履行。（四）履行期限不明确的，债务人可以随时履行，债权人也可以随时请求履行，但是应当给对方必要的准备时间。（五）履行方式不明确的，按照有利于实现合同目的的方式履行……"

对于通过信息网络方式订立买卖合同，并通过信息网络交付标的的情况，合同履行地为买受人住所地；通过其他方式交付标的的，收货地为合同履行地。①

对于上述规定，可以看出，电子合同的履行地确认，可以分为三种情况：

①以非线上方式交付标的

如果电子合同的交付方式采用的是非线上方式，则合同履行地判断规则仍按照传统合同的判断规则，即以收货地作为合同履行地。比如，在电子商务活动中，如果通过快递方式将标的寄送给收货人，则收货人指定的收货地址即为合同的履行地。

此外，对于其他类型的电子合同，履行地判断规则也同样适用传统的合同履行地判断规则。比如，对于以电子方式签订的借款协议，履行地约定不明的情况下，以接受货币一方所在地为合同履行地。财产租赁合同、融资租赁合同以租赁物使用地为合同履行地。②

②以线上方式交付标的

线上方式交付如果按照传统的收货地原则进行判断，会出现地址判断上的困难。在数字化环境下，当事人的实际地址与其系统部署的服务器地址可能是不一样的，特别是在云部署的情况下，当事人的住所地与服务器往往并不在一个地方。作为交付的双方，往往很难证明服务器所在地址，即使能够证明，对于交易双方而言，在服务器所在地法院解决纠纷，对于双方都会增加诉累。因此，我国法律对于以信息网络交付标的的情况，规定了合同履行地为买受人住所地，而并未采用收货地原则。

③与履行时间的衔接

对于以信息网络交付标的的情况，在诉讼中需要考虑与履行时间的衔接问题。合同履行地判断目的是确定管辖法院，而履行时间则是判断是否履行以及是否按照约定时间履行的标准。《民法典》第512条第2款规定，电子合同的标的

---

① 最高人民法院《关于适用〈中华人民共和国民事诉讼法〉的解释》第20条规定："以信息网络方式订立的买卖合同，通过信息网络交付标的的，以买受人住所地为合同履行地；通过其他方式交付标的的，收货地为合同履行地。合同对履行地有约定的，从其约定。"

② 最高人民法院《关于适用〈中华人民共和国民事诉讼法〉的解释》第19条规定："财产租赁合同、融资租赁合同以租赁物使用地为合同履行地。合同对履行地有约定的，从其约定。"

物为采用在线传输方式交付的，合同标的物进入对方当事人指定的特定系统且能够检索识别的时间为交付时间。

上述规定可以看出，交付时间采用的是服务器标准，即在线传输的数据电文进入对方指定系统的时间。比如，买受方是一家位于北京的公司，但系统部署在某公有云服务厂商的服务器中，而服务器位于贵州，那么数据电文进入指定系统的时间应以系统时间为准，一旦数据进入该系统，则视为已经完成了履行。但在确定履行地的时候，则应确定北京为合同履行地。

3. 电子合同争议解决的管辖地

由于合同履行地可以被约定为民事诉讼的管辖法院确定方式，因此，电子合同履行地的判断也具有重要的意义。

对于电子合同争议的管辖地确定，仍需遵循民事诉讼法规定的基本原则，即有专属管辖的，按照其规定。对于没有规定专属关系的，则可以约定管辖地，但应选择与争议有实际联系的地点的人民法院管辖。《民事诉讼法》第 35 条确定的“与争议有实际联系”原则，该约定的管辖地需与争议有实际联系，实践中一般包括被告住所地、合同履行地、合同签订地、标的物所在地等。①

正如前文对于电子合同签订地的表述，《民法典》第 492 条第 2 款规定，采用数据电文形式订立合同的，收件人的主营业地为合同成立的地点；没有主营业地的，其住所地为合同成立的地点。当事人另有约定的，按照其约定。

虽然法律规定当事人另有约定的，按照其约定。但在司法实践中，对于约定的合同签订地，判断标准往往比较复杂。

比如，在西安长涛网络小额贷款有限公司小额借款合同纠纷案［（2021）京 04 民终 180 号］中，双方电子合同管辖约定合同签订地为北京市朝阳区。但法院最终认定：本案中电子合同约定的合同签订地与案件争议不存在实际联系，法院不予受理本案。

法院的裁判理由为：线上协议系在互联网虚拟空间达成，不同于线下书面约定合同签订地，线上协议中约定的合同签订地应与案件争议存在实际联系。本案

① 《民事诉讼法》第 35 条规定：“合同或者其他财产权益纠纷的当事人可以书面协议选择被告住所地、合同履行地、合同签订地、原告住所地、标的物所在地等与争议有实际联系的地点的人民法院管辖，但不得违反本法对级别管辖和专属管辖的规定。”

虽然双方在互联网上签订的借款合同中约定与本合同有关的争议向协议签订地人民法院提起诉讼，但涉案为电子合同，虽该协议约定合同签订地为北京市朝阳区，但双方当事人签字或盖章都是网络操作，北京市朝阳区并非合同实际签订地。现有证据亦不能证明本案约定的合同签订地与案件争议存在实际联系。上诉人主张的其员工微信号登记的所在地及手机号的归属地均不能证明协议约定的签订地与案件争议存在实际联系，故该协议管辖应属无效。依据《民事诉讼法》第24条规定，因合同纠纷提起的诉讼，由被告住所地或者合同履行地人民法院管辖。

此外，在郭某某、重庆度小满小额贷款有限公司（以下简称度小满公司）等小额借款合同纠纷案［（2022）最高法民辖27号］中，法院认为，本案中约定的合同签订地与本案争议没有实际联系，裁定移送至被告住所地。

本案中，《重庆度小满小额贷款有限公司借款协议》系通过互联网方式签订。借款协议载明“签署地、实际履行地为北京市海淀区，发生争议由协议签署地人民法院管辖”。

法院认为，本案系互联网借贷引发的合同纠纷。借款协议管辖约定“签署地、实际履行地为北京市海淀区，发生争议由协议签署地人民法院管辖”。出借人度小满公司、借款人郭某某住所地均不在北京市海淀区，现有证据材料无法证明当事人系在北京市海淀区签订并履行案涉借款协议，北京市海淀区与本案争议没有实际联系。此类互联网借贷纠纷，出借方一方主体特定、借款方一方主体不特定，存在面广量大的情形，虽然协议选择北京市海淀区人民法院管辖，系双方当事人在案涉合同中进行的明确约定，但是在无证据材料可以证明北京市海淀区与本案争议有实际联系的情况下，如就此认定北京市海淀区人民法院是本案的管辖法院，势必造成大量案件通过协议管辖进入约定法院，破坏正常的民事诉讼管辖秩序，故案涉协议管辖条款无效。

《民事诉讼法》第24条规定，因合同纠纷提起的诉讼，由被告住所地或者合同履行地人民法院管辖。度小满公司住所地位于重庆市北碚区，重庆市北碚区人民法院是本案的管辖法院。

对于以服务器所在地签订的电子合同，服务器所在地是否与案件具有实际联系也存在一定争议。但从法院的部分案件裁判来看，也存在不被认可的风险。

比如，在南京市天下捷融互联网科技小额贷款有限公司与张某文小额借款合同纠纷案（京 0491 民初 10914 号）中，法院即认为本案虽然约定服务器所在地为合同签订地，但服务器所在地与争议并无实际联系，服务器所在地不能认定为本案合同签订地。

案情如下：2017 年 5 月 2 日，原告作为借款债权人，被告作为债务人签订《个人消费贷款借款协议》，协议约定被告向原告借款及利息等事宜。

同日，被告与天下拉手通讯技术有限公司签署《天下分期服务协议》，被告同意原告委托并指定第三方天下拉手通讯技术有限公司代为接收还款本息、逾期利息、罚息，原告委托天下支付科技有限公司向被告全额转款。

现被告逾期未还款，根据原告与被告双方签订的《个人消费贷款借款协议》，原告提起诉讼。原告主张的管辖依据为《个人征信等信息查询及使用授权书》《天下分期服务协议》《个人消费贷款借款协议》中的相关约定：天下拉手通讯技术有限公司系借款合同的服务提供方，住所地位于北京市朝阳区，提供电子协议服务器所在地为北京市朝阳区，双方认可提供本电子协议的服务器所在地为本协议签订地。因本协议或与之有关的所有争议未能解决的，任何一方可向协议签订地所在法院起诉。由此，原告以小额借款合同纠纷为由，将争议提交至北京市朝阳区人民法院管辖。

法院认定：首先，根据原《合同法》第 34 条规定，“承诺生效的地点为合同成立的地点。采用数据电文形式订立合同的，收件人的主营业地为合同成立的地点；没有主营业地的，其经常居住地为合同成立的地点。当事人另有约定的，按照其约定”（现《民法典》第 492 条规定）。根据上述法律规定，本案属于采用数据电文形式订立的借款合同，承诺的收件人为借款人，故承诺生效的地点为借款人所在地，也就是本案合同成立地点为借款人所在地。

其次，从服务器在本案中的作用角度分析合同签订地。服务器在本案交易过程中的作用仅限于数据储存，而数据的特征之一在于，借贷双方均可以通过互联网获取数据，至于服务器位于何处并不影响贷款人、借款人的合同订立及实际履行。因此，法院认为本案虽然约定服务器所在地为合同签订地，但服务器所在地与争议并无实际联系，服务器所在地不能认定为本案合同签订地。

最后，法院根据原《合同法》第 62 条（现《民法典》第 511 条）规定，合同对履行地点没有约定或者约定不明确，争议标的为给付货币的，接收货币一方所在地为合同履行地。本案争议标的则为借款方负有的向原告支付货币的义务，接收货币的一方为原告，涉案合同的实际履行地为原告的住所地——江苏省南京市雨花台区软件大道。故本案移送南京市雨花台区人民法院。

因此，在电子合同的管辖约定过程中，合同签订地应按照承诺生效的规则和管理确定，而非简单予以确认。如果采用服务器所在地为约定管辖地，当纠纷发生时，若无法证明约定的管辖地“与争议有实际联系”，将可能被法院以相关管辖与争议无实际联系为由而认定无效。

4. 电子合同的保存及举证

（1）电子合同的保存方式

通常而言，电子合同的保存方式有以下四种：其一，在电子合同签约平台的服务器上进行保存；其二，在第三方存证平台进行电子数据存证；其三，以电子签名的方式进行签署和保存；其四，以区块链的方式进行保存。

对于上述四种方式保存的电子合同，法律对于合同电子数据真实性的判断标准并不完全一致。

对于第一种方式而言，又分为非第三方电子合同签约平台与第三方电子合同签约平台。非第三方电子合同签约平台是指平台的运营方同时是合同一方当事人的情况，比如电子商务经营者在自有网站或 App 平台上与服务的接受方所签订的电子合同，或者商业银行、消费金融公司、证券公司等金融机构与消费者在自营平台上所签订的电子合同。此类电子合同由于数据电文的生成、交互、保存均在当事人一方所控制的信息系统中，当事人均有修改或删除数据电文的条件，因而法律对于此种情况所设置的举证要求最为严格。

对于第三方电子合同签约平台，比如电子商务平台，或者专门的合同签约服务平台，其本身并不是合同的当事人，而是为当事人的商品信息展示与成交，或者为合同的上传与签订提供专门平台，平台本身与交易及诉讼并无直接利害关系，因而其举证要求相对宽松。最高人民法院《关于民事诉讼证据的若干规定》第 94 条第 1 款第 2 项规定，电子数据由记录和保存电子数据的中立第三方平台提供或者确认的，人民法院可以确认其真实性，但有足以反驳的相反证据的除外。

对于第二种方式而言，与第三方电子合同签约平台不同的是，第三方存证平台本身并不生成电子合同的数据，也并不为数据电文的交互提供平台服务，而是在电子合同签约平台完成数据电文的签订后，对电子合同的数据电文进行存证。

第三方存证平台作为中立的平台，其存储数据电文的真实性在举证方面要求相对宽松。除了适用上述最高人民法院《关于民事诉讼证据的若干规定》第94条第1款第2项的规定外，最高人民法院《关于互联网法院审理案件若干问题的规定》也将通过电子取证存证平台认证，能够证明其真实性的电子数据纳入互联网法院应当确认的电子数据范围。

对于以电子签名方式进行签署和保存的电子合同而言，由于可靠电子签名具有等同于手写的功能，且具备证明数据电文完整性与不可篡改性的功能，因此，对于以电子签名方式签署的合同，无论是存储于当事人一方的服务器，还是存储于第三方电子合同签约平台，或者存储于专门的第三方电子合同存证平台，其真实性的证明都较为容易。具体内容见本书关于电子签名的相关论述。

对于以区块链方式存储的电子合同而言，一般认为，区块链的节点数达到一定数量后，将具有很高的安全性，因此，通过区块链保存的数据电文哈希值，理论上也具有不可篡改性。对此，最高人民法院《关于互联网法院审理案件若干问题的规定》指出，当事人提交的电子数据，通过电子签名、可信时间戳、哈希值校验、区块链等证据收集、固定和防篡改的技术手段或者通过电子取证存证平台认证，能够证明其真实性的，互联网法院应当确认。

但是，区块链证据的问题在于，对于达到何种技术标准的区块链存储的证据，可以符合“能够证明其真实性”的标准？是以公链技术作为基础，还是以联盟链作为基础？即可以达到相应的证明标准，仍需司法解释进一步予以明确。

（2）电子合同的原件认定标准

对于电子合同的“原件”认定问题，我国《电子签名法》最早作出规定。该法第5条明确了两个条件，如果两个条件同时满足，即可以视为满足法律、法规规定的原件形式要求：其一，能够有效地表现所载内容并可供随时调取查用；其二，能够可靠地保证自最终形成时起，内容保持完整、未被更改。与纸质书面合同不同的是，电子合同以数据电文的形式存在，这意味着电子合同可能会以不同的形式存在，甚至在保存、传输过程中被改变形式，只要这种形式改变能够证明其内容保持完整、未被更改即可。通常以可靠电子签名方式签署的电子合同具备原件的条件。

而最高人民法院《关于民事诉讼证据的若干规定》第15条第2款则规定，电子数据的制作者制作的与原件一致的副本，或者直接源于电子数据的打印件或其他可以显示、识别的输出介质，视为电子数据的原件。

由此可见，与纸质合同不同，对于电子合同而言，原件并非必须是原始数据或者存在于最初的存储介质，也可以通过副本的方式提供原件。

(3) 电子合同的证据效力

第一，一般规定。

对于电子合同的证据效力问题，我国《民事诉讼法》第66条第1款将电子数据作为证据的法定种类之一，与当事人的陈述、书证、物证、视听资料等传统的证据类型并列。

而我国《电子签名法》第7条也规定，数据电文不得仅因为其是以电子、光学、磁或者类似手段生成、发送、接收或者储存的而被拒绝作为证据使用。

由此可见，电子合同作为证据提交，是符合我国法律规定的。

第二，电子合同真实性判定的因素。

由于电子合同以数据电文的方式存在于信息系统或相关的存储介质中，电子数据的无形性特征决定了电子合同的真实性判断需要采用相应的信息技术予以辅助。当然，如前文所述，对于采用电子签名签署的电子合同，其真实性与不可篡改性的证明通常更为简便。

而对于电子数据的一般证明规则，《电子签名法》、最高人民法院《关于民事诉讼证据的若干规定》及最高人民法院《关于互联网法院审理案件若干问题的规定》均有相应的规定。

《电子签名法》第8条规定，审查数据电文作为证据的真实性，应当考虑以下因素：①生成、储存或者传递数据电文方法的可靠性；②保持内容完整性方法的可靠性；③用以鉴别发件人方法的可靠性；④其他相关因素。

最高人民法院《关于民事诉讼证据的若干规定》第93条第1款规定，人民法院对于电子数据的真实性，应当结合下列因素综合判断：①电子数据的生成、存储、传输所依赖的计算机系统的硬件、软件环境是否完整、可靠；②电子数据的生成、存储、传输所依赖的计算机系统的硬件、软件环境是否处于正常运行状态，或者不处于正常运行状态时对电子数据的生成、存储、传输是否有影响；③电子数据的生成、存储、传输所依赖的计算机系统的硬件、软件环境是否具备有效的防止出错的监测、核查手段；④电子数据是否被完整地保存、传输、提取，保存、传输、提取的方法是否可靠；⑤电子数据是否在正常的往来活动中形成和存储；⑥保存、传输、提取电子数据的主体是否适当；⑦影响电子数据完整性和可靠性的其他因素。

最高人民法院《关于互联网法院审理案件若干问题的规定》第 11 条第 1 款则规定，当事人对电子数据真实性提出异议的，互联网法院应当结合质证情况，审查判断电子数据生成、收集、存储、传输过程的真实性，并着重审查以下内容：①电子数据生成、收集、存储、传输所依赖的计算机系统等硬件、软件环境是否安全、可靠；②电子数据的生成主体和时间是否明确，表现内容是否清晰、客观、准确；③电子数据的存储、保管介质是否明确，保管方式和手段是否妥当；④电子数据提取和固定的主体、工具和方式是否可靠，提取过程是否可以重现；⑤电子数据的内容是否存在增加、删除、修改及不完整等情形；⑥电子数据是否可以通过特定形式得到验证。

第三，法院应予认定的情形。

最高人民法院《关于民事诉讼证据的若干规定》第 94 条第 1 款规定，电子数据存在下列情形的，人民法院可以确认其真实性，但有足以反驳的相反证据的除外：①由当事人提交或者保管的于己不利的电子数据；②由记录和保存电子数据的中立第三方平台提供或者确认的；③在正常业务活动中形成的；④以档案管理方式保管的；⑤以当事人约定的方式保存、传输、提取的。

电子数据的内容经公证机关公证的，人民法院应当确认其真实性，但有相反证据足以推翻的除外。

最高人民法院《关于互联网法院审理案件若干问题的规定》第 11 条第 2 款则规定，当事人提交的电子数据，通过电子签名、可信时间戳、哈希值校验、区块链等证据收集、固定和防篡改的技术手段或者通过电子取证存证平台认证，能够证明其真实性的，互联网法院应当确认。

第九章 电子签名的法律问题

一、电子签名/电子签章的内涵与法律意义

1. 电子签名的概念

电子签名是一种采用密码学技术对数据电文（电子文档是数据电文的一种表现形式）进行加密、解密运算，并以此判断数据电文是否完整和未被篡改的技术措施。当前在电子签名实践中，常见的是采用非对称加密机制进行数据电文的加密解密运算。

《电子签名法》（2005 年 4 月 1 日生效，2019 年修正）第 2 条第 1 款规定，本法所称电子签名，是指数据电文中以电子形式所含、所附用于识别签名人身份并表明签名人认可其中内容的数据。

从上述规定可以看出，电子签名保护的对象是计算机信息系统中的数据电文，目的是防止数据电文被篡改。与手写签名或实体印章不同的是，电子签名并无实体外观，其本质也是数据。借助于计算机、手机等设备的帮助，我们可以看到这些数据的可视化展现形式。

为了方便人们理解，提升展现形式的主观感受，通常又会在展示界面上展示“手写签名”或“印章”。这里的“手写签名”或“印章”并非电子签名，而只是预留的手写签字图样或者印鉴图样，其实质与照片或复印件无异。

2. 电子签名的特征

笔者认为，电子签名具有如下三个特征：

其一，无形性。电子签名本质也是数据，只有经过计算机系统的解析，才能够被识读。电子签名的无形性决定了电子签名不能脱离计算机信息系统或者存储介质而存在。

其二，可验证性。电子签名不同于肉眼可识别的手写签名或者实体印章，电子签名的真实性、可靠性应可以进行验证。一般而言，对于通过电子认证服务机构所颁发数字证书实施的电子签名，可由电子认证服务机构通过技术措施进行验证。

其三，安全性。电子签名的目的是保障交易安全，因此生成电子签名的技术措施应具有高度的安全性。从现有的技术角度看，电子认证服务机构基于非对称加密机制形成的加密算法，一般被技术和司法机关认为具有很高的安全性和可靠性。

基于电子签名的特征，电子签名虽然名为“签名”，但其与传统的签名并非一个范畴的问题。传统签名是凭借人体肌肉记忆形成的书写习惯，以笔迹的稳定性作为基础。而电子签名则是依靠非对称加密算法对电子文档形成“锁定”效应，来证明数据电文的不可篡改，是远程交易或者电子化交易的技术证明措施。

3. 电子签名与非对称加密技术

电子签名源于对数据电文完整性与不可篡改证明的需求，对此，数学家和密码学家想到了数字加密技术。起初是采用对称加密技术，这种技术的基本原理可以用一个直观的例子来表示，那就是密码本。加密的一方通过密钥对数据和文本进行加密，对于文件的接收方，通过同一组密钥进行运算即可对文件进行解密。对称加密技术的前提是加密方与解密方拥有同一套密钥。在对称加密技术中，需要将加密的密钥传递给接收方。然而，密钥传输恰恰是对称加密技术的缺陷。一旦通过网络传输的密钥被第三方截获或窃取，文本的安全性也会受到影响。

由于对称加密技术的局限，密码学家发明了非对称加密技术，即进行通信的双方各自拥有一对密钥，其中一个是私钥，另一个是公钥，是对方可以调取或可以发送给对方的密钥。通过对方的公钥加密，数据电文被传输给对方后，对方可以用私钥解密。或者通过自己的私钥加密，对方通过自己的公钥进行解密。这一过程，省去了密钥的传输过程，也可以防范密钥被第三方截获或窃取。

而为了解决发送文件一方身份的真实性问题，则需要对公钥本身进行证明，数字证书也就应运而生。认证中心对用户的身份进行严格的审核后，为用户颁发数字证书。通过公钥加密技术对用户的公钥信息和用户的身份信息作了数字签名，将用户身份信息与公钥绑定。

4. 电子签名的应用场景

电子签名主要应用于远程交易，电子签名的应用主要包括电子支付、票据签署、合同签订、文件提交、办公系统、电子政务等。

（1）电子支付

商业银行用户通过网络银行系统进行电子支付，是银行数字化过程中最为常见的一种业务活动。按照民事法律的基本原理，支付结算服务在法律上的属性是一种委托代理法律关系。亦即，银行等具有支付结算职能的金融机构，作为资金支付方的代理人，依据资金支付方的指令，完成资金的划转与资金的清算。中国人民银行《支付结算办法》第4条规定："支付结算工作的任务，是根据经济往来组织支付结算，准确、及时、安全办理支付结算，按照有关法律、行政法规和本办法的规定管理支付结算，保障支付结算活动的正常进行。"在银行与资金支付方之间，支付结算行为所产生的基础法律关系是支付结算服务协议关系。该协议因结算账户的开立而产生，而每一次支付结算则依据票据、结算凭证等银行结算工具实施，票据、结算凭证的记载事项则成为资金支付方意思表示的载体。

由于网银支付结算具有无纸化或电子化的特点，与传统的银行支付结算相比，远程实施支付委托的意思表示成为商业银行首先需要面对的问题。

首先，关于支付行为意思表示的确定。

网银支付活动，直接关系用户的财产处分，对于用户权益会产生重大影响。如果无法确定做出意思表示的主体为银行的用户，以及为用户真实的意思表示，则商业银行在网银支付中将面临巨大的商业风险和法律风险。在传统的支付结算服务中，通过在书面的结算工具上加盖预留印鉴，并在结算工具上载明指令，使意思表示内容的确定简单易行。而在网银电子支付的环境下，银行如何确定资金支付方通过数据电文形式发出的指令内容则要困难得多。在此背景下，2000年6月29日，由中国人民银行牵头，联合中国工商银行、中国银行、中国农业银行、中国建设银行、交通银行、招商银行、中信实业银行、华夏银行、广东发展银行、深圳发展银行、光大银行、民生银行12家商业银行共同参加，银行卡信息交换总中心承建了中国金融认证中心。CFCA基于PKI建立了自身的电子签名认证服务体系。

与对称加密相比，非对称加密技术体系中，实施电子签名所采用的私钥与公钥组成密钥对。电子签名方采用私钥加密，电子签名的依赖方（交易对方）则可采用公钥进行解密。CFCA作为电子认证服务机构，为数字证书的发放、密钥对生成、电子签名验证提供服务，从而保障数字证书的唯一性、密钥体系的可靠性，并对经过电子签名保护的数据电文的完整性与不可篡改性提供证明。

其次，支付行为的举证。

对于网银支付问题而言，由于无纸化而带来的诉讼证据规则的适用是影响网银支付法律关系各方行为（包括交易倾向）的重要因素。在网银支付结算中，数据电文如何形成诉讼中的证据（原件要求）以及如何建立法律后果与当事人之间的联系（签名），是举证问题面临的最大问题。通过第三方电子签名服务，可以最大限度地帮助建立举证的关联性。

电子支付活动是电子签名应用中最早大规模开展的场景。当前在商业银行网银支付活动中已经非常普及。

（2）电子合同签署

电子合同签署过程是电子签名应用的一个最为重要的场景。随着商务活动日益远程化和数字化，电子合同签约也逐渐成为常态。特别是在新冠疫情发生后，特定期间人与人“零接触”的要求使“无纸化”及“远程办公”逐渐成为各个行业的刚性需求。为了保证疫情期间的业务开展，越来越多的政府机构、行业管理组织、企业开始思考和着手实施远程电子合同签约。一方面，传统企业逐渐开始将远程签约作为开展业务、签订合同的常规工作；另一方面，对于金融等行业而言，通过远程签订贷款合同、保理合同等融资合同，也可以大幅度降低金融活动的成本，激发“长尾效应”，支持普惠金融。

与电子支付初始期间即开始大规模应用电子签名技术不同，商务活动中的电子签名应用经历了从无到有、逐渐发展的历程。

①B2C电子商务合同阶段

以各大电商平台的普通商品买卖合同为例，虽然大规模运用了电子合同与远程签约，但通常并不采用电子签名技术。主要原因包括：其一，此类交易的金额较小，因而双方的争议通常主要在于产品质量，而不会对于合同是否篡改产生争议；其二，在此类交易中，电商平台往往采用无条件退货或者交易资金“存管”

的方式制约卖家，因而交易合同真实性的纠纷较少；其三，电商平台本身也可以通过平台的电子数据记录帮助各方予以证明；其四，由于电商平台更为注重用户体验，如果增加电子签名环节，可能会影响用户体验。基于上述原因，在电子商务时代，尽管电子合同签约非常频繁，但总体而言，对于电子签名的运用相对不够重视。当然，随着电子商务平台责任的加重以及单笔交易金额的提升，电商平台采用电子签名技术的场景也在不断丰富。

②金融电子合同阶段

对于金融机构而言，随着数字化转型，采用远程电子化办理的业务类型也在不断丰富。近年来，大量的金融机构在支付结算、远程证券交易等简单场景之外，开始将金融合同签署环节挪到线上。

如商业银行的个人小额贷款、消费金融公司的消费贷款、公募基金的认购、部分保险产品的投保，当前采用线上签约的比例已经相当高。而证券公司的开户环节也有一定的在线签约比例。

金融合同由于其标准化程度较高，因而适合实施线上签约。这一过程中，由于金融交易的金额较大，且监管部门对于金融交易过程有很高的回溯性要求，因此通过电子签名防止金融合同被篡改并保障合同的完整性具有现实需求。

③B2B 电子合同阶段

B2B 电子合同，是指双方均为企业或政府机关、事业单位而签署的电子合同。在传统观念中，一般认为 B2B 的合同标准化程度低、合同权利义务关系较为复杂，且合同的签署并不需要考虑消费者体验和签约的便捷性，因此，B2B 合同采用远程电子化签约的必要性不大，且缺乏相应的场景。

而随着新冠疫情的发展，人们的出行受到一定限制，远程办公成为替代方案。如何通过远程签约促成业务的发展，成为企业的刚性需求。在这一背景下，越来越多的企业将 B2B 合同签署搬到了线上。

相较 B2C 的电子商务合同，B2B 合同的金额通常更大、权利义务关系更为复杂、个性化更强，因此，合同签署后的防篡改问题变得更为突出。电子签名作为一种解决防篡改的密码学技术，对于 B2B 电子合同尤为重要。

④大额金融合同应用

在金融领域中，除了电子支付、小额贷款等场景外，大额金融合同也开始逐步成为电子合同的应用场景，这也催生了电子签名的应用。资产管理业务是较为典型的大额金融合同应用场景，通常来说，私募方式发行的资产管理产品均设有最低投资限额。我国相关监管规则对于信托、私募基金、券商或基金子公司发行的资产管理产品，投资下限设定为单个投资人的投资金额不低于人民币100万元。大额金融合同由于其标准化的特征，很适合进行远程电子签约。本章以私募基金电子合同签订过程中的电子签名应用为例，予以说明。

对于电子合同与电子签名的应用，中国证券投资基金业协会于2020年10月28日发布了《私募投资基金电子合同业务管理办法（试行）（征求意见稿）》，推进电子签名在私募基金合同签署中的应用。2022年6月2日，基金业协会正式发布了《私募投资基金电子合同业务管理办法（试行）》，对于私募当事人签订电子合同及利用电子签名技术进行规范。

《私募投资基金电子合同业务管理办法（试行）》抓住了私募行业数字化转型的三个关键问题：其一，电子合同签署问题；其二，电子合同主体的识别及意思表示的不可抵赖（电子签名）；其三，合同等电子文档的不可篡改性。而在上述三个关键问题中，最为核心的即为电子签名。

私募基金行业对于电子签名的应用包括基金销售环节、基金合同签署环节、其他相关合同及文件签署环节。对此，分别论述如下：

第一，基金销售环节。

私募基金作为重要的资产管理产品，基本的原则是风险由买者自担。但是，考虑到私募基金投资的信息不对称（管理人与投资人的信息和专业能力差异大）、流动性差、大金额（单份最低100万元）等特征，投资者在私募基金投资过程中，处于相对弱势地位。因此，国家有关法律、法规、监管规则、自律规范对于私募基金的销售、募集均规定了严格的合规要求。

其中，投资者适当性管理、风险充分告知、回访、反悔期限等规定，目的是让具有风险承担能力的投资者在充分知悉风险、充分自主自愿的情况下进行基金投资。包括《证券法》、《证券投资基金法》、《证券公司监督管理条例》、《私募投资基金监督管理暂行办法》、原中国银监会《关于规范商业银行代理销售业务的通知》、《中国人民银行金融消费者权益保护实施办法》、《证券期货投资者适当性管理办法》、《银行业金融机构销售专区录音录像管理暂行规定》、《资管新规》、《商业银行理财业务监督管理办法》、《私募投资基金募集行为管理办法》、《基金募集机构投资者适当性管理实施指引（试行）》等在内的法律法规、部门规章以及行业协会自律规则在内的规范性文件均对私募机构的投资者适当性、销售环节的合规管理作出相应的规制。

上述合规要求在线下募集和销售环节中均较易操作，通过面签书面文件，证明难度较小。但在线上签约环节，如何证明系统中留存的投资者适当性调查、风险揭示书、回访确认等电子文件系投资人签署，以及上述电子文件在签署后的完整性和真实性，则是私募基金通过电子化方式签约的重大障碍。

第二，基金合同签署环节。

基金合同是确定基金管理人、基金托管人、基金投资人权利义务的基础，合同的签署同样需要对电子化签约主体、电子合同的完整性与不可篡改性进行证明。

第三，其他法律文件。

在私募基金管理过程中，需要依靠电子化签约的场景可能还包括私募基金管理人与有关基金服务机构之间的服务合同。此外，私募基金管理人在基金管理过程中，与投资人之间的其他文件交互也可能会通过电子化的方式进行。比如，对于基金管理过程中，需要投资人确认的事项或者表决事项，通过电子化方式也可以提高基金管理活动的效率。

二、电子签名的认证

1. 电子认证概要

电子认证，是指为电子签名相关各方提供真实性、可靠性验证的活动。电子签名实质上是基于密钥运算所生成的数据电文，电子签名的信赖方则基于公钥对数据电文进行解密运算，从而确定电文的完整性与不可篡改性。然而，对于用于制作和验证电子签名的密钥体系是否具有足够的安全性和可靠性，以及能否起到相应的证明作用，本身就是一个难以证明的问题。

对此，比较可行的解决方案是通过独立的第三方机构，依赖其加密算法和密钥生成机制，并采用数字证书（digital certificate）的方式将公开密钥拥有者信息、公开密钥、签发者信息、有效期以及扩展信息予以固定，从而对电子签名的可靠性予以认证。电子认证是电子签名制度中的基础制度之一，也是解决电子签名可信性的基础。由于电子签名认证的重要性，我国法律对于电子认证服务规定了严格的准入政策，需要取得主管机关的特许经营资质，方可经营电子认证服务业务。

2. 电子认证服务机构

（1）电子认证服务机构的资质许可

《电子签名法》第18条规定，从事电子认证服务，应当向国务院信息产业主管部门提出申请。国务院信息产业主管部门接到申请后经依法审查，并作出许可或者不予许可的决定。予以许可的，颁发电子认证许可证书。取得认证资格的电子认证服务提供者，应当按照国务院信息产业主管部门的规定在互联网上公布其名称、许可证号等信息。

对此，工业和信息化部发布的《电子认证服务管理办法》进一步规定，工业和信息化部依法对电子认证服务机构和电子认证服务实施监督管理。

（2）电子认证服务机构应具备的条件

《电子签名法》第17条规定，提供电子认证服务，应当具备下列条件：①取得企业法人资格；②具有与提供电子认证服务相适应的专业技术人员和管理人员；③具有与提供电子认证服务相适应的资金和经营场所；④具有符合国家安全标准的技术和设备；⑤具有国家密码管理机构同意使用密码的证明文件；⑥法律、行政法规规定的其他条件。

对于电子认证服务机构应具备的条件，《电子认证服务管理办法》在《电子签名法》的基础上，进一步规定了如下细化条件：①从事电子认证服务的专业技术人员、运营管理人员、安全管理人员和客户服务人员不少于30名，并且应当符合相应岗位技能要求；②注册资本不低于人民币3000万元；③具有满足电子认证服务要求的物理环境。

（3）电子认证机构的业务管理

对于电子认证服务机构的业务开展，法律规则主要从以下三个方面进行监管：

其一，电子认证业务规则的制定。

《电子签名法》第19条规定："电子认证服务提供者应当制定、公布符合国家有关规定的电子认证业务规则，并向国务院信息产业主管部门备案。电子认证业务规则应当包括责任范围、作业操作规范、信息安全保障措施等事项。"

对于业务规则，《电子认证服务管理办法》进一步规定，电子认证服务机构应当按照工业和信息化部公布的《电子认证业务规则规范》等要求，制定电子认证业务规则和相应的证书策略，在提供电子认证服务前予以公布，并向工业和信息化部备案。电子认证业务规则和证书策略发生变更的，电子认证服务机构应当予以公布，并自公布之日起30日内向工业和信息化部备案。

其二，电子认证业务的基本内容。

《电子认证服务管理办法》在《电子签名法》的基础上，对于电子认证服务内容进行了细化，电子认证服务机构应当保证提供下列服务：（1）制作、签发、管理电子签名认证证书。（2）确认签发的电子签名认证证书的真实性。（3）提供电子签名认证证书目录信息查询服务。（4）提供电子签名认证证书状态信息查询服务。

其三，电子认证服务机构的义务。

《电子认证服务管理办法》第18条规定了电子认证服务机构相关义务：（1）保证电子签名认证证书内容在有效期内完整、准确。（2）保证电子签名依赖方能够证实或者了解电子签名认证证书所载内容及其他有关事项。（3）妥善保存与电子认证服务相关的信息。并且规定，电子认证服务提供者应当妥善保存与认证相关信息，信息保存期限至少为电子签名认证证书失效后5年。

三、可靠电子签名

电子签名是否必然具有法律上的证明效力，其证明效力如何？在《电子签名法》中规定了可靠电子签名制度，对于其他类型的电子签名的证明效力并未直接予以规定。

《电子签名法》第14条规定，可靠的电子签名与手写签名或者盖章具有同等的法律效力。对于可靠电子签名的认定条件，《电子签名法》第13条规定："电子签名同时符合下列条件的，视为可靠的电子签名：（一）电子签名制作数据用于电子签名时，属于电子签名人专有；（二）签署时电子签名制作数据仅由电子签名人控制；（三）签署后对电子签名的任何改动能够被发现；（四）签署后对数据电文内容和形式的任何改动能够被发现。当事人也可以选择使用符合其约定的可靠条件的电子签名。"

对于上述可靠性认定的四个条件，法律与相关规则并未进一步作出解释。但是，可靠电子签名的证明过程复杂、技术难度较大。《电子签名法》规定了电子签名第三方认证制度。经过持有国家主管机关所颁发许可证的电子认证服务机构对电子签名进行认证，认证后的电子签名在“可靠性”方面具有更强的证明效力。

笔者认为，可以从以下三个方面来予以认定：

1. 电子签名制作数据属于电子签名人专有

《电子签名法》第34条第3项规定，电子签名认证证书，是指可证实电子签名人与电子签名制作数据有联系的数据电文或者其他电子记录。这一概念强调了“电子签名认证证书”应当具有“可证实电子签名人与电子签名制作数据有联系”这一属性。《电子签名法》第21条规定，电子签名认证证书应当载明的内容包括：（1）电子认证服务提供者名称；（2）证书持有人名称；（3）证书序列号；（4）证书有效期；（5）证书持有人的电子签名验证数据；（6）电子认证服务提供者的电子签名；（7）国务院信息产业主管部门规定的其他内容。对于签发电子签名认证证书的前置审查，《电子签名法》第20条规定：“电子签名人向电子认证服务提供者申请电子签名认证证书，应当提供真实、完整和准确的信息。电子认证服务提供者收到电子签名认证证书申请后，应当对申请人的身份进行查验，并对有关材料进行审查。”也就是说，通过电子认证服务机构的认证，将电子签名制作数据与电子签名人进行关联，进而产生了证明“专有”的效果。

“可靠电子签名”的法律效力在于证明使用电子签名的数据电文的完整与未经篡改，从而产生与手写签名或者盖章同等的法律效力。“可靠电子签名”是一个法律拟制概念，法律仅规定了可靠电子签名的四项证明标准，而没有直接界定哪一类签名属于“可靠电子签名”。

笔者认为，通过第三方电子认证服务提供者根据《电子签名法》签发的电子签名认证证书进行验证并提供验证报告，有助于认定电子签名制作数据属于电子签名人专有。

虽然这一表述较为清晰，但实际操作中却需要复杂的技术流程予以支撑，笔者认为，在确定电子签名制作数据属于电子签名人专有的过程中，电子认证机构的身份核验是认定电子签名制作数据属于签名人专有的重要环节。

对于以线下方式发放的数字证书，电子认证机构（CA）或其授权机构（RA）应对数字证书的领用人进行身份核验。比较常见的场景是在银行柜台申领U盾，即实体形态的数字证书。在这一过程中，银行作为电子认证机构的授权服务机构，对数字证书的领用人进行身份核验，并将身份核验信息提交电子认证机构。

对于以线上方式发放的数字证书，通常需要电子认证机构或其授权机构通过在线身份核验方式对数字证书领用人的身份进行核验。比如，通过系统收集的用户身份信息（姓名、身份证号、手机号）进行多要素的身份验证，或者通过相关的人脸识别模块收集用户人脸识别信息并进行验证。在核验确认用户真实身份的前提下，电子认证服务机构在颁发的数字证书中记载用户名称或姓名。

电子认证服务机构颁发的数字证书被用于电子签名制作数据控制的证明，对于电子签名的依赖方而言，可通过查看数字证书了解电子签名人的身份，进而通过公钥验证电子签名的真实性。

2. 签署时电子签名制作数据仅由电子签名人控制

按照电子签名的基本原理，签名过程必须在用户控制和确认下才能进行。如上所述，电子认证服务机构进行身份核验的方式有线上和线下两种方式。

其一，在线下身份核验并领取实体证书的情形。

在线下核验的情况下，通常发放实体的数字证书（U 盾），用户签名领用数字证书。此种情况，根据身份核验与领用数字证书的签名通常可以证明该数字证书被用户控制，从而认定签名制作数据被用户控制。

其二，线上身份核验并领取软体证书的情况。

通过线上核验方式领取数字证书，一般是将数字证书下载至用户的服务器（企业用户）或移动终端（个人用户），从而实现用户对数字证书及签名制作数据的“控制”。

在数字证书下载至用户手机或其他移动终端的情况下，影响对于控制判断的风险也是客观存在的。比如，生活中存在用户手机或其他移动设备被盗或受他人控制的情形，可能导致电子签名制作数据并非由电子签名人控制的结果。从实践的角度看，手机失窃是客观存在的，一般情况下，可通过协议文本对此类情形导致的法律责任进行约定。比如，部分认证服务机构在其《业务规则》中规定：“用户一旦接受 CA 机构签发的证书，就视为向 CA 机构、信赖证书的有关当事人作出以下承诺：签名制作数据为用户本身访问和使用，用户对其使用签名制作数据的行为负责。并且，一旦发生遗失签名制作数据、遗忘、泄密以及其他情况，应立刻通知 CA 机构。用户一旦知道证书被冒用、破解或被他人非法使用时的风险，应及时通知CA机构吊销证书。”因此，对于非经用户授权使用用户设备形成的操作，在用户本人未履行有关披露义务、向相关业务主体及时通知的情形下，可以依据上述规则或协议条款之约定，将该等非授权操作视为用户本人行为。

3. 签署后对电子签名及数据电文内容的任何改动能够被发现

按照电子签名的技术原理，电子签名及证书由数字认证服务机构（CA机构）进行认证、通过密码算法来保证电子签名的任何改动能够被发现，对文档的杂凑函数（hash）的签名，保证文档的内容和形式的任何改动被发现。并且，根据电子认证业务规则及认证服务的实践，电子认证服务机构在电子签名信赖方无法确认签名及数据电文内容是否改动的情况下，将出具《电子签名验证报告》。

一般而言，《电子签名验证报告》主要记载内容会包括：（1）数字证书持有人的信息与证书的序列号；（2）电子签名的时间；（3）签名验证有效，电子合同内容完整，未发生篡改。此外，验证报告的附件还会对于验证过程进行相应的描述，比如对于数字证书内容的解析和证书路径的说明，以及对于电子合同数字摘要值进行比对的结果一致。

四、电子签名证书的分类

在实施电子签名解决方案的过程中，电子签名的数字证书是完成电子签名的核心。《电子签名法》对于电子签名并未作进一步的分类，但在实践操作中，通过对电子签名应用目的、应用场景的探索，形成了不同类别的电子签名数字证书。笔者结合实践，简要分类如下：

1. 根据证书申请主体类型的分类

根据证书申请及持有主体的不同，数字证书可以分为个人证书、机构证书和设备证书。

（1）个人证书

所谓个人证书，是指证书的申请人及持有人是自然人个人的数字证书类别。个人证书是当前最为常见的数字证书，常用于个人的电子支付、电子签约、文件提交等场景。我们常见的网银U盾（U-key）就属于典型的个人数字证书。

个人证书在申领时，电子认证服务机构应对证书持有者进行身份鉴别。对个人身份鉴别方式，至少包括如下内容：确认个人的身份是确实存在的、合法的主体；申请行为是个人本人的行为或者是其合法授权主体的行为；确保身份鉴别材料的真实与不可篡改。比如，应核验申请人的身份证，以确保该主体的真实存在，并以此确认申请人意思表示的真实性。对于以在线方式申请数字证书的个人，则应通过公认的多要素交叉验证的方式对身份进行识别，并确认其申请数字证书的意思表示。

个人可以通过当面的申请与审核，申请以实体设备为载体的实体证书，也可以通过在线远程身份鉴别的方式完成申请，并将软体证书下载至本人专属控制的终端设备。

（2）机构证书

所谓机构证书，是指证书的申请人是有关机构的数字证书类别。机构证书持有主体类型更为丰富，可以包括国家机关、事业单位、企业单位及其他社会组织等各种类型的组织机构。机构数字证书类似于机构的公章，使用机构数字证书做出的电子签名，其效力类似于加盖公章的行为。

机构证书在申请过程中，电子认证服务机构同样需要进行主体身份核验及意思表示的确认。认证机构应对证书持有者所在的组织机构进行身份鉴别，以确认该组织机构是确实存在的、合法的实体。

与个人身份核验及意思表示确认不同的是，组织机构申请数字证书的行为，还需要核验能够证明其意思表示的相关文件。组织机构的意思表示形成往往需要一定的形式要求，如加盖公章的授权文件等，以确认该组织机构知晓并授权证书申请，代表组织机构提交证书申请的人是经过授权的。

（3）设备证书

设备证书是指为信息系统中的特定设备或服务器颁发的数字证书，用以代表服务器或设备的身份，如服务器身份证书、IPSec VPN 设备证书等。设备证书用于标识各种设备身份、实现设备身份认证以及交互数据的加解密，保证传输数据的完整性和安全性。

在数字化转型进程中，除了相关自然人或者机构通过电子化完成支付、合同签署及做出其他活动外，还有大量的活动需要通过网络设备、服务器做出。这些设备在发出数据电文的过程中，是否因为网络入侵或劫持而导致数据电文被篡改或不完整，也是需要解决的重要问题。通过设备证书，则可以保护相关数据电文的不可篡改和完整性。设备证书的申请由拥有设备的主体向数字认证服务机构做出。

2. 根据数字证书的用途分类

按照数字证书的用途，可以分为通用型数字证书和事件型数字证书。

（1）通用型数字证书

通用型数字证书一般是一种长期有效的数字证书，针对企业信息化、电子政务和电子商务等领域，用于证明用户在网络虚拟环境中所进行的身份识别和电子签名，以及通过数据加密对数据电文的完整性和不可篡改性进行证明。通用型证书在颁发给用户后，一般会有一个较长的有效期，在这个期间内，用户可以持续利用该数字证书做出相应的电子签名。

通用型数字证书作为最常规的数字证书类型，包括个人证书、机构证书、设备证书。通用型数字证书要求每个用户都应该有一个特定的识别名称（Distinguished Name，DN），通过 DN 对于证书持有人进行识别。

（2）事件型数字证书

事件型数字证书是电子认证服务机构针对签名行为业务场景签发的一种数字证书。事件型数字证书通常用于某种交易场景的固化，针对交易场景信息实施电子签名，签名完成后即销毁签名制作数据。通过对签名行为的业务场景信息进行电子签名，以保护该场景信息未被篡改，从而证明业务场景信息数据的完整性和签名行为的不可抵赖。

根据业务场景，事件型数字证书的用户分为两种：一种是电子签名人；另一种是申请对签名行为业务场景相关信息进行固化的主体。

事件型数字证书在电子商务、电子政务、数字化金融领域得到了广泛的应用，经常被用于固化与交易场景相关的数据电文。

五、相关实务问题

1. 电子签名的证据效力问题

根据《民事诉讼法》第 66 条的规定，电子数据在诉讼程序中可以作为证据之一，经查证属实的，可以作为认定事实的根据。根据最高人民法院《关于民事诉讼证据的若干规定》第14条的规定，电子数据包括“……（三）用户注册信息、身份认证信息、电子交易记录、通信记录、登录日志等信息；（四）文档、图片、音频、视频、数字证书、计算机程序等电子文件；（五）其他以数字化形式存储、处理、传输的能够证明案件事实的信息”。

根据《关于民事诉讼证据的若干规定》第87条的规定，对单一证据主要通过以下方面进行认定：（1）证据是否为原件、原物，复制件、复制品与原件、原物是否相符；（2）证据与本案事实是否相关；（3）证据的形式、来源是否符合法律规定；（4）证据的内容是否真实；（5）证人或者提供证据的人与当事人有无利害关系。因此，关于电子数据的证明力，主要可考虑前述五个方面内容。

关于电子数据的真实性，根据《关于民事诉讼证据的若干规定》第93条第1款的规定，对于电子数据的真实性，应当结合下列因素综合判断：（1）电子数据的生成、存储、传输所依赖的计算机系统的硬件、软件环境是否完整、可靠；（2）电子数据的生成、存储、传输所依赖的计算机系统的硬件、软件环境是否处于正常运行状态，或者不处于正常运行状态时对电子数据的生成、存储、传输是否有影响；（3）电子数据的生成、存储、传输所依赖的计算机系统的硬件、软件环境是否具备有效的防止出错的监测、核查手段；（4）电子数据是否被完整地保存、传输、提取，保存、传输、提取的方法是否可靠；（5）电子数据是否在正常的往来活动中形成和存储；（6）保存、传输、提取电子数据的主体是否适当；（7）影响电子数据完整性和可靠性的其他因素。

此外，根据最高人民法院《关于互联网法院审理案件若干问题的规定》第11条第2款的规定，“当事人提交的电子数据，通过电子签名、可信时间戳、哈希值校验、区块链等证据收集、固定和防篡改的技术手段或者通过电子取证存证平台认证，能够证明其真实性的，互联网法院应当确认”。该规定虽然是针对互联网法院审理案件作出规定，但对于其他法院审理案件仍具有参考价值。可以看出，在通过电子签名、可信时间戳、哈希值校验、区块链等证据收集、固定和防篡改的技术手段或者通过电子取证存证平台认证，能够证明其真实性的，互联网法院应当确认。当不具备前述条件时，则应根据《关于民事诉讼证据的若干规定》第93条的规定，综合电子数据的生成、存储、传输所依赖的计算机系统等硬件、软件环境是否完整、可靠等七个方面进行综合判断，而非简单否认电子数据的真实性。

此外，通过检索适用《关于民事诉讼证据的若干规定》第 93 条的相关司法裁判案例，目前在司法裁判中，尚未形成认定电子数据真实性的标准，但在人民法院认为有必要的情况下，可能通过鉴定或者勘验等方法来审查判断电子数据的真实性。当然，按照《关于民事诉讼证据的若干规定》第 93 条规定，综合多方面对电子数据真实性进行判断具有一定难度，《关于民事诉讼证据的若干规定》第 94 条还规定了在没有足以反驳的相反证据的前提下，可以确认电子数据真实性的情形，包括：（1）由当事人提交或者保管的于己不利的电子数据；（2）由记录和保存电子数据的中立第三方平台提供或者确认的；（3）在正常业务活动中形成的；（4）以档案管理方式保管的；（5）以当事人约定的方式保存、传输、提取的。

根据上述分析可以看出，尽管法律及人民法院相关规则将数据电文证据或者电子数据证据纳入了证据范围，但电子数据证据的认证规则总体较为原则性。电子数据证据属于技术发展进程中出现的新事物，相较于传统书证的认定规则更为复杂。

最高人民法院《关于互联网法院审理案件若干问题的规定》第 11 条将电子签名纳入证据收集、固定和防篡改的技术手段之列，这意味着电子签名作为数据电文的保护措施，其证据效力得到了一定的认可。不过，遗憾的是，该规定还预设了一个条件，即"能够证明其真实性的"，互联网法院应当确认。

对于什么是能够证明其真实性，笔者认为，通过"可靠电子签名"的制度设计和验证过程，对于证明真实性具有积极的作用。

2. 企业数字证书的内部管理问题

不同签约平台对于使用电子签名的认证和验证手段不同，但是客观上这些认证材料或设备可能因被盗用或者持有人越权的行为导致企业电子签名被冒用或失去控制。

因为可靠的电子签名具有与手写签名和盖章同等的法律效力，所以对于企业来说，应当将其等同于公章进行管理。

为了保证电子签名能够被有效监控，建议参照公章管理设置企业电子签名（电子印章）的内部管理制度，有效监控用于进行认证的材料、信息，妥善保管账号、密码等信息以及用于验证的手机、U－Key 等设备，加强关于非法使用企业电子签名的行为特征及法律责任（如可能构成伪造公司、企业印章罪）的员工培训。同时，可以与签约平台协商，设置合适的审批流程和专门的验证手段。

第十章 数字化转型中的网络安全法律问题

网络是数字化转型的基础和支撑，除了少数离线的应用外，几乎所有的数字化设施和数字化应用，都离不开网络的信息传输。以云计算为例，没有高速而安全的网络传输，就不可能有云计算的应用和普及。所谓的“泛在接入”，必须是以随时可以获取的网络传输为基础。又如大数据的运用，其前提是数据的高速收集、传输、加工、运算，这些都需要依赖网络，脱离了网络，单台设备即使拥有强大的数据收集能力和运算能力，也无法形成大数据的应用。

网络是数字化的基础设施，是数据和信息流动的通道。无论是电缆或光缆，还是蜂窝信号或局域网络的 Wi－Fi 信号传输，或者蓝牙等近程通信传输，都会面临网络安全问题。除非通过专线传输方式或局域网内部传输，互联网环境通常处于开放状态，这就会带来网络入侵或数据的窃取、篡改等问题。因此，如何保障网络安全，是数字化转型过程中需要解决的重点问题之一。

维护网络安全，一方面是相关终端及网络设备的安全性和软件系统、防护墙的安全性，以及网络传输的加密技术的应用；另一方面则是安全管理及网络安全立法的支撑，本章内容主要围绕网络安全的相关法律问题展开。

一、网络安全的法律概念及内涵

对于网络安全的概念，《网络安全法》作出了界定。但是，在实际的运用中，还存在其他可以归入网络安全范畴的概念，这些概念与网络安全之间的关系，则会涉及有关法律的适用问题。

1. 网络安全

《网络安全法》对于网络安全的界定为，通过采取必要措施，防范对网络的攻击、侵入、干扰、破坏和非法使用以及意外事故，使网络处于稳定可靠运行的状态，以及保障网络数据的完整性、保密性、可用性的能力。其中，又将网络界定为：由计算机或者其他信息终端及相关设备组成的按照一定的规则和程序对信息进行收集、存储、传输、交换、处理的系统。按照这一定义，网络安全的内涵包括两个方面：

（1）网络处于稳定可靠运行的状态

即没有发生网络攻击、侵入、干扰、破坏和非法使用和意外事故，网络系统达到了预期的稳定运行状态，系统具有可靠性。

（2）数据的完整性、保密性、可用性

网络系统运行的目标是传输和保存数据。因此，系统中保存和传输的数据是否保持完整性、保密性、可用性是网络安全的目标。

虽然《网络安全法》对于网络安全的界定在文字表述上清晰明确，但这一概念展开后，其内涵仍有需要进一步明晰的地方。

2. 计算机信息系统安全

在相关法律法规中，还有一个专业概念“计算机信息系统安全”，对于什么是计算机信息系统安全，法律并无直接的定义。

比如，《刑法》第285条规定了“危害计算机信息系统安全”类犯罪。最高人民法院及最高人民检察院针对《刑法》相关规定，出台了《关于办理危害计算机信息系统安全刑事案件应用法律若干问题的解释》（以下简称《解释》），该解释中也没有界定什么是“计算机信息系统安全”。

《解释》对于计算机信息系统的界定为：“计算机信息系统”和“计算机系统”，是指具备自动处理数据功能的系统，包括计算机、网络设备、通信设备、自动化控制设备等。

对比《解释》和《网络安全法》对于“计算机信息系统”和“网络”的界定，可以看出，两者的内涵具有相似性（见表10－1）。

表 10－1　网络与计算机信息系统比较呈现

类别	构成	运行规则	处理对象
网络	计算机、其他信息终端、相关设备	按照一定的规则和程序	对信息进行收集、存储、传输、交换、处理
计算机信息系统	计算机、网络设备、通信设备、自动化控制设备	自动处理	处理数据

通过上述对比可以看出，网络和计算机信息系统的构成相似，都是由计算机与其他信息终端和相关设备组成，或者可以理解为，“网络”与“计算机信息系统”在法律上具有相同的内涵。

与此相对应，计算机信息系统安全的内涵也与网络安全的内涵相同。之所以对上述概念的内涵进行比较，是因为《刑法》中对于网络安全和计算机信息系统安全两个概念是并列使用的。

比如，《刑法》第 285 条的非法侵入计算机信息系统罪，非法获取计算机信息系统数据、非法控制计算机信息系统罪，以及提供侵入、非法控制计算机信息系统程序、工具罪与第 286 条的破坏计算机信息系统罪等罪名在《解释》中被归为“危害计算机信息系统安全的犯罪”，而《刑法》第 286 条之一则规定了拒不履行信息网络安全管理义务罪，这里采用的是“网络安全”的表述。为避免歧义，有必要对网络安全和计算机信息系统安全两个概念进行比较。

3. 危害网络安全的行为

按照《网络安全法》的界定，危害网络安全的行为包括对网络的攻击、侵入、干扰、破坏和非法使用以及意外事故。在《刑法》第 285 条、第 286 条①以及《解

① 《刑法》第 285 条规定：“【非法侵入计算机信息系统罪】违反国家规定，侵入国家事务、国防建设、尖端科学技术领域的计算机信息系统的，处三年以下有期徒刑或者拘役。
【非法获取计算机信息系统数据、非法控制计算机信息系统罪】违反国家规定，侵入前款规定以外的计算机信息系统或者采用其他技术手段，获取该计算机信息系统中存储、处理或者传输的数据，或者对该计算机信息系统实施非法控制，情节严重的，处三年以下有期徒刑或者拘役，并处或者单处罚金；情节特别严重的，处三年以上七年以下有期徒刑，并处罚金。

释》[①]中，则将危害计算机信息系统的行为作了更为完整的界定，如表 10－2 所示。

表 10－2　对危害行为的界定

法规名称	危害行为
《网络安全法》	攻击、侵入、干扰、破坏和非法使用
《刑法》非法侵入计算机信息系统罪	侵入
《刑法》非法获取计算机信息系统数据非法控制计算机信息系统罪	侵入或其他技术手段＋获取数据/非法控制
《刑法》提供侵入、非法控制计算机信息系统程序、工具罪	提供用于侵入、非法控制计算机信息系统的程序、工具
《刑法》破坏计算机信息系统罪	对计算机信息系统功能进行删除、修改、增加、干扰，造成计算机信息系统不能正常运行

【提供侵入、非法控制计算机信息系统程序、工具罪】提供专门用于侵入、非法控制计算机信息系统的程序、工具，或者明知他人实施侵入、非法控制计算机信息系统的违法犯罪行为而为其提供程序、工具，情节严重的，依照前款的规定处罚。单位犯前三款罪的，对单位判处罚金，并对其直接负责的主管人员和其他直接责任人员，依照各该款的规定处罚。”

《刑法》第 286 条规定：“【破坏计算机信息系统罪】违反国家规定，对计算机信息系统功能进行删除、修改、增加、干扰，造成计算机信息系统不能正常运行，后果严重的，处五年以下有期徒刑或者拘役；后果特别严重的，处五年以上有期徒刑。违反国家规定，对计算机信息系统中存储、处理或者传输的数据和应用程序进行删除、修改、增加的操作，后果严重的，依照前款的规定处罚。故意制作、传播计算机病毒等破坏性程序，影响计算机系统正常运行，后果严重的，依照第一款的规定处罚。单位犯前三款罪的，对单位判处罚金，并对其直接负责的主管人员和其他直接责任人员，依照第一款的规定处罚。”

① 《解释》第 2 条规定：“具有下列情形之一的程序、工具，应当认定为刑法第二百八十五条第三款规定的‘专门用于侵入、非法控制计算机信息系统的程序、工具’：（一）具有避开或者突破计算机信息系统安全保护措施，未经授权或者超越授权获取计算机信息系统数据的功能的；（二）具有避开或者突破计算机信息系统安全保护措施，未经授权或者超越授权对计算机信息系统实施控制的功能的；（三）其他专门设计用于侵入、非法控制计算机信息系统、非法获取计算机信息系统数据的程序、工具。”

续表

法规名称	危害行为
《解释》专门用于侵入、非法控制计算机信息系统程序、工具	(1) 具有避开或者突破计算机信息系统安全保护措施，未经授权或者超越授权获取计算机信息系统数据的功能的； (2) 具有避开或者突破计算机信息系统安全保护措施，未经授权或者超越授权对计算机信息系统实施控制的功能的； (3) 其他专门设计用于侵入、非法控制计算机信息系统、非法获取计算机信息系统数据的程序、工具

表 10－2 中的危害行为，攻击、破坏、干扰和非法使用比较容易理解，但对于何为“侵入”在理解方面存在一定的歧义，从而导致对《刑法》第 285 条第 2 款的“非法获取计算机信息系统数据罪”的不同理解。

《刑法》第 285 条并未规定什么样的行为构成“侵入”，《解释》同样没有直接规定什么样的行为构成“侵入”。按照《解释》对于“专门用于侵入、非法控制计算机信息系统程序、工具”的规定，以下行为情况属于为“侵入”提供工具：(1) 具有避开或者突破计算机信息系统安全保护措施，未经授权或者超越授权获取计算机信息系统数据的功能的；(2) 具有避开或者突破计算机信息系统安全保护措施，未经授权或者超越授权对计算机信息系统实施控制的功能的；(3) 其他专门设计用于侵入、非法控制计算机信息系统、非法获取计算机信息系统数据的程序、工具。对于工具的规定，可以间接得出一个结论“侵入的前提是避开或者突破计算机信息系统安全保护措施”。

但什么又是避开或者突破计算机信息系统安全保护措施呢？法律和司法解释同样没有明确界定。这就造成了实践中对于涉及网络安全案件的不同理解，最为典型的情况是如何界定绕过“反爬虫”措施，从而在特定网站或页面获取数据的行为。

笔者以上海某公司非法获取计算机信息系统数据罪一案为例予以说明。法院审理认定，被告上海某公司于 2016 年至 2017 年采用技术手段抓取被害单位北京字节跳动网络技术有限公司服务器中存储的视频数据，并通过破解被抓取公司的防抓取措施，使用“tt_spider”文件实施视频数据抓取行为。经鉴定，“tt_spider”文件中包含通过头条号视频列表、分类视频列表、相关视频及评论 3 个接口对被抓取公司服务器进行数据抓取。在数据抓取的过程中使用伪造“device_id”绕过服务器的身份校验，使用伪造 UA 及 IP 绕过服务器的访问频率限制。法院认为，被告单位及相关负责人违反国家规定，采用技术手段获取计算机信息系统中存储的数据，情节严重，其行为已构成非法获取计算机信息系统数据罪。鉴于被告单位认罪态度较好，且本案适用认罪认罚制度，故法院对被告予以从轻处罚。

从判决书披露的信息看，该案件之所以被认定为“非法获取计算机信息系统数据罪”，是因为采用“tt_spider”文件实施的视频数据抓取过程中，使用伪造“device_id”绕过服务器的身份校验，使用伪造 UA 及 IP 绕过服务器的访问频率限制。

该案件引申出来的一个问题是：采用改变 IP 从而绕过 IP 校验，以及采用技术措施规避 UA 校验、验证码校验等“反爬虫”技术措施，是否就属于“侵入”，从而构成了危害计算机信息系统的行为，或构成危害网络安全的行为？

在多数司法案例中，法院一般认为如果实施了绕过 IP 校验、UA 校验、验证码校验等“反爬虫”技术措施，并实施了数据获取行为，则会构成《刑法》第 285 条第 2 款规定的“非法获取计算机信息系统数据罪”。

笔者认为，绕过“反爬虫”措施，与伪造信息攻击、远端操纵、破解登录密码或者利用安全漏洞进入非开放系统破坏计算机信息系统在行为特征上存在一定差异。“爬虫”所获取的内容通常为公开页面内容，“反爬虫”措施通常是为了防范自动化程序的访问。而伪造信息攻击、远端操纵、破解登录密码或者利用安全漏洞进入非开放系统获取数据，则获取的通常为非公开内容，网站或 App 运营者不仅不会允许自动程序访问，同样不允许未经授权的真实用户访问。“反爬虫”措施不以破坏计算机信息系统为前提，而后者则以破坏系统安全为代价。

当然，由于法律法规对于“侵入”的界定并不清晰，导致对于危害网络安全或危害计算机信息系统安全行为的界定存在不够清晰的地方，对此，还需相关法律法规及司法解释予以进一步明确，以利于实务操作。

二、网络安全立法概况

1. 国家法律

2014 年 2 月 27 日，中央网络安全和信息化领导小组第一次会议召开。习近平同志指出：没有网络安全就没有国家安全，没有信息化就没有现代化。要抓紧制定立法规划，完善互联网信息内容管理、关键信息基础设施保护等法律法规，依法治理网络空间，维护公民合法权益。

国家法律层面，最早对于网络安全进行规定的是《国家安全法》。2015 年 7 月 1 日，第十二届全国人民代表大会常务委员会第十五次会议审议通过了《国家安全法》，并自公布之日起施行。

该法第 25 条规定，国家建设网络与信息安全保障体系，提升网络与信息安全保护能力，加强网络和信息技术的创新研究和开发应用，实现网络和信息核心技术、关键基础设施和重要领域信息系统及数据的安全可控；加强网络管理，防范、制止和依法惩治网络攻击、网络入侵、网络窃密、散布违法有害信息等网络违法犯罪行为，维护国家网络空间主权、安全和发展利益。在《国家安全法》将网络空间主权、安全和发展利益作为国家安全重要构成内容的基础上，我国制定了《网络安全法》。本章主要对《网络安全法》及相关规则予以介绍。

（1）《网络安全法》

2016 年 11 月 7 日，第十二届全国人民代表大会常务委员会第二十四次会议通过了《网络安全法》，该法自 2017 年 6 月 1 日起施行。《网络安全法》是我国第一部专门对网络安全进行规范的法律。当然，《网络安全法》所规制的网络安全是一个广义的概念，既包括信息系统的软硬件安全，也包括系统中的数据安全和个人信息保护。

《网络安全法》开宗明义地规定了立法目的为保障网络安全，维护网络空间主权和国家安全、社会公共利益，保护公民、法人和其他组织的合法权益，促进经济社会信息化健康发展。[①] 主要章节包括：网络安全支持与促进、网络运行安全、网络信息安全、监测预警与应急处置、法律责任。其中，规定的主要的制度包括：

其一，网络安全等级保护制度。《网络安全法》第 21 条规定，国家实行网络安全等级保护制度。网络运营者应当按照网络安全等级保护制度的要求，履行下列安全保护义务，保障网络免受干扰、破坏或者未经授权的访问，防止网络数据

---

① 《网络安全法》第 1 条规定："为了保障网络安全，维护网络空间主权和国家安全、社会公共利益，保护公民、法人和其他组织的合法权益，促进经济社会信息化健康发展，制定本法。"

泄露或者被窃取、篡改。按照这一制度要求，网络运营者应采用与自身等级保护相适应的系统软硬件配置，并建立相应的管理制度。

其二，产品与服务的准入管理制度。《网络安全法》对于相关产品和服务规定了准入要求，主要体现为两个方面：第一，网络产品、服务应符合相关国家标准的强制性要求。① 第二，网络关键设备和网络安全专用产品，除了符合相关国家标准的强制性要求外，还需要经过有资质的机构进行安全认证或者监测合格后，方可进行销售或对外提供。②

从上述准入规定可以看出，对于一般的网络产品及服务，企业自身对照国家标准执行即可，而对于关键网络设备和网络安全专用产品，则需要在认证或检测后方可入网。

其三，网络安全应急管理制度。网络运营者在应急管理方面有三个方面的义务：一是制定网络安全事件的应急预案；二是及时处置系统漏洞、病毒、网络攻击与入侵风险；三是发生安全事件时，及时启动预案，并向主管机关报告。③

其四，关键信息基础设施保护。《网络安全法》第 31 条规定了关键信息基础设施保护制度。国家对公共通信和信息服务、能源、交通、水利、金融、公共服务、电子政务等重要行业和领域，以及其他一旦遭到破坏、丧失功能或者数据泄露，可能严重危害国家安全、国计民生、公共利益的关键信息基础设施，在网络安全等级保护制度的基础上，实行重点保护。对于关键信息基础设施保护，2021 年颁布并实施的《关键信息基础设施安全保护条例》作了更为细化与完善的规定。

---

① 《网络安全法》第 22 条规定："网络产品、服务应当符合相关国家标准的强制性要求。网络产品、服务的提供者不得设置恶意程序；发现其网络产品、服务存在安全缺陷、漏洞等风险时，应当立即采取补救措施，按照规定及时告知用户并向有关主管部门报告。网络产品、服务的提供者应当为其产品、服务持续提供安全维护；在规定或者当事人约定的期限内，不得终止提供安全维护。网络产品、服务具有收集用户信息功能的，其提供者应当向用户明示并取得同意；涉及用户个人信息的，还应当遵守本法和有关法律、行政法规关于个人信息保护的规定。"

② 《网络安全法》第 23 条规定："网络关键设备和网络安全专用产品应当按照相关国家标准的强制性要求，由具备资格的机构安全认证合格或者安全检测符合要求后，方可销售或者提供。国家网信部门会同国务院有关部门制定、公布网络关键设备和网络安全专用产品目录，并推动安全认证和安全检测结果互认，避免重复认证、检测。"

③ 《网络安全法》第 25 条规定："网络运营者应当制定网络安全事件应急预案，及时处置系统漏洞、计算机病毒、网络攻击、网络侵入等安全风险；在发生危害网络安全的事件时，立即启动应急预案，采取相应的补救措施，并按照规定向有关主管部门报告。"

其五，网络实名制。《网络安全法》规定了需要进行网络实名制的几种情况。① 网络实名制是网络空间治理和数据安全的保障之一，通过真实身份的验证，可以减少通过隐藏身份实施危害网络安全或数据安全行为的发生。

此外，《网络安全法》还规定了重要数据出境安全评估、网络安全审查以及个人信息保护等相关制度。

（2）《刑法》

《刑法》作为网络安全的基础性法律之一，确定了违反相关法律的刑事责任。与网络安全相关性最为紧密的刑事罪名包括危害计算机信息系统安全犯罪、拒不履行信息网络安全管理义务罪、侵犯公民个人信息犯罪。

①危害计算机信息系统安全犯罪

危害计算机信息系统安全犯罪，包括多个罪名：

其一，非法侵入计算机信息系统罪。该罪名由《刑法》第 285 条第 1 款规定，违反国家规定，侵入国家事务、国防建设、尖端科学技术领域的计算机信息系统的，处 3 年以下有期徒刑或者拘役。

其二，非法获取计算机信息系统数据罪。该罪名由《刑法》第 285 条第 2 款规定，指违反国家规定，侵入前款（国家事务、国防建设、尖端科学技术领域的计算机信息系统）规定以外的计算机信息系统或者采用其他技术手段，获取该计算机信息系统中存储、处理或者传输的数据的行为，情节严重的。

其三，非法控制计算机信息系统罪。该罪名由《刑法》第 285 条第 2 款规定，指违反国家规定，侵入前款（国家事务、国防建设、尖端科学技术领域的计算机信息系统）规定以外的计算机信息系统或者采用其他技术手段对该计算机信息系统实施非法控制，情节严重的。

其四，提供侵入、非法控制计算机信息系统程序、工具罪。该罪名由《刑法》第 285 条第 3 款规定，是指提供专门用于侵入、非法控制计算机信息系统的程序、工具，或者明知他人实施侵入、非法控制计算机信息系统的违法犯罪行为而为其提供程序、工具，情节严重的。

---

① 《网络安全法》第 24 条第 1 款规定：“网络运营者为用户办理网络接入、域名注册服务，办理固定电话、移动电话等入网手续，或者为用户提供信息发布、即时通讯等服务，在与用户签订协议或者确认提供服务时，应当要求用户提供真实身份信息。用户不提供真实身份信息的，网络运营者不得为其提供相关服务。”

其五，破坏计算机信息系统罪。该罪名由《刑法》第286条规定，是指对计算机信息系统功能进行删除、修改、增加、干扰，造成计算机信息系统不能正常运行，后果严重的情形；或者违反国家规定，对计算机信息系统中存储、处理或者传输的数据和应用程序进行删除、修改、增加的操作，后果严重的；或者故意制作、传播计算机病毒等破坏性程序，影响计算机系统正常运行，后果严重的。

②拒不履行信息网络安全管理义务罪

该罪名由《刑法》第286条之一规定，是指网络服务提供者不履行法律、行政法规规定的信息网络安全管理义务，经监管部门责令采取改正措施而拒不改正，主要包括：致使违法信息大量传播的；致使用户信息泄露，造成严重后果的；致使刑事案件证据灭失，情节严重的；有其他严重情节的。

2. 行政法规

网络安全方面的行政法规主要包括《计算机信息系统安全保护条例》《关键信息基础设施安全保护条例》《网络安全等级保护条例（征求意见稿）》等。

（1）《计算机信息系统安全保护条例》

《计算机信息系统安全保护条例》是我国发布的首部专门用于规范网络安全的行政法规，该条例于1994年2月18日经国务院令第147号发布，并于2011年1月8日修订。该条例的制定目的在于保障计算机信息系统的安全，促进计算机的应用和发展，保障社会主义现代化建设的顺利进行。

如本章前面所做的“计算信息系统安全”与“网络安全”的内涵对比分析，在《网络安全法》颁布之前，对于网络安全，一般采用计算机信息系统安全的表述。究其原因，在于当时的计算机信息系统更加侧重信息的处理，且系统的互联互通处于早期阶段。因此，在表述的时候并不突出网络这一属性。

该条例对计算机信息系统的定义作了界定，是指由计算机及其相关配套的设备、设施（含网络）构成，按照一定的应用目标和规则对信息进行采集、加工、存储、传输、检索等处理的人机系统。该条例还规定了网络安全等级保护①和计算机病毒及有害数据的归口管理机关为公安部②。

① 《计算机信息系统安全保护条例》第9条规定：“计算机信息系统实行安全等级保护。安全等级的划分标准和安全等级保护的具体办法，由公安部会同有关部门制定。”

② 《计算机信息系统安全保护条例》第15条规定：“对计算机病毒和危害社会公共安全的其他有害数据的防治研究工作，由公安部归口管理。”

（2）《关键信息基础设施安全保护条例》

如前所述，关键信息基础设施保护是《网络安全法》在等级保护基础上确立的一项重要制度。为了落实《网络安全法》关于关键信息基础设施保护的要求，国务院第133次常务会议于2021年4月27日通过了《关键信息基础设施安全保护条例》，该条例已经于2021年9月1日施行。

与《网络安全法》① 对于关键信息基础设施的界定相比，该条例对关键信息基础设施的行业领域进行了扩大，在行业领域增加了国防科技工业。按照该条例，关键信息基础设施包括公共通信和信息服务、能源、交通、水利、金融、公共服务、电子政务、国防科技工业等重要行业和领域的，以及其他一旦遭到破坏、丧失功能或者数据泄露，可能严重危害国家安全、国计民生、公共利益的重要网络设施、信息系统等。该条例还对关键信息基础设施的保护部门②、认定规则③以及通知程序④作了专门规定。此外，对于关键信息基础设施运营者的责任义务也有详细的规定。⑤

---

① 《网络安全法》第31条第1款规定："国家对公共通信和信息服务、能源、交通、水利、金融、公共服务、电子政务等重要行业和领域，以及其他一旦遭到破坏、丧失功能或者数据泄露，可能严重危害国家安全、国计民生、公共利益的关键信息基础设施，在网络安全等级保护制度的基础上，实行重点保护。关键信息基础设施的具体范围和安全保护办法由国务院制定。"

② 《关键信息基础设施安全保护条例》第8条规定："本条例第二条涉及的重要行业和领域的主管部门、监督管理部门是负责关键信息基础设施安全保护工作的部门（以下简称保护工作部门）。"

③ 《关键信息基础设施安全保护条例》第9条规定："保护工作部门结合本行业、本领域实际，制定关键信息基础设施认定规则，并报国务院公安部门备案。制定认定规则应当主要考虑下列因素：（一）网络设施、信息系统等对于本行业、本领域关键核心业务的重要程度；（二）网络设施、信息系统等一旦遭到破坏、丧失功能或者数据泄露可能带来的危害程度；（三）对其他行业和领域的关联性影响。"

④ 《关键信息基础设施安全保护条例》第10条规定："保护工作部门根据认定规则负责组织认定本行业、本领域的关键信息基础设施，及时将认定结果通知运营者，并通报国务院公安部门。"

⑤ 《关键信息基础设施安全保护条例》第12条规定："安全保护措施应当与关键信息基础设施同步规划、同步建设、同步使用。"

《关键信息基础设施安全保护条例》第13条规定："运营者应当建立健全网络安全保护制度和责任制，保障人力、财力、物力投入。运营者的主要负责人对关键信息基础设施安全保护负总责，领导关键信息基础设施安全保护和重大网络安全事件处置工作，组织研究解决重大网络安全问题。"

《关键信息基础设施安全保护条例》第14条规定："运营者应当设置专门安全管理机构，并对专门安全管理机构负责人和关键岗位人员进行安全背景审查。审查时，公安机关、国家安全机关应当予以协助。"

《关键信息基础设施安全保护条例》第19条规定："运营者应当优先采购安全可信的网络产品和服务；采购网络产品和服务可能影响国家安全的，应当按照国家网络安全规定通过安全审查。"

(3)《网络安全等级保护条例(征求意见稿)》

该条例征求意见稿系依据《网络安全法》《保守国家秘密法》等法律制定,当前处于征求意见阶段。《网络安全法》规定了等级保护制度,该制度是网络与数据安全的基础性制度之一。

《网络安全等级保护条例(征求意见稿)》由公安部于2018年6月27日发布,主要内容包括网络安全等级保护的一般原则、主管部门、网络的安全保护、涉密网络的安全保护及密码管理等。该条例对于网络安全等级的保护部门作了规定,中央网络安全和信息化领导机构统一领导网络安全等级保护工作,国家网信部门负责网络安全等级保护工作的统筹协调,国务院公安部门主管网络安全等级保护工作,国家保密行政管理部门主管涉密网络分级保护工作,国家密码管理部门负责网络安全等级保护工作中有关密码管理工作的监督管理,国务院其他有关部门在各自职责范围内开展网络安全等级保护相关工作,县级以上地方人民政府依法开展网络安全等级保护工作。①

该条例还规定,根据网络在国家安全、经济建设、社会生活中的重要程度,以及其一旦遭到破坏、丧失功能或者数据被篡改、泄露、丢失、损毁后,对国家安全、社会秩序、公共利益以及相关公民、法人和其他组织的合法权益的危害程度等因素,网络分为五个安全保护等级。由于条例当前处于征求意见阶段,本书对于条例内容不做详细介绍。

3. 规章

(1)《网络安全审查办法》

《网络安全审查办法》(已失效)由国家互联网信息办公室、国家发展和改革委员会、工业和信息化部、公安部、国家安全部、财政部、商务部、中国人民银行、国家市场监督管理总局、国家广播电视总局、国家保密局、国家密码管理

---

① 《网络安全等级保护条例(征求意见稿)》第5条规定:"【职责分工】中央网络安全和信息化领导机构统一领导网络安全等级保护工作。国家网信部门负责网络安全等级保护工作的统筹协调。国务院公安部门主管网络安全等级保护工作,负责网络安全等级保护工作的监督管理,依法组织开展网络安全保卫。国家保密行政管理部门主管涉密网络分级保护工作,负责网络安全等级保护工作中有关保密工作的监督管理。国家密码管理部门负责网络安全等级保护工作中有关密码管理工作的监督管理。国务院其他有关部门依照有关法律法规的规定,在各自职责范围内开展网络安全等级保护相关工作。县级以上地方人民政府依照本条例和有关法律法规规定,开展网络安全等级保护工作。"

局联合制定，于2020年4月13日发布，并于2020年6月1日生效。

该办法作为落实《网络安全法》中网络安全审查的规章，构建了网络安全审查的基础制度。该办法确定了网络安全审查机制的组成单位①、适用网络安全审查的情况②以及审查程序。关于适用审查的情况，《网络安全审查办法》（已失效）规定，运营者采购网络产品和服务的，应当预判该产品和服务投入使用后可能带来的国家安全风险。影响或者可能影响国家安全的，应当向网络安全审查办公室申报网络安全审查。

2021年11月16日，根据执法实践，有关部门对《网络安全审查办法》进行了修订，修订后的《网络安全审查办法》已于2022年2月15日施行。

修订后的《网络安全审查办法》增加了中国证监会作为审查机制的成员单位。增加了两种需要进行网络安全审查的情形：

其一，网络平台运营者开展数据处理活动，影响或者可能影响国家安全的，应当按照本办法进行网络安全审查。

其二，掌握超过100万用户个人信息的网络平台运营者赴国外上市，必须向网络安全审查办公室申报网络安全审查。

（2）《信息安全等级保护管理办法》

2007年6月22日，公安部等部委发布了《信息安全等级保护管理办法》（公通字〔2007〕43号），该办法系为了落实《计算机信息系统安全保护条例》相关规定而制定，其目的是规范信息安全等级保护管理，提高信息安全保障能力和水平，维护国家安全、社会稳定和公共利益，保障和促进信息化建设。

《信息安全等级保护管理办法》还根据信息系统在国家安全、经济建设、社会生活中的重要程度，信息系统遭到破坏后对国家安全、社会秩序、公共利益以

---

① 《网络安全审查办法》（已失效）第4条规定："在中央网络安全和信息化委员会领导下，国家互联网信息办公室会同中华人民共和国国家发展和改革委员会、中华人民共和国工业和信息化部、中华人民共和国公安部、中华人民共和国国家安全部、中华人民共和国财政部、中华人民共和国商务部、中国人民银行、国家市场监督管理总局、国家广播电视总局、国家保密局、国家密码管理局建立国家网络安全审查工作机制。网络安全审查办公室设在国家互联网信息办公室，负责制定网络安全审查相关制度规范，组织网络安全审查。"

② 《网络安全审查办法》（已失效）第5条规定："运营者采购网络产品和服务的，应当预判该产品和服务投入使用后可能带来的国家安全风险。影响或者可能影响国家安全的，应当向网络安全审查办公室申报网络安全审查。关键信息基础设施保护工作部门可以制定本行业、本领域预判指南。"

及公民、法人和其他组织的合法权益的危害程度等因素，将信息系统的安全保护等级进行了五级划分，具体标准见下文。

4. 有关国家标准

除了上述法律、法规、规章外，我国在网络安全方面制定了一系列国家标准，并就特定行业制定了多项针对性的行业标准。当前，在网络安全方面的标准均主要为推荐性标准，笔者将部分重要的标准列举如下：

（1）国家标准

《信息安全技术——互联网信息服务安全通用要求》（GB/T 40645—2021）

《信息安全技术——生物特征识别信息保护基本要求》（GB/T 40660—2021）

《信息安全技术——网络产品和服务安全通用要求》（GB/T 39276—2020）

《信息安全技术——网络安全漏洞管理规范》（GB/T 30276—2020）

《信息安全技术——网络安全等级保护定级指南》（GB/T 22240—2020）

《信息安全技术——网络安全等级保护实施指南》（GB/T 25058—2019）

（2）有关行业标准

《信息安全技术——金融信息服务安全规范》（GB/T 36618—2018）

《金融行业网络安全等级保护实施指引》（JR/T 0071—2020）

《云计算技术金融应用规范——安全技术要求》（JR/T 0167—2020）

《云计算技术金融应用规范——技术架构》（JR/T 0166—2020）

《云计算技术金融应用规范——容灾》（JR/T 0168—2020）

三、网络安全等级保护制度

网络安全等级保护制度，是我国网络安全的一项重要制度，如前所述，在《网络安全法》《计算机信息系统安全保护条例》《网络安全等级保护条例（征求意见稿）》《信息安全等级保护管理办法》均有规定。当前在执行等级保护的执法实践中，主要是依据公安部等部门发布的《信息安全等级保护管理办法》。

1. 网络安全等级保护的法律法规体系

《网络安全法》从法律层面正式确立了“网络安全等级保护”，该制度的前身为“信息系统安全等级保护”，从以下时间轴可见网络安全等级保护法律法规体系的发展进程（见图 10－1）：

1994年2月18日，国务院发布《计算机信息系统安全保护条例》第9条、第16条规定计算机信息系统实行安全等级保护。安全等级的划分标准和安全等级保护的具体办法，由公安部会同有关部门制定。否则，由公安机关处以警告或停机整顿

1999年9月13日，国家质量技术监督局发布《计算机信息系统安全保护等级划分准则》（GB 17859—1999）、《信息系统安全等级保护基本要求》等技术标准。
2006年，国家质量技术监督局、国家标准化管理委员会发布了一系列关于信息系统安全保护等级的技术标准，如《信息系统安全等级保护基本要求》等技术标准，参照《信息安全技术 信息系统通用安全技术要求》（GB/T 20271—2006）、《信息安全技术 网络基础安全技术要求》（GE/T 20270—2006）、《信息安全技术 操作系统安全技术要求》（GB/T 20272—2006）、《信息安全技术 数据库管理系统安全技术要求》（GB/T 20273—2006）、《信息安全技术 服务器技术要求》、《信息安全技术 终端计算机系统安全等级技术要求》（GA/T 671—2006）

2007年6月22日，公安部、国家保密局、国家密码管理局、国务院信息化工作办公室（已撤销）发布《信息安全等级保护管理办法》
该管理办法的主要内容包括：总则、等级划分与保护（分为五级）、等级保护的实施与管理、涉及国家秘密信息系统的分级保护管理、信息安全等级保护的密码管理、法律责任、附则

2017年5月8日，公安部发布《信息安全技术 网络安全等级保护定级指南》
本标准规定了网络安全等级保护的定级方法和定级流程。
本标准适用于为等级保护对象的定级工作提供指导

2017年6月1日，中华人民共和国第十二届全国人民代表大会常务委员会第二十四次会议于2016年11月7日通过《网络安全法》，自2017年6月1日起施行。
正式确立了"网络安全等级保护制度"

2018年6月27日，公安部发布《网络安全等级保护条例（征求意见稿）》
《网络安全法》关于网络安全等级保护制度的配套制度

图10－1　网络安全等级保护的主要法律法规体系的发展进程

《网络安全等级保护条例（征求意见稿）》第3条第2款规定："前款所称'网络'是指由计算机或者其他信息终端及相关设备组成的按照一定的规则和程序对信息进行收集、存储、传输、交换、处理的系统。"《计算机信息系统安全保护条例》第2条规定："本条例所称的计算机信息系统，是指由计算机及其相关的和配套的设备、设施（含网络）构成的，按照一定的应用目标和规则对信息进行采集、加工、存储、传输、检索等处理的人机系统。"根据前述规定，"网络"相较于"计算机信息系统"而言，还包括"其他信息终端"。由"信息系统"变更为"网络"不单单是字面上的区别，还是互联网时代迭代技术升级在法律层面上的映射，涉及信息采集、使用的系统不仅包括计算机，还包含云计算平台、物

联网、移动互联技术的信息系统等新技术、新应用。

《网络安全法》关于网络安全等级保护制度的规定为第 21 条（网络运行安全）、第 31 条（关键信息基础设施的运行安全）、第 59 条（法律责任），前述条款只笼统规定网络运营者应按照网络安全等级保护制度的要求履行安全保护义务，以及未履行安全保护义务的法律责任。《网络安全等级保护条例（征求意见稿）》则成为《网络安全法》关于网络安全等级保护制度"落地执行"的关键性法规。

2. 网络安全等级保护的主管部门

《信息安全等级保护管理办法》规定了等级保护的主管部门及职责如下：公安机关负责信息安全等级保护工作的监督、检查、指导；国家保密工作部门负责等级保护工作中有关保密工作的监督、检查、指导；国家密码管理部门负责等级保护工作中有关密码工作的监督、检查、指导；涉及其他职能部门管辖范围的事项，由有关职能部门依照国家法律法规的规定进行管理；国务院信息化工作办公室（已撤销）及地方信息化领导小组办事机构负责等级保护工作的部门间协调。

此外，信息系统主管部门应当依照本办法及相关标准规范，督促、检查、指导本行业、本部门或者本地区信息系统运营、使用单位的信息安全等级保护工作。

而《网络安全等级保护条例（征求意见稿）》对于主管部门及职责分工的划分更为细化，主管部门的层级也更高。《网络安全等级保护条例（征求意见稿）》第 5 条规定，网络安全等级保护工作的各主管部门职责分工具体如下（见图 10－2）：

中央网络安全和信息化领导机构是指中央网络安全和信息化委员会，根据《深化党和国家机构改革方案》的相关规定，中央网络安全和信息化委员会为原中央网络安全和信息化领导小组于 2018 年 3 月更改后的机构，办事机构为中央网络安全和信息化委员会办公室，负责网络安全登记保护工作等相关领域的顶层设计、总体布局、统筹协调、整体推进、督促落实。

国家网信部门是指国家互联网信息办公室，根据《网络安全法》的相关规定，除了统筹协调网络安全等级保护工作外，国家互联网信息办公室的统筹协调职能还包括：（1）统筹协调有关部门对关键信息基础设施的安全保护采取相关措施；(2) 统筹协调有关部门加强网络安全信息收集、分析和通报工作，按照规定统一发布网络安全监测预警信息；(3) 统筹协调有关部门建立健全网络安全风险评估和应急工作机制，制定网络安全事件应急预案，并定期组织演练。

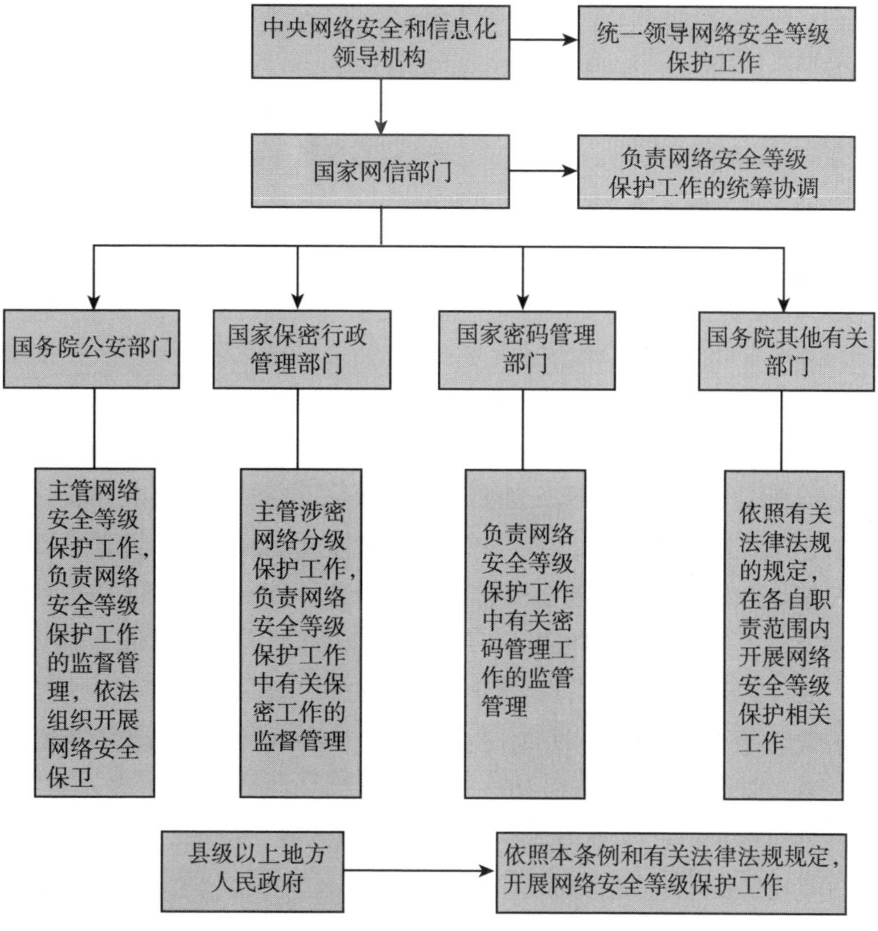

图 10-2　网络安全等级保护工作的各主管部门职责分工

公安部是网络安全等级保护工作的主管机关，负责制定非涉密网络安全等级测评机构和安全建设机构具体管理办法，对网络运营者不履行《网络安全等级保护条例（征求意见稿）》的行为，有权采取责令改正、警告、没收违法所得，罚款、停业整顿、通知发证机关吊销相关业务许可证或者吊销营业执照等行政处罚措施。实践中，各地公安部门也是网络安全等级定级备案的审核机关，并出具网络安全等级保护备案证明文件。

国家保密行政管理部门（国家保密局）负责网络安全等级保护工作中有关保密工作的监督管理，按照《网络安全等级保护条例（征求意见稿）》第 35 条的规定，此处“保密工作”涉及国家秘密，分为绝密级、机密级和秘密级，但并不包含商业秘密或个人隐私等。

国家密码管理部门（国家密码管理局）负责网络安全等级保护工作中有关密码管理工作的监督管理，按照《网络安全等级保护条例（征求意见稿）》第五章“密码管理”的规定，此处“密码管理工作”不仅包含上述涉及国家秘密的涉密网络，还包括非涉密网络。另外，根据《信息安全等级保护管理办法》《信息安全等级保护商用密码管理办法》等规定，国家密码管理部门还负责信息安全等级保护商用密码测评机构的审批。

《网络安全等级保护条例（征求意见稿）》未明确规定国务院其他管理部门的具体名称，但根据该条例第 9 条规定，国务院其他管理部门还包括国务院标准化行政管理部门（国家标准化管理委员会）。该部门有权组织制定网络安全等级保护的国家标准、行业标准，目前该部门已经发布或处于征求意见稿阶段的网络安全等级保护方面的国家标准包括《信息安全技术——网络安全等级保护定级指南》、《信息安全技术——网络安全等级保护设计技术要求　第 1 部分：通用设计要求（征求意见稿）》等共计 5 个部分、《信息安全技术——信息系统安全等级保护测评要求》（GB/T 28448—2012）、《信息安全技术——信息系统安全等级保护测评过程指南》（GB/T 28449—2012）等。

上述领导机构与《网络安全法》《数据安全法》《个人信息保护法》等法律所确定的网络安全领导架构保持一致。

3. 网络安全等级的划定标准

网络安全等级保护的基本思想就是对信息系统进行分级管理、分级保护，从而平衡网络安全与资源的合理投入。

《信息安全等级保护管理办法》根据信息系统在国家安全、经济建设、社会生活中的重要程度，信息系统遭到破坏后对国家安全、社会秩序、公共利益以及公民、法人和其他组织的合法权益的危害程度等因素，将信息系统的安全保护等级分为五级，划分标准如表 10－3 所示：

表 10－3　信息系统安全保护等级划分标准

划定因素 安全等级	一旦受到破坏会对相关公民、法人和其他组织的合法权益造成损害的严重程度	对国家安全、社会秩序和公共利益的危害程度
第一级	损害	不会损害
第二级	严重损害	损害社会秩序和公共利益，但不会损害国家安全
第三级	—	对社会秩序和公共利益造成严重损害，或者危害国家安全
第四级	—	对社会秩序和公共利益造成特别严重损害，或者对国家安全造成严重损害
第五级	—	对国家安全造成特别严重损害

《网络安全等级保护条例（征求意见稿）》则对网络安全等级作了一定的调整，具体如下（见表 10－4）：

表 10－4　网络安全保护等级

划定因素 安全等级	一旦受到破坏会对相关公民、法人和其他组织的合法权益造成损害的严重程度	对国家安全、社会秩序和公共利益的损害程度	网络类型
第一级	损害	不会危害	一般网络
第二级	严重损害	对社会秩序和公共利益危害，但不危害国家安全	一般网络
第三级	特别严重损害	对社会秩序和公共利益造成严重损害，或者对国家安全造成危害	重要网络
第四级	—	对社会秩序和公共利益造成特别严重损害，或者对国家安全造成严重危害	特别重要网络
第五级	—	对国家安全造成特别严重危害	极其重要网络

《网络安全等级保护条例（征求意见稿）》关于网络安全保护等级的划定标准基本沿袭了《信息安全等级保护管理办法》关于信息系统安全等级划分的规定，但相较于《信息安全等级保护管理办法》，《网络安全等级保护条例（征求意见稿）》的划定标准更加明确，具体而言：

（1）《网络安全等级保护条例（征求意见稿）》明确了各个级别项下的网络类型，除了规定从第一级到第五级的分级标准外，还归纳了一般网络、重要网络、特别重要网络、极其重要网络等网络类型。而《信息安全等级保护管理办法》只规定了五级划分标准。

（2）《信息安全等级保护管理办法》项下的第三级并未规定系统受到破坏后对公民、法人和其他组织的合法权益造成损害的严重程度，《网络安全等级保护条例（征求意见稿）》明确将对公民、法人和其他组织的合法权益造成特别严重损害的情形规定为第三级。

（3）《网络安全等级保护条例（征求意见稿）》的划定标准添加了关于保护网络使用者数据的规定，《网络安全等级保护条例（征求意见稿）》第 15 条规定，根据网络……或者数据被篡改、泄露、丢失、损毁后，对国家安全、社会秩序、公共利益以及相关公民、法人和其他组织的合法权益的危害程度等因素。而《信息安全等级保护管理办法》的划定标准并未考虑数据保护方面的因素。

4. 不同等级网络运营者的安全保护义务

《信息安全等级保护管理办法》对于不同等级的网络运营者规定了相应的安全保护义务，其中第一级属于企业自行落实相关标准，第二级以上信息系统需要在等级确定后由公安机关办理备案手续，第三级信息系统应每年至少进行一次等级测评，第四级信息系统应当每半年至少进行一次等级测评，第五级信息系统应当依据特殊安全需求进行等级测评。

对于信息系统运营、使用单位应当依据该办法和《信息系统安全等级保护定级指南》确定信息系统的安全保护等级。有主管部门的，应当经主管部门审核批准。跨省或者全国统一联网运行的信息系统可以由主管部门统一确定安全保护等级。对拟确定为第四级以上信息系统的，运营、使用单位或者主管部门应当请国家信息安全保护等级专家评审委员会评审。

受理备案的公安机关应当对第三级、第四级信息系统的运营、使用单位的信息安全等级保护工作情况进行检查。对第三级信息系统每年至少检查一次，对第四级信息系统每半年至少检查一次。对跨省或者全国统一联网运行的信息系统的检查，应当会同其主管部门进行。对第五级信息系统，应当由国家指定的专门部门进行检查。

《网络安全等级保护条例（征求意见稿）》对于不同等级的网络运营者应履行的安全保护义务作了更加深化的规定，现归纳如表 10－5 所示：

表 10－5 不同等级网络运营者应履行的安全保护义务

分类	内容	
所有等级的网络运营者	一般安全保护义务（第 20 条）	确定网络安全等级保护工作责任人，建立网络安全等级保护工作责任制等
	自查工作（第 25 条）	每年对本单位落实网络安全等级保护制度情况和网络安全状况至少开展一次自查
	数据和信息安全保护（第 31 条）	建立并落实重要数据和个人信息安全保护制度、建立异地备份恢复等技术措施等
	新技术新应用风险管控（第 34 条）	采取措施，管控云计算等新技术、新应用带来的安全风险，消除安全隐患
第三级以上网络的运营者	特殊安全保护义务（第 21 条）	对网络安全管理负责人和关键岗位的人员进行安全背景审查，落实持证上岗制度等
	等级测评（第 23 条）	每年开展一次网络安全等级测评，并将测评结果等向备案的公安机关报告
	产品服务采购使用的安全要求（第 28 条）	应当采用与其安全保护等级相适应的网络产品和服务等
	技术维护要求（第 29 条）	应当在境内实施技术维护，不得境外远程技术维护等
	监测预警和信息通报（第 30 条）	建立健全网络安全监测预警和信息通报制度，向同级公安机关和行业主管部门报送监测预警信息，报告网络安全事件等
	应急处置要求（第 32 条）	制定网络安全应急预案，定期开展网络安全应急演练等

续表

分类	内容	
新建的第二级网络	上线检测（第 22 条第 1 款）	按照网络安全等级保护有关标准规范进行测试
新建的第三级以上网络	上线检测（第 22 条第 2 款）	委托网络安全等级测评机构按照网络安全等级保护有关标准规范进行等级测评

相较《网络安全法》对于等级保护义务的笼统规定，《网络安全等级保护条例（征求意见稿）》区别了不同级别网络运营者应履行的相应安全保护义务，且网络运营者的安全保护义务内容更加详细：

（1）《网络安全等级保护条例（征求意见稿）》关于所有等级网络运营者的一般安全保护义务内容基本吸纳了《网络安全法》第 21 条关于安全保护义务条款，同时，还规定网络运营者应当落实身份识别、防范恶意代码感染传播、防范网络入侵攻击的管理和技术措施，落实联网备案和用户真实身份查验等责任，落实机房安全管理、设备和介质安全管理、网络安全管理等制度，落实个人信息保护措施，落实违法信息发现、阻断、消除等措施，落实防范违法信息大量传播、违法犯罪证据灭失等措施等。

（2）《网络安全等级保护条例（征求意见稿）》为第三级以上网络运营者创设了新的安全保护义务内容，主要包括表 10－5 中产品服务采购使用的安全保护要求以及技术维护要求等。需要注意的是，《网络安全法》只规定了关键信息基础设施的网络运营者应在“境内储存”收集和产生的个人信息和重要数据，但未规定“技术维护”环节的要求，《网络安全等级保护条例（征求意见稿）》第 29 条明确规定第三级以上的网络运营者应在“境内实施技术维护”，那么，《网络安全等级保护条例（征求意见稿）》生效后，关键信息基础设施的网络运营者如果同时被定级为第三级以上的，还应履行在“境内实施技术维护”义务。因业务需要，确需进行境外远程技术维护的，应履行网络安全评估义务，但《网络安全等级保护条例（征求意见稿）》并未规定网络安全评估义务的程序、主管部门、评估标准等内容，同《网络安全法》关于向境外提供个人信息和数据进行安全评估规定的现状，“境外实施技术维护”同样尚需相关主管部门出台规定予以规范。

5. “三同步”原则

《网络安全等级保护条例（征求意见稿）》第 4 条第 2 款规定：“网络运营者

在网络建设过程中，应当同步规划、同步建设、同步运行网络安全保护、保密和密码保护措施。”根据该条规定，在正式开展业务之初，网络运营者即应开始同步“规划”、“建设”或“运行”网络安全保护等措施，如涉及保密，还应同步实施“保密”和“密码保护”两项措施。

同时，根据《网络安全等级保护条例（征求意见稿）》第16条的规定，在前述“规划设计阶段”，网络运营者就应当确定网络的安全保护等级，这就意味着，在正式开展业务之前，网络运营者就应当向主管部门申请网络定级手续，后续发生网络功能等重大变化时，应履行相应网络的安全保护等级变更手续。

《信息安全等级保护管理办法》系在《网络安全法》颁布之前生效的规章，随着《网络安全法》等生效，等级保护也逐渐加大了推进与执法力度。而《网络安全等级保护条例（征求意见稿）》对等级保护的规定细化了《网络安全法》关于网络安全等级保护工作的条款，也基本沿袭了《信息安全等级保护管理办法》《信息安全技术——网络安全等级保护定级指南》等关于信息安全等级保护工作的内容，《网络安全等级保护条例（征求意见稿）》目前尚处于征求意见阶段，系统规定了网络安全等级保护工作的主管部门、各个不同等级网络运营者的安全保护义务及其法律责任、备案定级的程序等，生效后的《网络安全等级保护条例（征求意见稿）》将成为我国网络安全等级保护工作的“纲领性”法律法规，对此应予以充分关注。

四、关键信息基础设施保护制度

关键信息基础设施保护，是《网络安全法》确立的一项重要制度。实际上，关键信息基础设施保护的思路，在2015年修订的《国家安全法》中已经体现。

《国家安全法》第25条规定，实现网络和信息核心技术、关键基础设施和重要领域信息系统及数据的安全可控。① 这里所采用的表述为“关键基础设施和重要领域信息系统及数据的安全可控”，虽然并未直接采用“关键信息基础设施”的表述，但因为“关键基础设施”所针对的是信息系统和数据的安全可控，因

① 《国家安全法》第25条规定：“国家建设网络与信息安全保障体系，提升网络与信息安全保护能力，加强网络和信息技术的创新研究和开发应用，实现网络和信息核心技术、关键基础设施和重要领域信息系统及数据的安全可控；加强网络管理，防范、制止和依法惩治网络攻击、网络入侵、网络窃密、散布违法有害信息等网络违法犯罪行为，维护国家网络空间主权、安全和发展利益。”

此，可以理解为，《国家安全法》在第25条已经体现了关键信息基础设施保护的含义。

1. 关键信息基础设施的立法沿革

如上所述，《国家安全法》体现了关键信息基础设施保护的含义，而《网络安全法》则明确界定了关键信息基础设施，并规定了运营者的基本义务。

在2017年7月10日，国家互联网信息办公室即就《关键信息基础设施安全保护条例（征求意见稿）》向社会公开征求意见，引起了行业广泛关注，但一直未正式发布。

2021年8月17日，中国政府网发布了《关键信息基础设施安全保护条例》（2021年7月30日通过，2021年9月1日施行），将《网络安全法》确立的关键信息基础设施（Critical Information Infrastructures，CII）保护制度进一步细化要求，推动了落地进程。

至此，关键信息基础设施保护的法律、法规体系完整展示在公众面前，关键信息基础设施保护、运营者的保护义务日趋完善。

2. 关键信息基础实施监管体系

《关键信息基础设施安全保护条例（征求意见稿）》和《关键信息基础设施安全保护条例》都明确规定由国家网信部门统筹协调，但是最终颁布的《关键信息基础设施安全保护条例》相较于《关键信息基础设施安全保护条例（征求意见稿）》，将重要行业和领域的主管部门、监督管理部门的负责"指导和监督"变更为负责"安全保护工作"，在此基础上还明确了国务院公安部门"负责指导监督"。同时，不在总则中强调"国家安全、国家保密行政管理、国家密码管理"这些部门，而由"国务院电信主管部门和其他有关部门"来替代。

总体来说，《关键信息基础设施安全保护条例》在保持网信部门统筹、行业领域主管部门直接监督管理的基础上，明确了公安部门的指导责任，一定程度上有利于提高决策效率。

对于其他部门列举方式的变化则与《网络安全法》一脉相承，重视电信部门在关键信息基础设施保护中的特殊性。不过，列举方式的变化并没有削弱国家安全、保密行政管理、密码管理等部门介入关键信息基础设施保护的途径——《关键信息基础设施安全保护条例》第28条明确前述部门可以依法开展关键信息基础设施网络安全检查工作的内容。

在对地方政府的规定上，将“县级以上”变更为“省级”，提升了关键信息基础设施安全保护工作的行政区划管理层级，并未将相关管理工作进行进一步下放，既体现了对于关键信息基础设施安全保护工作的重视，又体现了高级别集中管理的导向，这一点与同样属于强监管领域的金融监管具有相似之处。

综上，关键信息基础设施保护的监管体系可以归纳为：

（1）统筹协调部门

国家网信部门为关键信息基础设施保护的统筹协调部门，主要职责包括两个方面：

其一，统筹协调有关部门建立网络安全信息共享机制，及时汇总、研判、共享、发布网络安全威胁、漏洞、事件等信息，促进有关部门、保护工作部门、运营者以及网络安全服务机构等之间的网络安全信息共享。

其二，统筹协调国务院公安部门、保护工作部门对关键信息基础设施进行网络安全检查检测，提出改进措施。

（2）监督指导部门

国务院公安部门是关键信息基础设施保护的监督指导部门，主要职责包括五个方面：

其一，备案关键信息基础设施认定规则、接收关键信息基础设施认定结果的通报。

其二，接收重大网络安全事件或者发现重大网络安全威胁的报告。

其三，对关键信息基础设施进行网络安全检查检测，提出改进措施。

其四，根据保护工作部门的需要，及时提供技术支持与协助。

其五，依据职责依法加强关键信息基础设施安全保卫，防范打击针对和利用关键信息基础设施实施的违法犯罪活动。

（3）监督管理部门

国务院电信主管部门和其他有关部门是关键信息基础设施保护的监督管理部门，主要职责包括三个方面：

其一，在各自职责范围内负责关键信息基础设施安全保护和监督管理工作。

其二，及时提供技术支持和协助。

其三，接收关于基础电信网络实施漏洞探测、渗透性测试等活动的事先报告。

（4）保护工作部门

关键信息基础设施涉及的重要行业和领域的主管部门、监督管理部门是关键信息基础设施保护的保护工作部门，主要职责包括三个方面：

其一，关键信息基础设施认定规则的制定；组织关键信息基础设施识别与认定工作，通知运营者并通报国务院公安部门。

其二，制定关键信息基础设施的保护的规划与制度。

制定本行业、本领域关键信息基础设施安全规划，明确保护目标、基本要求、工作任务、具体措施。建立健全本行业、本领域的关键信息基础设施网络安全监测预警制度。按照国家网络安全事件应急预案的要求，建立健全本行业、本领域的网络安全事件应急预案。

其三，关键信息基础设施的检查检测。定期组织开展本行业、本领域关键信息基础设施网络安全检查检测，指导监督运营者及时整改安全隐患、完善安全措施。

（5）省级人民政府有关部门

省级人民政府有关部门，依据各自职责对关键信息基础设施实施安全保护和监督管理。

3. 关键信息基础设施的认定标准

从《网络安全法》《关键信息基础设施安全保护条例》可以看出，关键信息基础设施的认定标准发生了一定的变化。

《网络安全法》规定的重要行业和领域包括：公共通信和信息服务、能源、交通、水利、金融、公共服务、电子政务七大领域，以及其他一旦遭到破坏、丧失功能或者数据泄露，可能严重危害国家安全、国计民生、公共利益的关键信息基础设施。

《关键信息基础设施安全保护条例》规定的重要行业和领域包括：公共通信和信息服务、能源、交通、水利、金融、公共服务、电子政务、国防科技工业八大领域，以及其他一旦遭到破坏、丧失功能或者数据泄露，可能严重危害国家安全、国计民生、公共利益的重要网络设施、信息系统等。相比《网络安全法》新增“国防科技工业”领域，还增加了“重要网络设施、信息系统”的表述。

按照《关键信息基础设施安全保护条例》，关键信息基础设施的认定规则，由保护工作部门结合本行业、本领域实际制定，并报国务院公安部门备案。由保护工作部门根据行业或领域的情况制定认定规则，说明各个重点行业领域区别较大，制定适用各个重点行业领域的统一标准存在比较大的困难，各行各业关键信息基础设施的数据敏感度、稳定性要求都可能存在重大区别。因此，《关键信息基础设施安全保护条例》仅规定识别的原则：重要性标准（对于本行业、本领域关键核心业务的重要程度）、风险危害标准（一旦遭到破坏、丧失功能或者数据泄露可能带来的危害程度）、关联影响标准（对其他行业和领域的关联性影响），将制定具体标准的权力授予保护工作部门，依靠其更贴近行业的信息优势来制定更符合国情认定规则。接下来各个重点行业领域的主管部门可能会出台相应认定规则，建议持续关注。

4. 关键信息基础设施运营者责任

《网络安全法》因为覆盖范围包括一般运营者和关键信息基础设施的运营者（CIIO），所以在梳理运营者责任的过程中需要同步梳理对于一般运营者责任的规定。以下将针对《网络安全法》与《关键信息基础设施安全保护条例》的不同方面分别进行分析。

（1）安全保护措施的整体要求

《关键信息基础设施安全保护条例》更聚焦于安全保护措施与关键信息基础设施本身在规划、建设、使用的同步性上的要求，而没有保留关于性能的规定。

（2）第一责任人/总责

相比《网络安全法》，《关键信息基础设施安全保护条例》虽然表述不一样，但是都确立了运营者负责人本身承担第一责任或总责的要求。并且，《关键信息基础设施安全保护条例》规定了保障人财物的投入与领导和研究的要求，既要求稳固安全保护工作的基础（人财物），又为其进步发展预留路径（研究）。关于保障基础的内容还有《关键信息基础设施安全保护条例》关于保障经费、人员以及专门安全管理机构参与决策的相关规定。

（3）保护基本要求

《关键信息基础设施安全保护条例》对于运营者的责任更为聚焦，从专门安全管理机构的角度出发，进行了更为体系化的整合，也体现了运营者对外整体责任及内部管理部门责任的区分度。可能是考虑个人信息、数据安全将有其他具体的法律法规，为了增加衔接的灵活性，《关键信息基础设施安全保护条例》仅原则性地规定了运营者履行个人信息和数据安全保护责任的要求，在后续的具体条款上并无进一步展开，比如未明确用户个人信息保护的具体要求、数据境内存储原则和数据跨境传输评估要求等。

此外，在保持《网络安全法》对于负责人和关键岗位人员进行安全背景审查的要求的基础上，《关键信息基础设施安全保护条例》还规定了公安机关、国家安全机关的协助义务，使运营者的审查工作可以得到国家的支持，有能力得到更充分的审查结论。

（4）安全检测、风险评估

《关键信息基础设施安全保护条例》沿用了《网络安全法》至少每年一次进行网络安全检测和风险评估的要求，对报送方式进行了微调，将决定是否报送以及具体报送方式的权力授予保护工作部门，没有额外增加运营者的安全检测评估工作负担。

（5）安全事件报告

《网络安全法》对于运营者在不同情形下的报告义务作出了规定，《关键信息基础设施安全保护条例》则对运营者的报告义务作出区分，分别规定了“重大”和“特别重大”情形下具体的报告对象。不过，如何认定“重大”和“特别重大”成为新产生的问题，将来可能也会有更为具体的配套规则落地。

（6）采购网络产品和服务

《关键信息基础设施安全保护条例》一以贯之地明确了网络安全审查制度，同时新增了“优先”采购“安全可信”产品服务的要求，以及在与提供者签订安全保密协议，明确对方安全保密义务与责任（《网络安全法》第36条要求）的基础上，增加了在协议中明确技术支持的要求和对对方义务与责任履行情况进行监督的要求。即不仅是形式上提出了要求，还要求在实际过程中应当采用恰当的手段促使对方按协议约定履行义务。

（7）网络安全检查检测

在安全检查中，运营者具有更重的配合义务，且规定更为具体，值得运营者提高关注度。《关键信息基础设施安全保护条例》没有沿用《网络安全法》中“抽查监测”的表述，而是使用“检查检测”的表述，并且新增了避免不必要的检查的要求。相对于可能更具有随机性色彩的“抽查”，“必要性”可能作为今后是否启动检查程序的评价标准，而是否属于必要也有待规则的进一步明确或者通过检查机构的实践执法活动来了解。此外，《关键信息基础设施安全保护条例》明确规定“检查工作不得收取费用，不得要求被检查单位购买指定品牌或者指定生产、销售单位的产品和服务”，也为禁止权力寻租留下制度依据。

作为网络安全领域中与网络安全等级保护制度并重的制度设计，关键信息基础设施保护制度的重要性不言自明。而《关键信息基础设施安全保护条例》作为关键信息基础设施保护制度落地的重要一环，对于网络安全事业有举足轻重的意义。

五、网络安全审查制度

网络安全审查是《网络安全法》确立的一项重要内容，也是国家安全审查的重要内容。

1. 网络安全审查制度的历史沿革

网络方面的国家安全审查，最早出现在2015年修订的《国家安全法》中，主要有两个相关条款与此有关。

其一，关于网络空间主权的表述。这一表述在《国家安全法》第25条中予以充分体现。国家建设网络与信息安全保障体系，提升网络与信息安全保护能力，加强网络和信息技术的创新研究和开发应用，实现网络和信息核心技术、关键基础设施和重要领域信息系统及数据的安全可控；加强网络管理，防范、制止和依法惩治网络攻击、网络入侵、网络窃密、散布违法有害信息等网络违法犯罪行为，维护国家网络空间主权、安全和发展利益。

其二，关于国家安全审查的表述。这一表述在《国家安全法》第59条中有明确的体现。国家建立国家安全审查和监管的制度和机制，对影响或者可能影响国家安全的外商投资、特定物项和关键技术、网络信息技术产品和服务、涉及国家安全事项的建设项目，以及其他重大事项和活动，进行国家安全审查，有效预防和化解国家安全风险。

在《国家安全法》的基础上，《网络安全法》第35条规定了国家安全审查制度。关键信息基础设施的运营者采购网络产品和服务，可能影响国家安全的，应当通过国家网信部门会同国务院有关部门组织的国家安全审查。但需要注意的是，《网络安全法》对于国家安全审查的适用范围仅限于“关键信息基础设施的运营者采购网络产品和服务，可能影响国家安全的”情形，这一表述范围，小于《国家安全法》的表述范围。

2020 年 4 月 13 日，国家互联网信息办公室、国家发展和改革委员会等十二个部门联合发布了《网络安全审查办法》，确认国家互联网信息办公室下设的网络安全审查办公室作为网络安全审查的监管部门，负责制定网络安全审查相关制度规范，组织网络安全审查，而被审查主体关键信息基础设施运营者（以下简称运营者）则对其采购网络产品和服务负有预判风险、提前申报审查的义务。《网络安全审查办法》于 2020 年 6 月 1 日正式实施，《网络产品和服务安全审查办法（试行）》同时废止。

《网络安全审查办法》对于适用范围的表述，与《网络安全法》相同，均为“关键信息基础设施的运营者采购网络产品和服务，可能影响国家安全的”情形。但采用的概念为“网络安全审查”，而非《网络安全法》中的“国家安全审查”。笔者认为，虽然采用的具体表述不同，但《网络安全审查办法》中的“网络安全审查”即《网络安全法》中的“国家安全审查”。

笔者认为，《网络安全审查办法》最大的价值在于塑造一种新的网络安全观。在复杂的国际大背景下，规范关键信息基础设施运营者采购网络产品和服务，维护网络空间的基础安全架构。

2.《网络安全审查办法》的修订与扩展

2021 年 7 月 10 日，国家互联网信息办公室发布了《网络安全审查办法（修订草案征求意见稿）》，并向社会公开征求意见。2021 年 11 月 16 日，根据执法实践，有关部门正式通过了《网络安全审查办法》的修订稿，修订后的《网络安全审查办法》已经于 2022 年 2 月 15 日施行。

相较于 2020 年 6 月 1 日开始施行的《网络安全审查办法》，修订后的《网络安全审查办法》将数据处理者的数据处理活动及国外上市活动纳入网络安全审查范围，既是对“数据主权”的彰显，也是对大数据时代国家安全内涵的全面阐释。2020 年《网络安全审查办法》与 2022 年《网络安全审查办法》之重要条款对比如表 10－6 所示：

表 10-6 2020 年《网络安全审查办法》与 2022 年《网络安全审查办法》重要条款对比

2020 年《网络安全审查办法》 2020 年 6 月 1 日施行	2022 年《网络安全审查办法》 2022 年 2 月 15 日施行
第 1 条　为了确保关键信息基础设施供应链安全，维护国家安全，依据《中华人民共和国国家安全法》《中华人民共和国网络安全法》，制定本办法	第 1 条　为了确保关键信息基础设施供应链安全，保障网络安全和数据安全，维护国家安全，根据《中华人民共和国国家安全法》、《中华人民共和国网络安全法》、《中华人民共和国数据安全法》、《关键信息基础设施安全保护条例》，制定本办法
第 2 条　关键信息基础设施运营者（以下简称运营者）采购网络产品和服务，影响或可能影响国家安全的，应当按照本办法进行网络安全审查	第 2 条第 1 款　关键信息基础设施运营者采购网络产品和服务，网络平台运营者开展数据处理活动，影响或可能影响国家安全的，应当按照本办法进行网络安全审查
第 4 条第 1 款　在中央网络安全和信息化委员会领导下，国家互联网信息办公室会同中华人民共和国国家发展和改革委员会、中华人民共和国工业和信息化部、中华人民共和国公安部、中华人民共和国国家安全部、中华人民共和国财政部、中华人民共和国商务部、中国人民银行、国家市场监督管理总局、国家广播电视总局、国家保密局、国家密码管理局建立国家网络安全审查工作机制	第 4 条第 1 款　在中央网络安全和信息化委员会领导下，国家互联网信息办公室会同中华人民共和国国家发展和改革委员会、中华人民共和国工业和信息化部、中华人民共和国公安部、中华人民共和国国家安全部、中华人民共和国财政部、中华人民共和国商务部、中国人民银行、国家市场监督管理总局、国家广播电视总局、中国证券监督管理委员会、国家保密局、国家密码管理局建立国家网络安全审查工作机制
	第 7 条　掌握超过 100 万用户个人信息的网络平台运营者赴国外上市，必须向网络安全审查办公室申报网络安全审查
第 7 条　运营者申报网络安全审查，应当提交以下材料： …… （三）采购文件、协议、拟签订的合同等； ……	第 8 条　当事人申报网络安全审查，应当提交以下材料： …… （三）采购文件、协议、拟签订的合同或者拟提交的首次公开募股（IPO）等上市申请文件； ……

续表

2020 年《网络安全审查办法》 2020 年 6 月 1 日施行	2022 年《网络安全审查办法》 2022 年 2 月 15 日施行
第 9 条　网络安全审查重点评估采购网络产品和服务可能带来的国家安全风险，主要考虑以下因素： （一）产品和服务使用后带来的关键信息基础设施被非法控制、遭受干扰或破坏，以及重要数据被窃取、泄露、毁损的风险； …… （五）其他可能危害关键信息基础设施安全和国家安全的因素	第 10 条　网络安全审查重点评估相关对象或者情形的以下国家安全风险因素： （一）产品和服务使用后带来的关键信息基础设施被非法控制、遭受干扰或者破坏的风险； …… （五）核心数据、重要数据或者大量个人信息被窃取、泄露、毁损以及非法利用、非法出境的风险； （六）上市存在关键信息基础设施、核心数据、重要数据或大量个人信息被外国政府影响、控制、恶意利用的风险，以及网络信息安全风险； （七）其他可能危害关键信息基础设施安全、网络安全和数据安全的因素
第 13 条　特别审查程序一般应当在 45 个工作日内完成，情况复杂的可以适当延长	第 14 条　特别审查程序一般应当在 90 个工作日内完成，情况复杂的可以延长
第 15 条　网络安全审查工作机制成员单位认为影响或可能影响国家安全的网络产品和服务，由网络安全审查办公室按程序报中央网络安全和信息化委员会批准后，依照本办法的规定进行审查	第 16 条第 1 款　网络安全审查工作机制成员单位认为影响或者可能影响国家安全的网络产品和服务以及数据处理活动，由网络安全审查办公室按程序报中央网络安全和信息化委员会批准后，依照本办法的规定进行审查
第 20 条第 2 款　本办法所称网络产品和服务主要指核心网络设备、高性能计算机和服务器、大容量存储设备、大型数据库和应用软件、网络安全设备、云计算服务，以及其他对关键信息基础设施安全有重要影响的网络产品和服务	第 21 条　本办法所称网络产品和服务主要指核心网络设备、重要通信产品、高性能计算机和服务器、大容量存储设备、大型数据库和应用软件、网络安全设备、云计算服务，以及其他对关键信息基础设施安全、网络安全和数据安全有重要影响的网络产品和服务

根据表10－6可以看出，修订后的内容主要包括：

（1）被审查主体的扩展

2020年《网络安全审查办法》的适用对象是“关键信息基础设施运营者”，2022年《网络安全审查办法》将被审查主体扩大至“关键信息基础设施运营者”和“数据处理者”。

（2）被审查主体扩展的依据

将数据处理者纳入网络安全审查，扩展了网络安全审查的被审查主体范围，意味着一般数据处理者的数据处理活动也将被纳入网络安全审查范围。这一修订的法律依据主要是《数据安全法》，也是我国“数据安全审查制度”的落地措施。

我国《数据安全法》于2021年9月1日起施行，而2020年《网络安全审查办法》的颁布时间早于《数据安全法》。因此，依据《数据安全法》对2020年《网络安全审查办法》进行修订，避免执法中法律的衔接问题，也是监管部门必然会采取的措施。

《数据安全法》第24条第1款规定了数据安全审查制度，“国家建立数据安全审查制度，对影响或者可能影响国家安全的数据活动进行国家安全审查”。通过分析《数据安全法》和2020年《网络安全审查办法》的内容不难看出，虽然两种审查都属于国家安全审查的范畴，但其被审查主体和待审查内容却不相同。

《数据安全法》的审查内容包括所有影响或可能影响国家安全的数据活动，既包括线上的数据活动，也包括线下的数据活动，且对数据活动主体并未作出限制。而2020年《网络安全审查办法》所审查的主体仅为关键信息基础设施运营者产品或服务的采购环节，无法涵盖非关键信息基础设施运营者的数据处理活动。

（3）审查所针对行为的扩展及依据

2020年《网络安全审查办法》所针对的行为是“采购活动”，而2022年《网络安全审查办法》中则将数据处理活动和国外上市纳入网络安全审查评估活动。将数据处理活动和国外上市纳入网络安全审查，扩展了网络安全审查所针对行为的范畴，这一修订的法律依据同样主要是《数据安全法》，作为“数据安全审查制度”和“数据分类分级保护制度”的落地措施之一。

2022 年《网络安全审查办法》第 10 条对网络安全审查的评估要素新增“核心数据、重要数据或者大量个人信息被窃取、泄露、毁损以及非法利用、非法出境的风险”和“上市存在关键信息基础设施、核心数据、重要数据或者大量个人信息被外国政府影响、控制、恶意利用的风险，以及网络信息安全风险”。

《数据安全法》第 21 条对数据分类分级保护制度作出规定，首次提出“核心数据”的概念，明确“国家数据安全工作协调机制统筹协调有关部门制定重要数据目录，加强对重要数据的保护。关系国家安全、国民经济命脉、重要民生、重大公共利益等数据属于国家核心数据，实行更加严格的管理制度”。

2022 年《网络安全审查办法》将数据处理活动中核心数据、重要数据或者大量个人信息被窃取、泄露、毁损以及非法利用、非法出境的风险，以及国外上市活动中核心数据、重要数据或者大量个人信息被外国政府影响、控制、恶意利用的风险纳入评估要素范畴，是对《数据安全法》中核心数据、重要数据保护的落实，也为个人信息保护作出了衔接。

3. 网络安全审查需要考虑的因素

根据 2022 年《网络安全审查办法》第 10 条的规定，网络安全审查重点评估采购活动、数据处理活动以及国外上市可能带来的国家安全风险，主要考虑以下因素：

（1）产品和服务使用后带来的关键信息基础设施被非法控制、遭受干扰或者破坏的风险；

（2）产品和服务供应中断对关键信息基础设施业务连续性的危害；

（3）产品和服务的安全性、开放性、透明性、来源的多样性，供应渠道的可靠性以及因为政治、外交、贸易等因素导致供应中断的风险；

（4）产品和服务提供者遵守中国法律、行政法规、部门规章情况；

（5）核心数据、重要数据或大量个人信息被窃取、泄露、毁损以及非法利用、非法出境的风险；

（6）上市存在关键信息基础设施、核心数据、重要数据或者大量个人信息被外国政府影响、控制、恶意利用的风险，以及网络信息安全风险。

4. 国外上市的安全审查

2022 年《网络安全审查办法》的一大亮点是，将企业国外上市活动纳入网络安全审查范围。2022 年《网络安全审查办法》新增第 7 条规定，“掌握超过 100 万用户个人信息的网络平台运营者赴国外上市，必须向网络安全审查办公室申报网络安全审查”。将掌握超过 100 万用户个人信息的网络平台运营者赴国外上市的网络安全审查义务予以明确。

（1）国外上市网络安全审查的立法背景

根据相关机构统计，仅 2021 年上半年，共有 38 家中国企业在美国 IPO 上市，共募资 135.37 亿美元。① 在已上市的 38 家中国企业中，不乏滴滴、满帮、BOSS 直聘、知乎、每日优鲜、叮咚买菜等互联网企业，其中“滴滴出行”（上市公司：滴滴）、“BOSS 直聘”（上市公司：BOSS 直聘）、“运满满”和“货车帮”（上市公司：满帮）均于 2021 年 7 月被网络安全审查办公室启动网络安全审查。

2020 年 12 月 18 日，美国《外国公司问责法案》（HFCA 法案）经前总统特朗普签署通过，规定如果外国公司连续 3 年未能通过美国公众公司会计监督委员会（PCAOB）的审计，将被禁止在美国任何交易所上市。此外，HFCA 法案针对外国上市公司规定了额外信息披露要求。美国对于中国企业上市信息披露要求的强化，势必涉及我国重要数据或者大量个人信息甚至国家核心数据的安全问题。

（2）针对国外上市的审查细节变化

针对中国企业赴国外上市而展开的网络安全审查，有三个方面的细节值得关注：

①将拟提交的 IPO 材料纳入审查需要的材料

针对中国企业赴国外上市行为涉及的网络安全审查，2022 年《网络安全审查办法》第 8 条第 3 项在运营者申报网络安全审查应当提交的材料中，新增“拟提交的首次公开募股（IPO）等上市申请文件”。

②将证监会纳入网络安全审查成员单位

2022 年《网络安全审查办法》第 4 条第 1 款将中国证券监督管理委员会纳入网络安全审查工作机制成员单位。结合 2022 年《网络安全审查办法》第 7 条

① 参见瑞恩资本：《中国企业在美国 IPO 上市（2021 年上半年）：上市 38 家，募资逾 135 亿美元》，载 https：//www. ryanbencapital. com/2021/07/06/4c42e04d95/，最后访问时间：2021 年 7 月 11 日。

及第 8 条第 3 项、第 12 条、第 13 条规定，赋予了中国证监会通过网络安全审查工作机制参与对境外上市的中国企业进行网络安全审查的工作的权力。

(3) 对中国企业赴国外上市的影响

网络安全审查制度作为国家网络安全及数据安全制度的落地措施，是维护国家安全的重要措施。

随着互联网企业对于社会经济生活各个方面服务领域的深化与拓展，大量的个人信息、人群分布数据、交通出行数据、健康医疗数据、公共服务数据、运输物流数据、生产运行数据等逐步集中于特定的网络运营者。而在这些信息和数据中不乏大量的重要数据，乃至国家核心数据。

企业赴国外上市必然涉及信息披露问题，不同国家的股票发行和上市制度对于企业的信息披露要求也有不同。除了正常且通行的一些信息披露原则和规则外，不排除部分目标上市地可能利用上市信息披露规则，要求中国企业向国外监管机构提交与中国数据出境管理制度相违背的信息。对此，通过网络安全审查制度可以将此类国家安全风险降低。

笔者认为，虽然网络安全审查制度的施行可能会增加中国企业赴国外上市的难度。但是，法律并不禁止国外上市，而是防范不规范的国外上市可能引发的国家安全风险。如果企业按照《网络安全法》、《数据安全法》及相关法律法规建立了完善的数据出境管理制度，以及完善的个人信息保护制度、重要数据与核心数据的鉴别与分级保护制度，依照法定流程提交资料，国外上市仍然是可行的。

(4) 对已完成国外上市企业的影响

从对已经完成国外上市的“滴滴出行”（上市公司：滴滴）、“BOSS 直聘”（上市公司：BOSS 直聘）、“运满满”和“货车帮”（上市公司：满帮）实施的网络安全审查可以看出，已经实施国外上市的企业，并不能免除网络安全审查的义务。对此，笔者建议，企业应尽快实施自查，考虑从以下四个方面展开自评估或预先评估：

①采购活动评估

如果依据《关键信息基础设施安全保护条例》，企业被保护部门认定为关键信息基础设施运营者，则企业应对采购网联产品和服务的活动是否可能影响国家安全进行评估和判断。

②个人信息保护风险评估

对于个人信息处理所涉及的全流程、个人信息处理全生命周期的合法合规性做自评估，包括个人信息被窃取、泄露、毁损以及非法利用或出境的风险。

③核心数据、重要数据风险评估

对于核心数据、重要数据所涉及的数据全生命周期的合法合规性进行自评估，包括核心数据、重要数据被窃取、泄露、毁损以及非法利用或出境的风险。

④被国外政府影响、控制、恶意利用的风险评估

企业应尽快整理上市地证券信息披露规则、监管规则，梳理有关的判例、条令等，以判断上述规则是否可能导致国外政府影响、控制、恶意利用我国的关键信息基础设施及核心数据、重要数据或大量个人信息。

5. 网络安全审查的案例及处罚

（1）滴滴出行案

2021年7月2日晚，中国网信网发布《网络安全审查办公室关于对“滴滴出行”启动网络安全审查的公告》。公告称，为防范国家数据安全风险，维护国家安全，保障公共利益，依据《国家安全法》《网络安全法》，网络安全审查办公室按照《网络安全审查办法》，对“滴滴出行”实施网络安全审查。为配合网络安全审查工作，防范风险扩大，审查期间“滴滴出行”停止新用户注册。2021年7月16日，据“网信中国”消息，国家互联网信息办公室会同公安部、国家安全部、自然资源部、交通运输部、国家税务总局、市场监管总局等部门联合进驻滴滴出行科技有限公司（以下简称“滴滴出行”），开展网络安全审查。

2021年7月21日，国家互联网信息办公室发布公告，根据网络安全审查结论及发现的问题和线索，国家互联网信息办公室依法对滴滴全球股份有限公司涉嫌违法行为进行立案调查。经查实，滴滴全球股份有限公司违反《网络安全法》《数据安全法》《个人信息保护法》的违法违规行为事实清楚、证据确凿、情节严重、性质恶劣。国家互联网信息办公室依据《网络安全法》《数据安全法》《个人信息保护法》《行政处罚法》等法律法规，对滴滴全球股份有限公司处人民币80.26亿元罚款，对滴滴全球股份有限公司董事长兼CEO、总裁各处人民币100万元罚款。

根据网信部门有关领导答记者问透露的信息：经查明，滴滴全球股份有限公司共存在 16 项违法事实，归纳起来主要是八个方面：一是违法收集用户手机相册中的截图信息 1196.39 万条；二是过度收集用户剪切板信息、应用列表信息 83.23 亿条；三是过度收集乘客人脸识别信息 1.07 亿条、年龄段信息 5350.92 万条、职业信息 1633.56 万条、亲情关系信息 138.29 万条、“家” 和 “公司” 打车地址信息 1.53 亿条；四是过度收集乘客评价代驾服务时、App 后台运行时、手机连接视频记录仪设备时的精准位置（经纬度）信息 1.67 亿条；五是过度收集司机学历信息 14.29 万条，以明文形式存储司机身份证号信息 5780.26 万条；六是在未明确告知乘客情况下分析乘客出行意图信息 539.76 亿条、常驻城市信息 15.38 亿条、异地商务/异地旅游信息 3.04 亿条；七是在乘客使用顺风车服务时频繁索取无关的 “电话权限”；八是未准确、清晰说明用户设备信息等 19 项个人信息处理目的。此前，网络安全审查还发现，滴滴全球股份有限公司存在严重影响国家安全的数据处理活动。

从上述案例看出，网络安全审查本身并不设立直接的处罚措施，对于在网络安全审查中发现的有关违法行为，仍需依据相应的法律规定予以处罚。

（2）知网案

2022 年 6 月 24 日，中国网信网发布了 “网络安全审查办公室对知网启动网络安全审查” 的公告。

网络安全审查办公室有关负责人表示，为防范国家数据安全风险，维护国家安全，保障公共利益，依据《国家安全法》《网络安全法》《数据安全法》，按照 2022 年《网络安全审查办法》，2022 年 6 月 23 日，网络安全审查办公约谈同方知网（北京）技术有限责任公司负责人，宣布对知网启动网络安全审查。据悉，知网掌握大量个人信息和涉及国防、工业、电信、交通运输、自然资源、卫生健康、金融等重点行业领域重要数据，以及我国重大项目、重要科技成果及关键技术动态敏感信息。

对知网的网络安全审查，是 2022 年《网络安全审查办法》第 2 条关于数据处理者开展数据处理活动，影响或可能影响国家安全情形而进行网络安全审查的具体案例。这一案例最终所确定的原则、标准，对于数据处理者的网络安全审查，将起到指导作用。

2022年《网络安全审查办法》的发布传递了清晰的政策信号，即随着《数据安全法》的颁布，我国的网络安全审查制度加入了“数据安全审查”的新维度，从而将审查从“采购审查”完善为全方位的安全审查，由此构建一个更为完善的网络空间安全审查机制，也彰显了“数据主权”的重要原则。相关单位也应顺势而为，在网络空间主权的原则下构建自身的行为规范。

第十一章 数字化转型中的数据安全法律问题

数字化转型的实质是以数据作为生产方式、生活方式、社会治理方式变革的重要驱动力。按照我国 2021 年 3 月发布的《规划纲要》的表述，未来社会发展的重要主题包括：迎接数字时代，激活数据要素潜能，推进网络强国建设，加快建设数字经济、数字社会、数字政府，以数字化转型整体驱动生产方式、生活方式和治理方式变革。

数据在驱动社会转型的同时，数据收集、使用等处理活动，也难免会涉及第三方的利益；而数据聚合与深度分析的过程也可能会影响国家安全和社会稳定；此外，数据的泄露、损毁、窃取事件也会对国家安全、社会公共利益或企业及个人的权益造成侵害。因此，保障数据安全，对于数据处理活动进行法律规制，是数字化转型顺利达成的基础条件之一。

一、数据的概念及内涵

1. 数据的概念

数据就是对信息的某种记录。《数据安全法》第 3 条第 1 款将数据定义为："本法所称数据，是指任何以电子或者其他方式对信息的记录。"

与"数据"相关的概念，在其他法律法规中也有体现，对于这些概念的辨析，有利于更为清晰地理解数据的内涵。

（1）网络数据。《网络安全法》中提道"网络数据，是指通过网络收集、存储、传输、处理和产生的各种电子数据”。对于网络数据，在国家互联网信息办公室发布的《网络数据安全管理条例（征求意见稿）》中也有明确的界定。虽然《网络数据安全管理条例（征求意见稿）》尚未生效，但也反映出网络数据在数据中的主体地位。

（2）电子数据。对于电子数据，法律没有直接界定，但是通常的理解是，电子数据是电子化的信息记录，电子数据范围比网络数据更为广泛。在电子数据中，既有通过网络收集、存储、传输、处理和产生的各种数据，也包括未进入网络，但通过其他电子介质记录的数据。

（3）其他数据。即电子方式记录之外的数据。可以是书面资料、文献档案、纸质病历、银行单据、公司花名册以及其他形形色色未被电子化记录的信息。不过，随着信息化程度的不断提高，以及各种快速文档电子化工具的应用，数据中的非电子化数据所占比例越来越低。

《数据安全法》所界定的“数据”内涵与《网络安全法》的界定并不完全等同。将电子化记录及其他记录信息的形式统一纳入数据范围，更为符合技术发展的规律。首先，随着技术的发展，不同形式数据之间的打通成本大幅下降，这意味着并非只有电子化记录的信息可以快速传输和分析。因此，将数据仅仅界定为“电子化”或“网络数据”并不能充分覆盖数据的外延。其次，其他形式的信息同样具有相应的价值，将其统一纳入数据范围并通过统一的规则予以管理，有利于执法的统一性，也符合数据安全的价值目标。

值得一提的是，《网络安全法》对于“个人信息”则界定为“以电子或者其他方式记录的能够单独或者与其他信息结合识别自然人个人身份的各种信息”。按照这一表述，个人信息也属于数据。而根据《个人信息保护法》、《网络数据安全管理条例（征求意见稿）》及相关法规对于个人信息的定义，个人信息属于数据的特殊类型。由于我国对个人信息保护与数据安全进行了分别立法，因此，本章不就个人信息保护问题展开论述，而是在专章中进行论述。

2. 数据的特征

（1）无形性。数据可以通过信息系统或其他方式被记载，其内容可以被识读、被利用，但如果脱离了记载介质，数据将无法被感知和利用。

（2）可识别性。数据是信息的记录，因而数据的内容均可以被识别，不同数据对应信息内容的同质或差异、相互的关联关系均可以进行识别与分析，这也是大数据分析的基础。

（3）易复制性。数据一旦被收集和存储，其复制的成本将非常低，而复制得到的数据并不会减损数据本身的利用价值。因此，数据非法转让、非法提供的边际成本近乎为零，却可以带来巨大的交易价值，这也是数据领域违法犯罪活动频发的原因之一。

3. 数据处理

对于什么是数据处理，相关法律并未直接进行界定。总体而言，数据处理是一个内涵较为丰富的概念，包括数据的收集、存储、使用、加工、传输、提供、公开等。

（1）数据收集。数据收集是指数据处理者通过网络或其他的方式，获取电子化或其他方式记录的数据。（2）存储。数据存储是将收集到的数据保存在数据处理者控制范围内的措施，存储是数据使用、加工的基础。（3）使用。数据使用是将所收集数据按照数据处理者业务及商业目的予以利用的过程。（4）加工。数据加工是数据使用的重要支持措施，对数据进行清洗、标化、提取、融合、分析等，从而有利于数据价值的发现，提升数据利用价值。（5）传输。数据传输是一种客观的状态，是数据在处理者掌握的终端与存储空间之间的传输活动或存储空间相互之间的传输活动，传输通常不涉及数据控制状态的变化。（6）提供。数据的提供是指数据从特定的控制者处转移至其他控制者的过程，数据提供往往意味着数据控制状态的变化。（7）公开。数据公开属于数据处理者处理所控制数据的一种方式。数据公开属于向不特定主体“提供”数据，总体上应遵循数据提供的准则。

4. 数据的来源与常见类型

常见的数据来源包括各种网络终端应用、电子邮件、各类传感器、文献资料、自动化设备等。数据类型由于法律状态的不同，而呈现出复杂的态势。笔者认为，常见的数据类型包括：

（1）个人信息数据

个人信息数据是最为常见的一种数据类型。数据处理者可以通过大量的移动终端应用（App）或智能设备（如智能汽车、智能家电、可穿戴设备等）收集用户的身份信息、行为习惯、行踪轨迹、生物特征、健康生理信息等个人信息，个人信息获取的场景异常丰富，个人信息既是当前最为广泛的数据，也是最具有利用价值的数据类型。

（2）商业信息数据

在商业信息数据中，一种是来自企业自主信息公开的数据；另一种则是包含企业商业秘密的数据。对于第一种数据，通常来自企业的商业登记信息、广告信息、产品展示信息或企业形象展示信息等，由于已经依法公开，在数据利用方面限制较小。对于第二种数据，通常因数据处理者与相关企业进行某种商事活动而获取，比如金融机构所掌握的企业财务数据、支付记录等。此类数据由于包含商业秘密的数据，数据处理和利用过程应非常谨慎，避免侵犯他人的商业秘密。

（3）生产活动数据

这里所说的生产活动是广义的，包括制造业企业的生产过程，也包括其他企业的运营过程，如企业的物流数据、进销存数据、设备状态数据、设备运行数据、业务数据等。

（4）公共数据

公共数据的概念在《数据安全法》中并未提及，而是仅规定了政务数据开放的相关规则。但是，在一些地方政府和地方人大所制定的地方法规中，采用了“公共数据”的概念。如浙江省人民政府2020年6月12日发布的《浙江省公共数据开放与安全管理暂行办法》，以及深圳市人大常委会2021年7月6日发布的并于2022年1月1日生效的《深圳经济特区数据条例》中，均明确提到了公共数据的概念。

所谓公共数据，是指“公共管理和服务机构在依法履行公共管理职责或者提供公共服务过程中产生、处理的数据①”或“各级行政机关以及具有公共管理和服务职能的事业单位，在依法履行职责过程中获得的各类数据资源”。②

（5）智力成果数据

此类数据是智力成果以数据的方式进行记载和展现，与知识产权具有一定的重合。知识产权是其权利保护状态，而数据则是其记载形式，如著作权、专利成果、商标、软件源代码等。此外，特定的算法、数据模型等也都可以归入此类数据的范围。

（6）自然数据

自然数据是通过传感器等工具对于自然地理信息、自然活动所作的记载，包

---

① 《深圳经济特区数据条例》第2条第5项。

② 《浙江省公共数据开放与安全管理暂行办法》第2条第2款。

括气象数据、大气指数、降雨数据、水文数据、地质活动数据、矿产勘探数据、测绘数据、地理信息数据等。

二、数据安全的法律概念及内涵

1. 数据安全

根据《数据安全法》，数据安全是指通过采取必要措施，确保数据处于有效保护和合法利用的状态，以及具备保障持续安全状态的能力。数据安全包括物理上的安全与数据合法利用的状态。所谓物理上的安全，是指数据处于有效保护状态；数据合法利用的状态，即数据的利用符合法律法规的要求。

从法律对于数据安全概念的界定可以看出，数据安全不是一个简单的技术概念，而是融合了网络技术、内部管控、合法利用的综合概念。

2. 数据安全的内涵

如上所述，数据安全分为有效保护与合法利用，以及保障持续安全状态的能力。对此，分述如下：

（1）数据的有效保护

有效保护，即针对数据安全所采取的技术措施达到预期的效果，通常指数据的完整性、可用性、独占性没有遭受破坏。针对数据保护所设置的系统访问控制策略有效且未被破坏，没有他人实施未经授权的访问、数据处理或超越授权的访问及数据处理活动。数据被数据处理者充分控制，未被他人窃取、擅自对外提供、非法利用或破坏、删除。作为数据存储空间的信息系统硬件、软件功能处于持续可靠、安全、稳定的运行状态，数据不会因系统故障而破坏、丢失、毁损。

数据得到有效保护，是数据发挥价值的基础，也是数据合法利用的基础。

（2）数据的合法利用

合法利用，指按照相关法律、法规及监管规则的要求处理数据，数据合法利用关注的是数据收集、存储、使用、加工、传输、提供、公开等各个环节，即数据全生命周期的合法合规。与有效保护的要求相比较，合法利用所需要考虑的因素更为复杂，除了《网络安全法》《数据安全法》《个人信息保护法》等数据安全领域的专门立法外，涉及数据的其他专门法律法规，也是数据合法利用要遵照的依据，如《统计法》《测绘法》《出口管制法》等。

（3）数据安全的持续能力

保障数据持续安全状态的能力，既包括硬件、软件的系统建设能力和安全维护能力，也包括运营者内部的业务流程管控、合规管控和数据治理体系的建设。硬件、软件系统以及相关内部制度都是静态的，而持续能力需要的是内部动态的治理能力，包括对于数据安全及数据合规风险的动态监测能力建设，以及内部对于数据风险的全流程管控能力。

数据安全的持续能力对于数据处理者内部的数据治理体系建设、数据合规体系建设都有很高的要求；同时，还要求数据处理者建立完善的风险监测体系，以便及时发现数据安全能力的不足和风险，及时提出预警，并予以改进或提升。

三、数据安全立法概况

1. 国家法律

（1）国家安全法

对于数据安全问题，《国家安全法》第 25 条作了概括性的规定：“国家建设网络与信息安全保障体系，提升网络与信息安全保护能力，加强网络和信息技术的创新研究和开发应用，实现网络和信息核心技术、关键基础设施和重要领域信息系统及数据的安全可控；加强网络管理，防范、制止和依法惩治网络攻击、网络入侵、网络窃密、散布违法有害信息等网络违法犯罪行为，维护国家网络空间主权、安全和发展利益。”

（2）数据安全法

《数据安全法》是一部专门为了规范数据处理活动，保障数据安全，促进数据开发利用而制定的法律。《数据安全法》是数据安全的基本法，该法于 2021 年 6 月 10 日经第十三届全国人民代表大会常务委员会第二十九次会议审议通过，共 7 章 55 条，并于 2021 年 9 月 1 日起施行。

《数据安全法》的主要内容包括：

其一，对数据和数据处理作出界定。

关于数据及数据处理的概念，本章前文已经做了归纳，本处不作赘述。

其二，建立数据分类分级制度。

《数据安全法》在数据分类分级管理的技术措施及行业实践基础上，通过法律形式规定了数据分类分级制度，并规定了重要数据管理的基本制度，以及重要数据目录的制定权限。同时，该法还首次规定了国家核心数据的相关制度。

其三，确定数据安全监管体系。

《数据安全法》确定的监管体系主要包括决策和议事协调机构、统筹协调机构、职能化监管机构、行业或领域的监管机构。

对于决策和议事协调机构，《数据安全法》第5条规定，中央国家安全领导机构负责国家数据安全工作的决策和议事协调，研究制定、指导实施国家数据安全战略和有关重大方针政策，统筹协调国家数据安全的重大事项和重要工作，建立国家数据安全工作协调机制。由中央国家安全领导机构负责数据安全工作的决策和议事协调，足见立法对于数据安全的重视程度。

对于统筹协调机构，《数据安全法》第6条第4款规定，国家网信部门负责统筹协调网络数据安全和相关监管工作。

对于职能化监管机构，《数据安全法》第6条第3款规定，公安机关、国家安全机关等依照该法和有关法律、行政法规的规定，在各自职责范围内承担数据安全监管职责。

对于行业主管部门的数据监管责任，《数据安全法》第6条第2款明确规定，工业、电信、交通、金融、自然资源、卫生健康、教育、科技等主管部门承担本行业、本领域数据安全监管职责。

综上，我们可以看出，我国《数据安全法》所确定的数据活动监管主体可以分为三类。一是中央国家安全领导机构，负责国家数据安全工作的决策和议事协调；二是国家网信部门，负责统筹协调网络数据安全和相关监管工作；三是具体职能部门，其中既包括公安机关和国家安全机关按照法定职责履行数据活动监管的部门，也包括工业、电信、交通、金融、自然资源、卫生健康、教育、科技等行业主管部门。

其四，明确建立数据安全风险评估、报告、监测预警机制。

《数据安全法》规定，国家建立集中统一、高效权威的数据安全风险评估、报告、信息共享、监测预警机制。国家数据安全工作协调机制统筹协调有关部门，加强数据安全风险信息的获取、分析、研判、预警工作。

其五，明确建立数据风险应急处置机制。

《网络安全法》规定了网络安全的应急处置机制，并规定网信部门协调有关部门制定网络安全应急预案，有关单位也应制定应急预案。而《数据安全法》则针对数据安全事件，专门规定了国家建立数据风险应急处置机制，防范数据风险危害扩大。数据风险应急处置机制是与网络安全风险应急处置机制相对应的机制。

其六，明确实施数据安全审查机制。

《数据安全法》规定，对于可能危害国家安全的数据处理活动，实施安全审查。这一制度，随着《网络安全审查办法》的修订，已经通过《网络安全审查办法》的相应规定予以体现和落实。

其七，建立重要数据出境管理制度。

对于重要数据的出境，规定了相关的安全评估制度。随着《数据出境安全评估办法》的颁布与施行，重要数据出境评估的相关流程与评估的标准也已经得到落实。

（3）测绘法

测绘是指对自然地理要素或者地表人工设施的形状、大小、空间位置及其属性等进行测定、采集、表述，以及对获取的数据、信息、成果进行处理和提供的活动。①

经过数字化的测绘信息，除了用于民用的航空、航海及陆地交通导航、工程建设、桥梁施工、生活服务外，也可用于国家重要的经济统计、军事等用途。

因此，测绘数据不仅具有重大的经济价值，还具有国防、军事和社会公共利益方面的重要价值，测绘活动产生的数据需要法律予以规范。在数字化时代，测绘活动的最终成果通常会以地理信息的方式体现，并通过数字地图、导航应用程序等方式予以体现。

《测绘法》于2017年4月27日经第十二届全国人民代表大会常务委员会第二十七次会议修订通过，自2017年7月1日起施行。《测绘法》是规范测绘活动的法律，由于测绘活动涉及地理信息，以及地形、地表、高度、建筑与构筑物数据，而且测绘成果往往以地图标识或地理信息数据的方式体现，因此，《测绘法》是一部与数据安全联系非常紧密的法律。《测绘法》中的测绘数据很多属于重要数据，或者构成国家秘密数据。

---

① 《测绘法》第2条规定："在中华人民共和国领域和中华人民共和国管辖的其他海域从事测绘活动，应当遵守本法。本法所称测绘，是指对自然地理要素或者地表人工设施的形状、大小、空间位置及其属性等进行测定、采集、表述，以及对获取的数据、信息、成果进行处理和提供的活动。"

《测绘法》关于数据的安全管理规则主要体现在以下三个方面：

其一，测绘活动需要依法许可。测绘活动应该取得许可，测绘单位不得超过许可等级进行测绘。①

其二，测绘成果的社会化应用、完整和安全、保密要求、公布等规则。②

其三，对以下几类违法行为明确规定了法律责任：首先，擅自发布中华人民共和国领域和中华人民共和国管辖的其他海域的重要地理信息数据的行为；其次，地理信息生产、保管、利用单位未对属于国家秘密的地理信息的获取、持有、提供、利用情况进行登记、长期保存的；最后，违反法律规定，获取、持有、提供、利用属于国家秘密的地理信息的。对于上述行为，可以分别处以警告、责令改正，可以并处罚款，直至依法追究刑事责任。对于泄露国家秘密的，责令停业整顿，并处降低测绘资质等级或者吊销测绘资质证书，直至依法追究刑事责任。

（4）档案法

档案本身就是信息保存的载体，不同的是，传统意义上的档案往往体现为纸张、胶片等实物载体。但是，随着档案数字化的推进，档案的载体越来越多地转化为数字化介质，档案管理实质上转化为数据管理。对于部分涉及档案管理的机构而言，《档案法》也是其数据合规工作中需要考虑的法律依据。

《档案法》于1987年9月5日经第六届全国人民代表大会常务委员会第二十二次会议审议通过，并于2016年11月7日经第十二届全国人民代表大会常务委员会第二十四次会议审议第二次修正，2020年6月20日经第十三届全国人民代表大会常务委员会第十九次会议修订通过。

该法规定了涉及国家秘密档案的管理和利用，③ 档案管理部门所管理档案的

---

① 《测绘法》第29条第1款规定："测绘单位不得超越资质等级许可的范围从事测绘活动，不得以其他测绘单位的名义从事测绘活动，不得允许其他单位以本单位的名义从事测绘活动。"

② 《测绘法》第34条规定："县级以上人民政府测绘地理信息主管部门应当积极推进公众版测绘成果的加工和编制工作，通过提供公众版测绘成果、保密技术处理等方式，促进测绘成果的社会化应用。测绘成果保管单位应当采取措施保障测绘成果的完整和安全，并按照国家有关规定向社会公开和提供利用。测绘成果属于国家秘密的，适用保密法律、行政法规的规定；需要对外提供的，按照国务院和中央军事委员会规定的审批程序执行。测绘成果的秘密范围和秘密等级，应当依照保密法律、行政法规的规定，按照保障国家秘密安全、促进地理信息共享和应用的原则确定并及时调整、公布。"

③ 《档案法》第20条规定："涉及国家秘密的档案的管理和利用，密级的变更和解密，应当依照有关保守国家秘密的法律、行政法规规定办理。"

开放制度,① 以及档案信息化与档案信息安全,② 还规定机关、团体、企业事业单位和其他组织应当积极推进电子档案管理信息系统建设，与办公自动化系统、业务系统等相互衔接。

（5）统计法

《统计法》于 1983 年 12 月 8 日经第六届全国人民代表大会常务委员会第三次会议通过，并于 2009 年 6 月 27 日经第十一届全国人民代表大会常务委员会第九次会议修订。

统计活动基本方法是对数据的收集与汇总分析，从而对经济与社会发展情况予以客观分析展示。《统计法》部分内容与数据的收集、存储、使用、加工、提供相关，《统计法》的部分内容也与数据安全有一定的相关性。该法确定了统计机构和人员的保密义务、③ 统计信息共享机制、④ 统计资料的调取、⑤ 统计资料的公布。⑥

此外，对于中华人民共和国境外的组织、个人需要在中华人民共和国境内进行统计调查活动的，应当按照国务院的规定报请审批。这一规定事实上与《数据安全法》的重要数据出境管理原则有类似之处，不同的是，《统计法》所规定的审批机构和程序由国务院相关规定予以确定。

此外，在其他的法律中，也有涉及数据安全的规定，限于本书的篇幅，这里

---

① 《档案法》第 27 条规定："县级以上各级档案馆的档案，应当自形成之日起满二十五年向社会开放。经济、教育、科技、文化等类档案，可以少于二十五年向社会开放；涉及国家安全或者重大利益以及其他到期不宜开放的档案，可以多于二十五年向社会开放。国家鼓励和支持其他档案馆向社会开放档案。档案开放的具体办法由国家档案主管部门制定，报国务院批准。"

② 《档案法》第 35 条规定："各级人民政府应当将档案信息化纳入信息化发展规划，保障电子档案、传统载体档案数字化成果等档案数字资源的安全保存和有效利用。档案馆和机关、团体、企业事业单位以及其他组织应当加强档案信息化建设，并采取措施保障档案信息安全。"

③ 《统计法》第 9 条规定："统计机构和统计人员对在统计工作中知悉的国家秘密、商业秘密和个人信息，应当予以保密。"

④ 《统计法》第 20 条规定："县级以上人民政府统计机构和有关部门以及乡、镇人民政府，应当按照国家有关规定建立统计资料的保存、管理制度，建立健全统计信息共享机制。"

⑤ 《统计法》第 22 条规定："县级以上人民政府有关部门应当及时向本级人民政府统计机构提供统计所需的行政记录资料和国民经济核算所需的财务资料、财政资料及其他资料，并按照统计调查制度的规定及时向本级人民政府统计机构报送其组织实施统计调查取得的有关资料。县级以上人民政府统计机构应当及时向本级人民政府有关部门提供有关统计资料。"

⑥ 《统计法》第 23 条第 1 款规定："县级以上人民政府统计机构按照国家有关规定，定期公布统计资料。"

不作进一步展开。

2. 行政法规

涉及数据安全的行政法规主要是《网络数据安全管理条例（征求意见稿）》。国家互联网信息办公室2021年11月14日发布该征求意见稿。

该征求意见稿，系根据《网络安全法》《数据安全法》《个人信息保护法》等法律制定，目的是规范利用网络开展数据处理活动，以及网络数据安全的监督管理。

该征求意见稿主要包括如下内容：网络数据处理的基本原则和要求、个人信息保护、重要数据安全、跨境数据安全管理、互联网平台运营者义务等。

此外，《关键信息基础设施安全保护条例》也涉及数据安全的内容，由于该条例在上一章网络安全法律问题部分已经介绍，这里不作进一步赘述。

3. 部门规章

《数据安全法》规定，工业、电信、交通、金融、自然资源、卫生健康、教育、科技等主管部门承担本行业、本领域数据安全监管职责。制定有关的监管规则，是上述行业主管部门承担数据安全监管职责的方式之一。当前，已经制定或施行的行业数据安全监管规则主要包括：

（1）《汽车数据安全管理若干规定（试行）》

2021年8月16日，国家互联网信息办公室、国家发展和改革委员会、工业和信息化部、公安部、交通运输部联合发布《汽车数据安全管理若干规定（试行）》，自2021年10月1日起施行。作为我国首个汽车行业数据安全方面的规章制度，以《网络安全法》《数据安全法》等法律法规为上位法，开启了我国汽车数据安全强监管时代。该规定对汽车数据的概念、汽车数据涉及的重要数据范围①、汽车数据的安全保护义务等作了详细的界定。

① 《汽车数据安全管理若干规定（试行）》第3条第6款规定："重要数据是指一旦遭到篡改、破坏、泄露或者非法获取、非法利用，可能危害国家安全、公共利益或者个人、组织合法权益的数据，包括：（一）军事管理区、国防科工单位以及县级以上党政机关等重要敏感区域的地理信息、人员流量、车辆流量等数据；（二）车辆流量、物流等反映经济运行情况的数据；（三）汽车充电网的运行数据；（四）包含人脸信息、车牌信息等的车外视频、图像数据；（五）涉及个人信息主体超过10万人的个人信息；（六）国家网信部门和国务院发展改革、工业和信息化、公安、交通运输等有关部门确定的其他可能危害国家安全、公共利益或者个人、组织合法权益的数据。"

《汽车数据安全管理若干规定（试行）》对汽车数据作了定义，汽车数据是汽车设计、生产、销售、使用、运维等过程中涉及的个人信息数据和重要数据。也就是说，汽车数据包括个人信息数据和重要数据。

对于重要数据，《汽车数据安全管理若干规定（试行）》第3条列举了六类数据，这一规定是我国立法中首个重要数据目录。按照该规定，重要数据是指一旦遭到篡改、破坏、泄露或者非法获取、非法利用，可能危害国家安全、公共利益或者个人、组织合法权益的数据，具体包括：①军事管理区、国防科工单位以及县级以上党政机关等重要敏感区域的地理信息、人员流量、车辆流量等数据；②车辆流量、物流等反映经济运行情况的数据；③汽车充电网的运行数据；④包含人脸信息、车牌信息等的车外视频、图像数据；⑤涉及个人信息主体超过10万人的个人信息；⑥国家网信部门和国务院发展改革、工业和信息化、公安、交通运输等有关部门确定的其他可能危害国家安全、公共利益或者个人、组织合法权益的数据。

此外，《汽车数据安全管理若干规定（试行）》还规定了汽车数据处理者开展重要数据处理活动前应进行风险评估及报送风险评估报告，汽车数据处理者开展重要数据处理活动应按照年度向网信部门和有关部门报送年度汽车数据安全管理情况。

（2）《关于促进智能网联汽车发展维护测绘地理信息安全的通知》

2022年8月25日，自然资源部发布了《关于促进智能网联汽车发展维护测绘地理信息安全的通知》（以下简称《汽车测绘通知》）。该通知明确界定了智能网联汽车运行、服务、路测中的测绘行为。

①测绘活动界定

智能网联汽车安装或集成了卫星导航定位接收模块、惯性测量单元、摄像头、激光雷达等传感器后，在运行、服务和道路测试过程中对车辆及周边道路设施空间坐标、影像、点云及其属性信息等测绘地理信息数据进行采集、存储、传输和处理的行为，属于《测绘法》规定的测绘活动，应当依照测绘法律法规及政策进行规范和管理。

②测绘行为主体

对智能网联汽车运行、服务和道路测试过程中产生的空间坐标、影像、点云及其属性信息等测绘地理信息数据进行收集、存储、传输和处理者，是测绘活动的行为主体，应遵守相关规定并依法承担相应责任。

③测绘行为限制

从事相关数据收集、存储、传输和处理的车企、服务商及智能驾驶软件提供商等，属于内资企业的，应依法取得相应测绘资质，或委托具有相应测绘资质的单位开展相应测绘活动；属于外商投资企业的，应委托具有相应测绘资质的单位开展相应测绘活动，由被委托的测绘资质单位承担收集、存储、传输和处理相关空间坐标、影像、点云及其属性信息等业务及提供地理信息服务与支持。

④测绘数据出境

目前已在提供智能网联汽车售后和运营服务的企业，存在向境外传输相关空间坐标、影像、点云及其属性信息等测绘地理信息数据行为或计划的，应严格执行国家有关法律法规，依法履行审批或地图审核程序等，在此之前应停止数据境外传输行为。

《汽车测绘通知》发布之前，对于智能网联汽车运行、服务、测试过程中相关数据的处理活动的界定缺乏明确依据。虽然《关于整顿和规范地理信息市场秩序意见》中明确规定，地理信息指自然地理要素或者地表人工设施的形状、大小、空间位置及其属性等信息，是国家信息资源的重要组成部分，广泛应用于经济建设和国防建设等领域，直接关系国家安全和利益，但并未明确将地理信息的获取与智能网联汽车运行、服务、测试过程中的数据获取进行关联。《汽车测绘通知》有利于规范智能网联汽车制造厂商、服务企业、测试企业获取车外数据的活动。

（3）《数据出境安全评估办法》

数据出境评估问题一直是数据安全领域的重点问题之一。2022 年 5 月 19 日，国家互联网信息办公室审议通过，并于 7 月 7 日发布了《数据出境安全评估办法》，该办法自 2022 年 9 月 1 日起施行。

《数据出境安全评估办法》规定了需要进行出境安全评估的情形，其中，重要数据出境应申请出境安全评估，个人信息出境在达到相应的触发条件时，应申请出境安全评估。该办法还规定了数据出境安全评估的自评估内容、申报出境安全评估应提交的资料及办理流程等内容。

(4)《工业和信息化领域数据安全管理办法(试行)》

工业和信息化领域是国民经济的重要领域,也是国家现代化和经济数字化转型的重要领域。我国对于工业和信息化领域的数据安全一直非常重视,并将其作为智能制造发展的保障。

2017 年 11 月 19 日,国务院发布了《关于深化“互联网 + 先进制造业”发展工业互联网的指导意见》,提出工业互联网作为新一代信息技术与制造业深度融合的产物,日益成为新工业革命的关键支撑和深化“互联网 + 先进制造业”的重要基石,并将建立工业数据安全保护体系(如收集、存储、处理、转移、删除等环节的安全防护能力、分级分类管理制度、安全监督检查等)明确列为规范和发展工业互联网的主要任务之一。①

2020 年 2 月 27 日,工业和信息化部发布《工业数据分类分级指南(试行)》,该指南适用于工业企业、工业互联网平台,界定了工业数据的定义,提出了工业数据分类分级的具体要求。2020 年 4 月 28 日,工业和信息化部发布了《关于工业大数据发展的指导意见》,规定了工业大数据的概念,并对工业数据的汇聚、共享、安全治理、安全管理体系等方面提出了方向性意见。2021 年 9 月 30 日,工业和信息化部首次对《工业和信息化领域数据安全管理办法(试行)》征求意见(以下简称旧版《工信数据管理办法(征求意见稿)》),该管理办法定位于工业和信息化数据安全管理的顶层设计,主要界定工业数据的概念,提出工业数据分类分级、安全管理等工作的具体要求,构建了工业数据领域的监管体系,明确了工业数据全生命周期安全保护要求等。2022 年 2 月 10 日,工业和信息化部对《工业和信息化领域数据安全管理办法(试行)》再次征求意见(以下简称新版《工信数据管理办法(征求意见稿)》),新旧两版《工信数据管理办法(征求意见稿)》(以下统称《工信数据管理办法(征求意见稿)》),调整了工业数据的概念,不再采用数据处理者应当坚持先分类后分级的表述,增加了何种情形下需要履行重要数据和核心数据目录备案变更手续等规定。

---

① 《关于深化“互联网 + 先进制造业”发展工业互联网的指导意见》规定:“……三、主要任务……(六)强化安全保障……建立数据安全保护体系。建立工业互联网全产业链数据安全管理体系,明确相关主体的数据安全保护责任和具体要求,加强数据收集、存储、处理、转移、删除等环节的安全防护能力。建立工业数据分级分类管理制度,形成工业互联网数据流动管理机制,明确数据留存、数据泄露通报要求,加强工业互联网数据安全监督检查……”

2022 年 12 月 8 日，工业和信息化部发布了《工业和信息化领域数据安全管理办法（试行）》，该办法于 2023 年 1 月 1 日施行。

4. 有关国家标准

除上述法律、法规、规章外，我国在数据安全方面制定了一系列国家标准，并就特定行业制定了多项针对性的行业标准，其中较为重要的包括《信息安全技术——政务信息共享 数据安全技术要求》（GB/T 39477—2020）、《信息安全技术——金融信息服务安全规范》（GB/T 36618—2018）、《金融数据安全——数据生命周期安全规范》（JR/T 0223—2021）、《金融业数据能力建设指引》（JR/T 0218—2021）、《金融数据安全——数据安全分级指南》（JR/T 0197—2020）、《信息安全技术——健康医疗数据安全指南》（GB/T 39725—2020）。

四、数据分类分级保护制度

1. 数据分类分级制度概述

（1）数据分类分级制度的内涵与价值

数据分类分级保护制度是《数据安全法》确定的一项制度。《数据安全法》第 21 条第 1 款中规定“国家建立数据分类分级保护制度”。分类分级的标准主要包括“重要程度”和“危害程度”。重要程度通过相关数据在经济社会发展中的重要程度来确定，通常以数据带来的国家安全价值、社会治理价值、经济价值、个人尊严价值等不同的价值维度进行衡量。而危害程度则通过数据一旦遭到篡改、破坏、泄露或者非法获取、非法利用，对国家安全、公共利益或者个人、组织合法权益造成的危害来衡量。

数据分类分级制度立法的本意在于通过对数据进行分类分级，以达到数据保护与数据利用之间的平衡。笔者认为，数据分类分级保护制度的主要作用有两个方面：其一，通过区分数据重要程度，采用不同的措施对数据实施保护，对数据处理活动进行规范，从而提高数据安全的保护效率、提升数据利用价值。其二，通过数据分类分级保护制度，引导数据处理者采用不同的安全措施，以及采用严格的访问控制策略，对不同类别和级别的数据实施保护。

（2）数据分级

数据分级的规则分为三个层面：一是法律规定；二是有关规范性文件或者国家标准的规定；三是数据处理者内部规定。由于数据处理者内部规定主要关注数据对于自身业务的重要程度，属于内部管理问题，本书对此不作展开。这里仅就法律层面的分级与规范性文件和国家标准层面的分级进行论述。

①法律层面的分类分级

《数据安全法》对数据划分了三个层级：一是国家核心数据；二是重要数据；三是其他数据。

其一，国家核心数据，是指关系国家安全、国民经济命脉、重要民生、重大公共利益的数据。依照法律规定，国家对核心数据实行更加严格的管理制度。但是《数据安全法》并未对核心数据的范围、目录以及管理措施、方式进行规定，有待国家数据安全主管部门作出进一步细化规定。

其二，重要数据，对于什么是重要数据，《数据安全法》并未直接规定，而是将认定重要数据的权限交给有关地区与行业主管部门。该法第 21 条第 3 款规定，各地区、各部门应当按照数据分类分级保护制度，确定本地区、本部门以及相关行业、领域的重要数据具体目录，对列入目录的数据进行重点保护。

其三，其他数据，即列入核心数据与重要数据之外的数据。在其他数据中，又可以将个人信息作为其中需要进行特殊分类和特殊保护的数据。通过《个人信息保护法》及相关法律法规予以特殊规定。

《个人信息保护法》则将个人信息分为一般个人信息，即通常所说的个人信息以及敏感个人信息。

②有关规范性文件确定的数据分类分级

有关规范性文件主要是指相关行业监管或者主管部门发布的与数据保护或个人信息保护有关的规范。对于其中一些主要的规范性文件列示如下：

《科学数据管理办法》，该办法由国务院办公厅发布，规定法人单位要对科学数据进行分级分类，明确科学数据的密级和保密期限、开放条件、开放对象和审核程序等，按要求公布科学数据开放目录，通过在线下载、离线共享或定制服务等方式向社会开放共享。

《关于加强车联网网络安全和数据安全工作的通知》由工业和信息化部发布，明确要加强数据分类分级管理。按照“谁主管、谁负责，谁运营、谁负责”的原则，智能网联汽车生产企业、车联网服务平台运营企业要建立数据管理台账，实施数据分类分级管理，加强个人信息与重要数据保护。要定期开展数据安全风险评估，强化隐患排查整改，并向所在省（区、市）通信管理局、工业和信息化主管部门报备。

《汽车数据安全管理若干规定（试行）》，该办法由工业和信息化部、国家发改委、国家互联网信息办公室、公安部、交通运输部发布，规定了汽车数据的重要数据认定。

《工业和信息化领域数据安全管理办法（试行）》，该办法由工业和信息化部发布，规定工业和电信数据处理者应当坚持先分类后分级，定期梳理，根据行业要求、业务需求、数据来源和用途等因素对数据进行分类和标识，形成数据分类清单。数据分类类别包括但不限于研发数据、生产运行数据、管理数据、运维数据、业务服务数据、个人信息等。根据数据遭到篡改、破坏、泄露或者非法获取、非法利用，对国家安全、公共利益或者个人、组织合法权益等造成的危害程度，将工业和电信数据分为一般数据、重要数据和核心数据三级。

《证券基金经营机构信息技术管理办法》，该办法由中国证监会发布，规定证券基金经营机构应当将经营及客户数据按照重要性和敏感性进行分类分级，并根据不同类别和级别作出差异化数据管理制度安排。

除了上述规范性文件外，还有大量的国家标准或行业标准规定了分类分级。其中对于数据分类分级规定较为清晰的包括中国人民银行提出、全国金融标准化技术委员会（SAC/TC 180）制定并发布的《个人金融信息保护技术规范》（JR/T 0171—2020）、《信息安全技术——健康医疗数据安全指南》（GB/T 39725—2020）等。

以《个人金融信息保护技术规范》为例，该规范属于中国人民银行提出的技术标准，作为中国人民银行《关于发布金融行业标准做好个人金融信息保护技术管理工作的通知》附件发布。该标准提到了“金融业机构可结合实际按照《规范》加强个人金融信息全生命周期技术管理、强化风险识别和监控，建立健全风险事件处置机制，保障个人金融信息主体合法权益”。该标准对于金融业机构具有较强的指导作用。

《个人金融信息保护技术规范》（JR/T 0171—2020）第 3.2 条定义个人金融信息（personal financial information）是金融业机构通过提供金融产品和服务或者其他渠道获取、加工和保存的个人信息，包括账户信息、鉴别信息、金融交易信息、个人身份信息、财产信息、借贷信息及其他反映特定个人某些情况的信息。

根据信息遭到未经授权的查看或未经授权的变更后所产生的影响和危害，将个人金融信息按敏感程度从高到低分为C3、C2、C1三个类别；这一分类方法与《个人信息保护法》将信息区分为一般个人信息与敏感个人信息的分类思路类似。同时，根据金融业机构数据安全性遭受破坏后的影响对象和所造成的影响程度将数据安全级别分为1级至5级，并可以对应至不同类别。

在健康医疗服务行业，《信息安全技术——健康医疗数据安全指南》对健康医疗数据也作了分类分级管理的规范要求。关于健康医疗数据分类，根据应用场景、特征等因素分为六大类，包括：个人属性数据；健康状况数据；医疗应用数据；医疗支付数据；卫生资源数据；公共卫生数据。上述分类与金融信息以个人信息作为分类的基础不同，《信息安全技术——健康医疗数据安全指南》针对的是健康医疗活动收集、产生的主要数据类型。其中，既有完全属于个人信息的个人属性数据、健康状况数据，也包括融合医院诊疗活动数据、金融数据和个人信息的医疗应用数据、医疗支付数据，还包括属于公共数据的卫生资源数据以及公共卫生数据。对于数据分级，该指南根据数据重要程度、风险级别以及对个人健康医疗数据主体可能造成的损害和影响将数据分为五级：第一级，可完全公开使用；第二级，可在较大范围内供访问使用；第三级，可在中等范围内供访问使用，如未经授权披露，可能对主体造成中等程度损害；第四级，在较小范围内供访问使用，如未经授权披露，可能对主体造成较高程度损害；第五级，仅在极小范围内且在严格限制条件下供访问使用，如未经授权披露，可能对主体造成严重程度损害。

在工业领域，《工业数据分类分级指南（试行）》则根据不同类别工业数据遭篡改、破坏、泄露或非法利用后可能对工业生产、经济效益等带来的潜在影响，将工业数据分为一级、二级、三级三个级别。

总体而言，数据分类分级管理虽然是《数据安全法》规定的一项重要制度，但在具体落实过程中还需要从多法规、多部门协同的角度去认识这一问题。既要考虑数据的一般属性，也要考虑个人信息的特殊属性，还需要考虑不同地区、行业的差异性。

2. 重要数据的概念与识别

（1）重要数据的概念与内涵

重要数据的表述最早出现在《网络安全法》中，该法第21条第4项规定了网络运营者应“采取数据分类、重要数据备份和加密等措施”。但这一条款并没有界定什么是重要数据。

此后，国家互联网信息办公室于2017年4月11日公布的《个人信息和重要数据出境安全评估办法（征求意见稿）》在第17条中将重要数据界定为“重要数据，是指与国家安全、经济发展，以及社会公共利益密切相关的数据”。

2019年5月28日，国家互联网信息办公室公布了《数据安全管理办法（征求意见稿）》，将“重要数据”界定为一旦泄露可能直接影响国家安全、经济安全、社会稳定、公共健康和安全的数据，如未公开的政府信息，大面积人口、基因健康、地理、矿产资源等。重要数据一般不包括企业生产经营和内部管理信息、个人信息等。上述两个征求意见稿虽然并未施行，但重要数据的概念基本成型。

《数据安全法》则将数据分类分级保护制度与重要数据目录直接对应，并要求各地区、各部门按照数据分类分级保护制度，确定本地区、本部门以及相关行业、领域的重要数据具体目录，更具参考性和实操性，加强了对重要数据的保护。但是，对于什么是“重要数据”，《数据安全法》并未明确界定。

2022年1月全国信息安全标准化技术委员会发布的推荐性国家标准《信息安全技术——重要数据识别指南（征求意见稿）》，将重要数据（critical data）界定为：以电子方式存在的，一旦遭到篡改、破坏、泄露或者非法获取、非法利用，可能危害国家安全、公共利益的数据。并标注：重要数据不包括国家秘密和个人信息，但基于海量个人信息形成的统计数据、衍生数据有可能属于重要数据。2022年5月发布的《信息安全技术——重要数据识别规则（征求意见稿）》沿用了这一概念。

《汽车数据安全管理若干规定（试行）》将重要数据界定为一旦遭到篡改、破坏、泄露或者非法获取、非法利用，可能危害国家安全、公共利益或者个人、组织合法权益的数据。

2022年9月1日施行的《数据出境安全评估办法》规定，本办法所称重要数据，是指一旦遭到篡改、破坏、泄露或者非法获取、非法利用等，可能危害国家安全、经济运行、社会稳定、公共健康和安全等的数据。

（2）重要数据的识别

《数据安全法》规定，国家数据安全工作协调机制统筹协调有关部门制定重要数据目录，加强对重要数据的保护。各地区、各部门应当按照数据分类分级保护制度，确定本地区、本部门以及相关行业、领域的重要数据具体目录。

当前已经发布的行业性的重要数据识别规则包括：

①《汽车数据安全管理若干规定（试行）》

《汽车数据安全管理若干规定（试行）》列举了六类重要数据，具体包括：一是军事管理区、国防科工单位以及县级以上党政机关等重要敏感区域的地理信息、人员流量、车辆流量等数据；二是车辆流量、物流等反映经济运行情况的数据；三是汽车充电网的运行数据；四是包含人脸信息、车牌信息等的车外视频、图像数据；五是涉及个人信息主体超过10万人的个人信息；六是国家网信部门和国务院发展改革、工业和信息化、公安、交通运输等有关部门确定的其他可能危害国家安全、公共利益或者个人、组织合法权益的数据。

②《工业和信息化领域数据安全管理办法（试行）》

《工业和信息化领域数据安全管理办法（试行）》则从危害程度的角度列举了五类重要数据：一是对政治、国土、军事、经济、文化、社会、科技、电磁、网络、生态、资源、核安全等构成威胁，影响海外利益、生物、太空、极地、深海、人工智能等与国家安全相关的重点领域的数据；二是对工业和信息化领域发展、生产、运行和经济利益等造成严重影响的数据；三是造成重大数据安全事件或生产安全事故，对公共利益或者个人、组织合法权益造成严重影响，社会负面影响大的数据；四是引发的级联效应明显，影响范围涉及多个行业、区域或者行业内多个企业，或者影响持续时间长，对行业发展、技术进步和产业生态等造成严重影响的数据；五是经工业和信息化部评估确定的其他重要数据。

对于重要数据，《工业和信息化领域数据安全管理办法（试行）》还要求数据处理者进行备案。[①]

---

① 《工业和信息化领域数据安全管理办法（试行）》第12条规定："工业和信息化领域数据处理者应当将本单位重要数据和核心数据目录向本地区行业监管部门备案。备案内容包括但不限于数据来源、类别、级别、规模、载体、处理目的和方式、使用范围、责任主体、对外共享、跨境传输、安全保护措施等基本情况，不包括数据内容本身。地方行业监管部门应当在工业和信息化领域数据处理者提交备案申请的二十个工作日内完成审核工作，备案内容符合要求的，予以备案，同时将备案情况报工业和信息化部；不予备案的应当及时反馈备案申请人并说明理由。备案申请人应当在收到反馈情况后的十五个工作日内再次提交备案申请。备案内容发生重大变化的，工业和信息化领域数据处理者应当在发生变化的三个月内履行备案变更手续。重大变化是指某类重要数据和核心数据规模（数据条目数量或者存储总量等）变化30%以上，或者其它备案内容发生变化。"

③《信息安全技术——重要数据识别指南（征求意见稿）》

2022 年 1 月全国信息安全标准化技术委员会发布了推荐性国家标准《信息安全技术——重要数据识别指南（征求意见稿）》，该征求意见稿列举了重要数据识别的六项原则，具体如表 11 - 1 所示：

表 11 - 1　重要数据识别的六项原则

原则	具体描述
聚焦安全影响	从国家安全、经济运行、社会稳定、公共健康和安全等角度识别重要数据，只对组织自身而言重要或敏感的数据不属于重要数据，如企业的内部管理相关数据
突出保护重点	通过对数据分级，明确安全保护重点，使一般数据充分流动，重要数据在满足安全保护要求前提下有序流动，释放数据价值
衔接既有规定	充分考虑地方已有的管理要求和行业特色，与地方、部门已经制定实施的有关数据管理政策和标准规范紧密衔接
综合考虑风险	根据数据用途、面临威胁等不同因素，综合考虑数据遭到篡改、破坏、泄露或者非法获取、非法利用等风险，从保密性、完整性、可用性、真实性、准确性等多个角度识别数据的重要性
定量定性结合	以定量与定性相结合的方式识别重要数据，并根据具体数据类型、特性不同采取定量或定性方法
动态识别复评	随着数据用途、共享方式、重要性等发生变化，动态识别重要数据，并定期复查重要数据识别结果

此外，该征求意见稿还列举了重要数据的识别因素，具体包括如下 14 项：

其一，反映国家战略储备、应急动员能力，如战略物资产能、储备量属于重要数据；

其二，支撑关键基础设施运行或重点领域工业生产的数据属于重要数据；

其三，反映关键信息基础设施网络安全保护情况，可被利用实施对关键信息基础设施的网络攻击的数据；

其四，关系出口管制物项的数据属于重要数据；

其五，可能被其他国家或组织利用发起对我国的军事打击，如满足一定精度要求的地理信息的数据；

其六，反映重点目标、重要场所物理安全保护情况或未公开地理目标的位置的数据；

其七，可能被利用实施对关键设备、系统组件供应链的破坏，以发起高级持续性威胁等网络攻击的数据；

其八，反映群体健康生理状况、族群特征、遗传信息等的基础数据；

其九，国家自然资源、环境基础数据；

其十，关系科技实力、影响国际竞争力，如描述与国防、国家安全相关的知识产权的数据；

其十一，关系敏感物项生产交易以及重要装备配备、使用，可能被外国政府对我国实施制裁的信息数据；

其十二，在向政府机关、军工企业及其他敏感重要机构提供服务过程中产生的不宜公开的信息；

其十三，未公开的政务数据、工作秘密、情报数据和执法司法数据，如未公开的统计数据；

其十四，其他可能影响国家政治、国土、军事、经济、文化、社会、科技、生态、资源、核设施、海外利益、生物、太空、极地、深海等安全的数据。

④《信息安全技术——重要数据识别规则（征求意见稿）》

2022 年 5 月全国信息安全标准化技术委员会发布了推荐性国家标准《信息安全技术——重要数据识别规则（征求意见稿）》，该征求意见稿对于重要数据识别的原则与《信息安全技术——重要数据识别指南（征求意见稿）》相同，但将识别因素扩展为 19 项，具体如下：

其一，直接影响国家主权、政权安全、政治制度、意识形态安全，如用以实施社会动员的数据等属于重要数据；

其二，直接影响领土安全和国家统一，或反映国家自然资源基础情况，如未公开的领陆、领水、领空数据等属于重要数据；

其三，可被其他国家或组织利用发起对我国的军事打击，或反映我国战略储备、应急动员、作战等能力，如满足一定精度指标的地理信息或战略物资产能、储备量信息等属于重要数据；

其四，直接影响市场秩序或国家经济命脉安全，如支撑关键基础设施所在行业、领域核心业务运行或重要经济领域生产的数据等属于重要数据；

其五，反映我国语言文字、历史、风俗习惯、民族价值观念等特质，如历史文化遗产信息等属于重要数据；

其六，反映重点目标、重要场所物理安全保护情况或未公开地理目标的位置，可被恐怖分子、犯罪分子利用实施破坏，如重点安保单位、重要生产企业、国家重要资产（如铁路、输油管道）的施工图、内部结构、安防等信息，以及未公开的专用公路、机场信息等属于重要数据；

其七，关系国家科技实力、影响国际竞争力，或关系出口管制物项，如反映国家科技创新重大成果，或描述我国禁止出口限制出口物项的设计原理、工艺流程、制作方法等的信息以及源代码、集成电路布图、技术方案、重要参数、实验数据、检测报告等属于重要数据；

其八，反映关键信息基础设施总体运行、发展和安全保护情况，可被利用实施对关键信息基础设施的网络攻击，如反映关键信息基础设施系统配置信息、核心软硬件设计信息、系统拓扑、应急预案、测评、监测、审计等情况的数据属于重要数据；

其九，可被利用实施对关键设备、系统组件供应链的破坏，以发起高级持续性威胁等网络攻击，如政府或军工单位客户清单、未公开的产品和服务采购情况、未公开的重大漏洞等属于重要数据；

其十，反映自然环境、生产生活环境基础情况，或可被利用造成环境安全事件，如未公开的土壤数据、气象观测数据、环保监测数据等属于重要数据；

其十一，反映水资源、能源资源、土地资源、矿产资源等资源储备和开发、供给情况，如未公开的水文观测结果、未公开的耕地面积或质量变化情况等属于重要数据；

其十二，反映核材料、核设施、核活动情况，或可被利用造成核破坏或其他核安全事件，如核电站设计图、核电站运行数据等属于重要数据；

其十三，关系海外能源资源安全、海上战略通道安全、海外公民和法人安全，或可被利用实施对我国参与国际经贸、文化交流活动的破坏或对我国实施歧视性禁止、限制或其他类似措施，如国际贸易中特殊物项生产交易以及特殊装备配备、使用情况等属于重要数据；

其十四，关系我国在太空、深海、极地等战略新疆域的现实或潜在利益，如未公开的科学考察、开发利用数据和影响人员安全进出的数据等属于重要数据；

其十五，反映生物技术研究、开发和应用情况，反映族群特征、遗传信息，关系重大突发传染病、动植物疫情，关系生物实验室安全，或可能被利用制造生物武器、实施生物恐怖袭击，关系外来物种入侵和生物多样性，如重要生物资源数据、微生物耐药基础研究数据等属于重要数据；

其十六，未公开的政务数据、情报数据和执法司法数据，如未公开的统计数据等属于重要数据；

其十七，反映全局性或重点领域经济运行、金融活动状况，关系产业竞争力，可造成公共安全事故或影响公民生命安全，可引发群体性活动或影响群体情感与认知，如未公开的统计数据、重点企业商业秘密，以及危化品制作工艺、危化品储备地点等属于重要数据；

其十八，反映国家或地区群体健康生理状况，关系疾病传播与防治，关系食品药品安全，如健康医疗资源数据、批量人口的诊疗与健康管理数据、疾控防疫数据、健康救援保障数据、特定药品实验数据、食品安全溯源标识信息等属于重要数据；

其十九，其他可能影响国家政治、国土、军事、经济、文化、社会、科技、网络、生态、资源、核、海外利益、太空、极地、深海、生物等安全的数据。

随着各部门、各地区陆续制定重要数据目录，重要数据保护的规则和标准也会日渐清晰。

3. 重要数据处理活动的风险评估

（1）基本规则

《数据安全法》确立了重要数据风险评估制度。与重要数据出境评估作为特定事项监管不同，重要数据风险评估制度是一种针对重要数据的常态化监管机制。该法第30条第1款规定："重要数据的处理者应当按照规定对其数据处理活动定期开展风险评估，并向有关主管部门报送风险评估报告。"

无论重要数据处于收集、存储、使用、加工、传输、提供、公开等各个处理环节的哪个环节，只要其数据处理活动可能涉及重要数据，都需要进行定期的风险评估，并将评估报告报送给主管部门。

结合《个人信息保护法》，对于被认定为重要数据的个人信息而言，由于其处理环节增加了"删除"环节，笔者理解，对于数据处理活动的安全评估还应该包括"删除"环节。

（2）评估对象

风险评估报告应当包括处理的重要数据的种类、数量，以及开展数据处理活动的情况、面临的数据安全风险及其应对措施等。这意味着，企业内部的重要数据风险评估将成为一种常态化的合规要求，企业应建立自身的重要数据“风险识别目录”。

（3）报送对象

鉴于《数据安全法》规定各地区、各部门应当按照数据分类分级保护制度，确定本地区、本部门以及相关行业、领域的重要数据具体目录，对列入目录的数据进行重点保护。并且，国家数据安全工作协调机制统筹协调有关部门加强数据安全风险信息的获取、分析、研判、预警工作。

五、数据出境管理制度

我国数据出境管理包括重要数据出境、个人信息出境、境外执法司法机构所需的数据出境、公共管理数据出境、出口管制数据出境等方面。《数据出境安全评估办法》针对重要数据和达到一定数量的个人信息处理者的数据出境作了专门规定。

1. 重要数据出境

（1）一般规定

重要数据出境一直是立法高度关注的问题，《网络安全法》最早规定了关键信息基础设施的运营者在境内运营中收集和产生的个人信息和重要数据应当在境内存储。确需向境外提供的，应当进行安全评估。[①] 这一规定将关键信息基础设施运营者作为重要数据出境的前提。《数据安全法》则在此基础上增加了其他数据处理者的重要数据出境评估要求。[②] 但是，在 2022 年 9 月 1 日施行的《数据出

① 《网络安全法》第 37 条规定：“关键信息基础设施的运营者在中华人民共和国境内运营中收集和产生的个人信息和重要数据应当在境内存储。因业务需要，确需向境外提供的，应当按照国家网信部门会同国务院有关部门制定的办法进行安全评估；法律、行政法规另有规定的，依照其规定。”

② 《数据安全法》第 31 条规定：“关键信息基础设施的运营者在中华人民共和国境内运营中收集和产生的重要数据的出境安全管理，适用《中华人民共和国网络安全法》的规定；其他数据处理者在中华人民共和国境内运营中收集和产生的重要数据的出境安全管理办法，由国家网信部门会同国务院有关部门制定。”

境安全评估办法》中，则并不区分重要数据的处理者是否属于关键信息基础设施运营者，而是直接规定任何数据处理者向境外提供重要数据均需要进行安全评估。

（2）出境评估程序

如果数据处理者认为自身向境外提供数据的活动触发了数据出境安全评估的条件，则应申报数据安全评估。基本流程如下：

第一，自评估。

按照《数据出境安全评估办法》的规定，数据处理者在申报数据出境安全评估前，应当开展数据出境风险自评估。①

第二，向省级网信部门提交申报材料。

第三，资料完备性审核。省级网信部门应当自收到申报材料之日起5个工作日内完成完备性查验，申报材料齐全的，将申报材料报送国家网信部门。②

第四，安全评估。国家网信部门受理申报后，根据申报情况组织国务院有关部门、省级网信部门、专门机构等进行安全评估，③ 并可以根据情况要求补充或更正材料④。

第五，完成评估。一般情况下，国家网信部门应当自向数据处理者发出书面

① 《数据出境安全评估办法》第5条规定："数据处理者在申报数据出境安全评估前，应当开展数据出境风险自评估，重点评估以下事项：（一）数据出境和境外接收方处理数据的目的、范围、方式等的合法性、正当性、必要性；（二）出境数据的规模、范围、种类、敏感程度，数据出境可能对国家安全、公共利益、个人或者组织合法权益带来的风险；（三）境外接收方承诺承担的责任义务，以及履行责任义务的管理和技术措施、能力等能否保障出境数据的安全；（四）数据出境中和出境后遭到篡改、破坏、泄露、丢失、转移或者被非法获取、非法利用等的风险，个人信息权益维护的渠道是否通畅等；（五）与境外接收方拟订立的数据出境相关合同或者其他具有法律效力的文件等（以下统称法律文件）是否充分约定了数据安全保护责任义务；（六）其他可能影响数据出境安全的事项。"

② 《数据出境安全评估办法》第7条第1款规定："省级网信部门应当自收到申报材料之日起5个工作日内完成完备性查验。申报材料齐全的，将申报材料报送国家网信部门；申报材料不齐全的，应当退回数据处理者并一次性告知需要补充的材料。"

③ 《数据出境安全评估办法》第10条规定："国家网信部门受理申报后，根据申报情况组织国务院有关部门、省级网信部门、专门机构等进行安全评估。"

④ 《数据出境安全评估办法》第11条第1款规定："安全评估过程中，发现数据处理者提交的申报材料不符合要求的，国家网信部门可以要求其补充或者更正。数据处理者无正当理由不补充或者更正的，国家网信部门可以终止安全评估。"

受理通知书之日起45个工作日内完成数据出境安全评估。[①]

（3）数据出境评估关注事项

数据出境安全评估重点评估数据出境活动可能对国家安全、公共利益、个人或者组织合法权益带来的风险，主要包括以下事项：①数据出境的目的、范围、方式等的合法性、正当性、必要性。②境外接收方所在国家或者地区的数据安全保护政策法规和网络安全环境对出境数据安全的影响；境外接收方的数据保护水平是否达到中华人民共和国法律、行政法规的规定和强制性国家标准的要求。③出境数据的规模、范围、种类、敏感程度，出境中和出境后遭到篡改、破坏、泄露、丢失、转移或者被非法获取、非法利用等的风险。④数据安全和个人信息权益是否能够得到充分有效保障。⑤数据处理者与境外接收方拟订立的法律文件中是否充分约定了数据安全保护责任义务。⑥遵守中国法律、行政法规、部门规章情况。⑦国家网信部门认为需要评估的其他事项。

（4）评估有效期

通过数据出境安全评估的结果有效期为2年，有效期届满，需要继续开展数据出境的，应当在有效期届满60个工作日前重新申报评估。在有效期内出现数据出境目的、方式、范围、种类和境外接收方处理数据的用途、方式发生变化影响出境数据安全的，或者境外接收方所在国家或者地区数据安全保护政策法规和网络安全环境及其他重大事项变更等影响出境数据安全的，数据处理者应当重新申报评估。[②]

2. 个人信息出境

《个人信息保护法》第39条规定，个人信息处理者向中华人民共和国境外提

---

① 《数据出境安全评估办法》第12条规定："国家网信部门应当自向数据处理者发出书面受理通知书之日起45个工作日内完成数据出境安全评估；情况复杂或者需要补充、更正材料的，可以适当延长并告知数据处理者预计延长的时间。评估结果应当书面通知数据处理者。"

② 《数据出境安全评估办法》第14条规定："通过数据出境安全评估的结果有效期为2年，自评估结果出具之日起计算。在有效期内出现以下情形之一的，数据处理者应当重新申报评估：（一）向境外提供数据的目的、方式、范围、种类和境外接收方处理数据的用途、方式发生变化影响出境数据安全的，或者延长个人信息和重要数据境外保存期限的；（二）境外接收方所在国家或者地区数据安全保护政策法规和网络安全环境发生变化以及发生其他不可抗力情形、数据处理者或者境外接收方实际控制权发生变化、数据处理者与境外接收方法律文件变更等影响出境数据安全的；（三）出现影响出境数据安全的其他情形。有效期届满，需要继续开展数据出境活动的，数据处理者应当在有效期届满60个工作日前重新申报评估。"

供个人信息的，应当向个人告知境外接收方的名称或者姓名、联系方式、处理目的、处理方式、个人信息的种类以及个人向境外接收方行使本法规定权利的方式和程序等事项，并取得个人的单独同意。

与重要数据出境均需要经过安全评估不同，按照《个人信息保护法》，在个人单独同意的基础上，个人信息出境则设定了多项出境安全要求，包括数据出境安全评估、个人信息保护认证、与境外接受方签订标准合同三种出境的路径。

（1）数据出境安全评估

适用数据出境安全评估的个人信息出境活动包括：

第一，关键信息基础设施运营者向境外提供个人信息；

第二，处理100万人以上个人信息的数据处理者向境外提供个人信息；

第三，自上年1月1日起累计向境外提供10万人个人信息的数据处理者向境外提供个人信息；

第四，自上年1月1日起累计向境外提供1万人敏感个人信息的数据处理者向境外提供个人信息。

个人信息出境适用的数据出境安全评估程序与重要数据出境相同，本处不作赘述。

（2）个人信息保护认证

《个人信息保护法》在个人信息出境方面，规定了个人信息保护认证制度。亦即，如果按照国家网信部门的规定经专业机构进行个人信息保护认证，则适用数据出境安全评估规则之外的个人信息处理者可以将个人信息出境。对于认证的具体规则，《个人信息保护法》并未作出规定。

2022年11月4日，国家市场监督管理总局、国家互联网信息办公室发布了《关于实施个人信息保护认证的公告》（国家市场监督管理局、国家互联网信息办公室公告2022年第37号），并同时发布了公告附件《个人信息保护认证实施规则》。这一公告及附件是落实《个人信息保护法》中个人信息保护认证制度的举措，意味着个人信息处理者通过认证实施数据出境有章可循。

①认证依据

个人信息处理者应当符合《信息安全技术——个人信息安全规范》（GB/T 35273—2020）的要求。对于开展跨境处理活动的个人信息处理者，还应符合《网络安全标准实践指南——个人信息跨境处理活动安全认证规范 V2.0》（TC260—PG—20222A）的要求。

②证书有效期

认证证书有效期为3年。在有效期内，通过认证机构的获证后监督，保持认证证书的有效性。证书到期需延续使用的，认证委托人应当在有效期届满前6个月内提出认证委托。认证机构应当采用获证后监督的方式，对符合认证要求的委托换发新证书。

③认证标志种类

认证标志分为不含跨境处理活动的个人信息保护认证标志以及包含跨境处理活动的个人信息保护认证标志。

（3）与境外接收方签订标准合同

与境外接收方签订网信部门认可的标准合同，是个人信息出境的另一种方式。2022年6月30日，国家互联网信息办公室发布了《个人信息出境标准合同规定（征求意见稿）》。

2023年2月22日，国家互联网信息办公室发布了《个人信息出境标准合同办法》（以下简称《标准合同办法》）及其附件《个人信息出境标准合同》（以下简称《标准合同》）。《标准合同办法》是落实《个人信息保护法》关于个人信息出境规则中标准合同制度的举措，与《数据出境安全评估办法》《个人信息保护认证实施规则》共同组成了我国个人信息出境的完整监管体系。

《标准合同》主要条款包括定义、个人信息处理者的义务、境外接收方的义务、境外接收方所在国家或者地区个人信息保护政策和法规对合同履行的影响、个人信息主体的权利、救济、合同解除、违约责任等。

出境标准合同的设置，意味着国家网信部门可以通过标准化合同条款来具体引导个人信息跨境提供的权利义务约定，从而更好地约束各方的行为。另外，通过标准合同条款，也可以提高跨境个人信息提供的合同签订效率。

《标准合同办法》有以下主要内容：

①适用标准合同的情形

根据《标准合同办法》第4条的规定，向境外提供个人信息的主体，需要同时满足非关键信息基础设施运营者；处理个人信息不满100万人；自上年1月1

日起累计向境外提供个人信息不满 10 万人；自上年 1 月 1 日起累计向境外提供敏感个人信息不满 1 万人四个条件，才能采取订立《标准合同》的方式进行个人信息出境活动。如果不能满足上述任一条件，则需要按照 2022 年 9 月 1 日实施的《数据出境安全评估办法》的要求通过所在地省级网信部门向国家网信部门申报数据出境安全评估。

②禁止采取数量拆分等手段规避数据出境安全评估

《标准合同办法》第 4 条第 3 款规定“个人信息处理者不得采取数量拆分等手段，将依法应当通过出境安全评估的个人信息通过订立标准合同的方式向境外提供”。该款主要针对实践中部分企业可能通过业务拆分、主体拆分等方式，将个人信息出境数量降低到出境安全评估标准之下，通过签订《标准合同》的方式规避数据出境安全评估义务的情形。

③对于个人信息保护影响评估进行了内容细化

《标准合同办法》第 5 条规定了向境外提供个人信息前开展个人信息保护影响评估的重点评估内容，该条系对《个人信息保护法》第 55 条、第 56 条的落实和进一步细化。与《个人信息保护法》相比，向境外提供个人信息前，开展个人信息保护影响评估包括的内容更加详细，具体如表 11 - 2 所示：

表 11 - 2 《个人信息保护法》与《标准合同办法》比较

《个人信息保护法》	《标准合同办法》
(一) 个人信息的处理目的、处理方式等是否合法、正当、必要	(一) 个人信息处理者和境外接收方处理个人信息的目的、范围、方式等的合法性、正当性、必要性
(二) 对个人权益的影响及安全风险	(二) 出境个人信息的规模、范围、种类、敏感程度，个人信息出境可能对个人信息权益带来的风险
(三) 所采取的保护措施是否合法、有效并与风险程度相适应	(三) 境外接收方承诺承担的义务，以及履行义务的管理和技术措施、能力等能否保障出境个人信息的安全

续表

《个人信息保护法》	《标准合同办法》
—	（四）个人信息出境后遭到篡改、破坏、泄露、丢失、非法利用等的风险，个人信息权益维护的渠道是否通畅等
—	（五）境外接收方所在国家或者地区的个人信息保护政策和法规对标准合同履行的影响
—	（六）其他可能影响个人信息出境安全的事项

3. 其他数据出境场景

（1）境外执法司法机构所需的数据与个人信息出境

在数据出境问题上，还需注意的是司法及执法环节涉及的数据出境。针对向外国司法或者执法机构提供数据的行为，无论是否属于重要数据，均需要经过主管机关批准。

《数据安全法》规定，中华人民共和国主管机关根据有关法律和我国缔结或者参加的国际条约、协定，或者按照平等互惠原则，处理外国司法或者执法机构关于提供数据的请求。非经我国主管机关批准，境内的组织、个人不得向外国司法或者执法机构提供存储于境内的数据。① 对于这一原则，在《个人信息保护法》中对个人信息也作了同样的规定。② 关于司法与执法机关的范围理解问题，在实践中存在一些理解上的难点。公安机关、检察院、法院、行政机关，在理解上通常没有歧义，但是对于仲裁机构是否应被列入司法或行政机构的范畴，则缺乏明确的标准。

有一种观点认为，仲裁机构是一种民间裁决的机制，因此，仲裁机构不属于司法或行政机构。如果按照这一观点，向境外仲裁机构提供证据材料，如果不涉

① 《数据安全法》第36条规定："中华人民共和国主管机关根据有关法律和中华人民共和国缔结或者参加的国际条约、协定，或者按照平等互惠原则，处理外国司法或者执法机构关于提供数据的请求。非经中华人民共和国主管机关批准，境内的组织、个人不得向外国司法或者执法机构提供存储于中华人民共和国境内的数据。"

② 《个人信息保护法》第41条规定："中华人民共和国主管机关根据有关法律和中华人民共和国缔结或者参加的国际条约、协定，或者按照平等互惠原则，处理外国司法或者执法机构关于提供存储于境内个人信息的请求。非经中华人民共和国主管机关批准，个人信息处理者不得向外国司法或者执法机构提供存储于中华人民共和国境内的个人信息。"

及重要数据或者未达到应申报数据出境评估的个人信息处理者标准，则并不违反中国法律。笔者认为，这一观点有一定合理性，但不够全面。虽然仲裁机构并非国家机关，也不属于司法机关。但是，仲裁机构的设立仍需全面审视该机构所在国法律的界定。以我国为例，《仲裁法》虽然规定了“仲裁委员会独立于行政机关，与行政机关没有隶属关系”①。但是仲裁机构的设立并非一个完全的民间行为。《仲裁法》规定，仲裁委员会由第 10 条第 1 款规定的市的人民政府组织有关部门和商会统一组建。设立仲裁委员会，应当经省、自治区、直辖市的司法行政部门登记。②

因此，是否可以向境外仲裁机构提供包含数据的证据材料，最为核心的理由并非仲裁机构是否属于民间机构，而是在于仲裁机构本身是否属于司法或行政机关。我国全国人民代表大会常务委员会 1986 年发布了《关于我国加入〈承认及执行外国仲裁裁决公约〉的决定》，说明我国立法机关并未将境外仲裁机构视为司法机关或行政机关。基于此，如果向境外仲裁机构提供证据材料，且证据材料不包含重要数据、核心数据、国家秘密等数据，并且未达到应申报数据出境评估的个人信息处理者标准，则具有合理性。当然，这一理解仅为学术角度的理解。对于向境外仲裁机构提供包含数据的证据材料问题，是否适用《数据安全法》第 36 条、《个人信息保护法》第 41 条的限制，应由立法机关及相关主管机关出台相应的规则或解释予以明确。

（2）国家机关处理数据的出境

《个人信息保护法》对于国家机关处理的个人信息应当境内存储及出境问题作了专门规定。该法第 36 条规定，国家机关处理的个人信息应当在中华人民共和国境内存储；确需向境外提供的，应当进行安全评估。安全评估可以要求有关部门提供支持与协助。对于如何进行安全评估，以及是否与其他数据处理者适用同样的出境评估流程，有关部门如何提供支持与协助，法律并未明确规定。

---

① 《仲裁法》第 14 条规定：“仲裁委员会独立于行政机关，与行政机关没有隶属关系。仲裁委员会之间也没有隶属关系。”

② 《仲裁法》第 10 条规定：“仲裁委员会可以在直辖市和省、自治区人民政府所在地的市设立，也可以根据需要在其他设区的市设立，不按行政区划层层设立。仲裁委员会由前款规定的市的人民政府组织有关部门和商会统一组建。设立仲裁委员会，应当经省、自治区、直辖市的司法行政部门登记。”

对于国家机关处理的其他数据，《数据安全法》并未作专门的出境管理规定。笔者认为，国家机关处理的其他类别数据在出境问题上，应遵循关于数据出境的基本规则。

（3）出口管制数据出境

《数据安全法》第25条规定了数据出口管制制度，这一规定是与《出口管制法》相配套的规则。该制度不仅针对重要数据，还可以针对其他任何数据类型。该条规定："国家对与维护国家安全和利益、履行国际义务相关的属于管制物项的数据依法实施出口管制。"亦即，只要按照出口管制的规则判定该数据属于管制物项，均可实施出口管制。

第十二章 数字化转型中的个人信息保护问题

激活数据要素价值，是数字化转型过程中的重要内容。在各类数据要素中，个人信息无疑是最为常见的。数字化转型所涉及的生活方式数字化、生产方式数字化、社会治理方式数字化，或多或少会涉及个人信息的收集、存储、分析、利用。

就生活方式数字化转型而言，其服务的对象本来就是个人，因此，个人信息的收集、分析、利用本身就是无法回避的。生产方式数字化转型过程中，也有大量的环节需要分析、利用个人信息，比如智能制造过程，虽然需要关注供应链、库存、生产过程数据，但生产的目标是为社会提供适销对路的产品，而产品的大规模定制，依然需要借助于对消费者个人信息的分析。社会治理方式数字化转型，同样无法脱离个人信息的收集、分析与利用，社会治理最终目标是提升公共管理和服务公众的能力，这一过程中，个人信息的分析与利用是实现治理的重要措施。

然而，相较于企业等机构，个人往往在技术、认知、能力方面处于弱势地位，加之数字化转型中所带来的业态创新，个人信息处理流程隐蔽化、操作自动化等特点，使个人信息保护的环境变得更为复杂。与此同时，由于个人信息具有较高的数据分析价值和营销推广价值，也会导致各类违法违规获取、利用、出售个人信息的活动频发。因此，保护个人信息不仅是维护公民基本人格权利的需要，更是构建良好数字化生态的基础。

由于个人信息是数据的重要组成部分，第十一章在介绍数据安全法律制度的同时，对于个人信息保护的部分内容也做了介绍，比如分类分级保护制度、个人信息出境制度等，本章对于上述内容不再赘述。

一、个人信息的概念与分类

1. 个人信息的概念

个人信息的概念在我国立法中的界定标准并不统一。《个人信息保护法》在“识别”的基础上，将个人信息的识别区分为“已识别”及“可识别”进行表述。亦即，凡是与“已识别”的自然人或“可识别”的自然人有关的信息均为个人信息。这与之前的几部法律的规定并不相同。

我国《网络安全法》、《民法典》和最高人民法院、最高人民检察院《关于办理侵犯公民个人信息刑事案件适用法律若干问题的解释》对于个人信息均作了界定，但标准并不完全统一。如《网络安全法》对于个人信息的概念定义为，以电子或者其他方式记录的能够单独或者与其他信息结合识别自然人个人身份的各种信息。《民法典》则规定为，以电子或者其他方式记录的能够单独或者与其他信息结合识别特定自然人的各种信息。《个人信息保护法》在“识别”的基础上作出了“已识别”与“可识别”的区分，并将“关联”的要素融合了进来，将个人信息保护的外延进一步做了完善。

2. 个人信息的分类

个人信息是与“已识别”的自然人或“可识别”的自然人有关的信息，基于这一概念，个人信息的基本类别较为丰富，主要包括个人基本资料、身份信息、生物识别信息、网络身份标识信息、健康生理信息、教育及职业信息、财产信息、通信信息、联系人信息、网上活动信息、个人常用设备信息、个人位置信息与其他信息等。

在上述基本分类的基础上，《个人信息保护法》还专门规定了敏感个人信息。敏感个人信息，是指一旦泄露或者非法使用，容易导致自然人的人格尊严受到侵害或者人身、财产安全受到危害的个人信息，包括生物识别、宗教信仰、特定身份、医疗健康、金融账户、行踪轨迹等信息，以及不满 14 周岁未成年人的个人信息。

除直接收集和展现的个人信息外，经过一定分析加工及融合的信息也可以构成个人信息，比如直接用户画像、用户特征、去标识个人信息等。用户画像是通过收集、汇聚、分析个人信息，对某特定自然人的个人特征，如职业、经济、健康、教育、个人喜好、信用、行为等方面作出分析或预测，形成其个人特征模型的过程。其中直接使用特定自然人的个人信息形成的该自然人的特征模型，称为直接用户画像。使用源于特定自然人以外的个人信息，如其所在群体的数据，形成的该自然人的特征模型，称为间接用户画像。

由于直接用户画像的信息通常可以与特定的已识别或可识别个人形成关联，因而直接用户画像属于个人信息的一种特殊形态。间接用户画像则属于对群体特征的抽象概括，一般不被视为个人信息。

去标识个人信息，是指采用假名、加密、哈希函数等技术手段替代对个人信息的标识，使其在不借助额外信息的情况下，无法识别或者关联个人信息主体。去标识化的个人信息，只是个人信息展示形式的变化，在一定程度上无法识别个人，但借助标识信息，仍旧可以复原并识别到个人。

二、个人信息全生命周期保护

相关主体对于个人信息的处理是一个动态过程，从个人信息被收集开始，直到个人信息被删除，这个过程中都涉及个人信息的依法保护问题。任何一个环节如果管控不到位，都可能引发合规风险。因此，个人信息保护应建立全生命周期保护的理念。

个人信息全生命周期，是与个人信息处理相对应的概念。我国《个人信息保护法》所规定的个人信息处理，包括个人信息的收集、存储、使用、加工、传输、提供、公开、删除八个环节。个人信息全生命周期保护，则是指个人信息的收集、存储、利用，一直到删除全过程，均得到有效的保护。

1. 个人信息收集

收集属于《个人信息保护法》规定的处理个人信息环节中的首要环节，应当符合《个人信息保护法》及相关法律、法规、监管规则关于处理个人信息的基本要求。收集个人信息是后续其他环节的前提，并且收集环节往往是个人信息处理者与用户形成交互的首个环节。因此，个人信息处理的知情同意往往在收集环节完成，对于后续如何保存、利用、对外提供、加工、公开个人信息，均需要在收集环节取得个人的同意。

（1）收集的原则

《个人信息保护法》第5条规定，处理个人信息应当遵循合法、正当、必要和诚信原则，不得通过误导、欺诈、胁迫等方式处理个人信息。这一原则适用于个人信息处理的各个环节，也当然适用于个人信息的收集环节。

《个人信息保护法》还规定处理个人信息应当具有明确、合理的目的，并应当与处理目的直接相关，采取对个人权益影响最小的方式。收集个人信息，应当限于实现处理目的的最小范围，不得过度收集个人信息。处理个人信息应当遵循公开、透明原则，公开个人信息处理规则，明示处理的目的、方式和范围。这些表述可以视为对该法第5条的进一步展开与细化。

对于上述规定中关于收集个人信息应限于实现处理目的的最小范围，不得过度收集的要求，即最小必要原则，在理解上较为复杂，并且也是监管机构在个人信息保护执法中经常遇到的情形。

最小必要原则在内涵上，包括三个方面的要求，即明确合理、直接相关、影响最小。[①] 明确合理，是指个人信息处理目的的明确合理，也是判断是否直接相关的前提。直接相关，是指处理个人信息的行为应当与告知的处理目的直接相关，如果没有个人信息的参与，产品或服务的功能无法实现。影响最小，是指对个人权益影响最小，如果不同类型的个人信息都可以实现产品或服务目的，那么应当选择影响小的类型进行收集。

在外观上，也可以归纳为三个方面的要求，即类型最少、频率最低、数量最少。其中，类型最少是《个人信息保护法》第6条规定的"最小范围"最低限度的解读，频率最低和数量最少则是结合最小必要的目标以及《信息安全技术——个人信息安全规范》（以下简称《个人信息安全规范》）的规定[②]所作的解读。

（2）收集的知情同意

《网络安全法》《民法典》《个人信息保护法》《消费者权益保护法》[③] 都将

---

① 《个人信息保护法》第6条规定："处理个人信息应当具有明确、合理的目的，并应当与处理目的直接相关，采取对个人权益影响最小的方式。收集个人信息，应当限于实现处理目的的最小范围，不得过度收集个人信息。"

② 《信息安全技术——个人信息安全规范》规定："5.2 收集个人信息的最小必要对个人信息控制者的要求包括：a）收集的个人信息的类型应与实现产品或服务的业务功能有直接关联；直接关联是指没有上述个人信息的参与，产品或服务的功能无法实现；b）自动采集个人信息的频率应是实现产品或服务的业务功能所必需的最低频率；c）间接获取个人信息的数量应是实现产品或服务的业务功能所必需的最少数量。"

③ 《消费者权益保护法》第29条第1款规定："经营者收集、使用消费者个人信息，应当遵循合法、正当、必要的原则，明示收集、使用信息的目的、方式和范围，并经消费者同意。经营者收集、使用消费者个人信息，应当公开其收集、使用规则，不得违反法律、法规的规定和双方的约定收集、使用信息。"

取得个人同意作为收集个人信息的前提。知情，是指个人信息处理者应将个人信息的处理目的、处理方式，处理的个人信息种类、保存期限及其他法律规定的事项告知个人，同意则可以视为对个人信息的授权。对于告知同意的基本要求如下：

①告知的要求及例外

告知内容合法即取得授权同意前应向个人完整告知个人信息处理者的名称或者姓名和联系方式，个人信息的处理目的、处理方式，处理的个人信息种类、保存期限，个人行使《个人信息保护法》规定权利的方式和程序，以及法律、行政法规规定应当告知的其他事项。①

其中，处理方式可能会包含处理的各个环节，比如收集、传输、使用等；可能包括每个环节中的不同情形，比如收集环节中的直接收集、间接收集；还可能包括某种情形下的具体操作，比如直接收集中是个人主动填写提交，还是处理者通过系统自动化地调取等。

如果有法律、行政法规规定应当保密或者不需要告知的情形的，可以豁免前述告知义务。在紧急情况下，为了保护自然人的生命健康和财产安全，且无法及时告知的，也可以将告知义务的履行时间推迟到紧急情况消除后。

②同意的要求

《个人信息保护法》明确规定，同意应当由个人在充分知情的前提下自愿、明确作出。② 同时，规定了五种应当取得单独同意的情形，包括向其他处理者提供③、公开④、将公共场所收集的个人图像和身份识别信息用于非维护公共安全

---

① 《个人信息保护法》第17条第1款规定："个人信息处理者在处理个人信息前，应当以显著方式、清晰易懂的语言真实、准确、完整地向个人告知下列事项：（一）个人信息处理者的名称或者姓名和联系方式；（二）个人信息的处理目的、处理方式，处理的个人信息种类、保存期限；（三）个人行使本法规定权利的方式和程序；（四）法律、行政法规规定应当告知的其他事项。"

② 《个人信息保护法》第14条第1款规定："基于个人同意处理个人信息的，该同意应当由个人在充分知情的前提下自愿、明确作出。法律、行政法规规定处理个人信息应当取得个人单独同意或者书面同意的，从其规定。"

③ 《个人信息保护法》第23条规定："个人信息处理者向其他个人信息处理者提供其处理的个人信息的，应当向个人告知接收方的名称或者姓名、联系方式、处理目的、处理方式和个人信息的种类，并取得个人的单独同意。接收方应当在上述处理目的、处理方式和个人信息的种类等范围内处理个人信息。接收方变更原先的处理目的、处理方式的，应当依照本法规定重新取得个人同意。"

④ 《个人信息保护法》第25条规定："个人信息处理者不得公开其处理的个人信息，取得个人单独同意的除外。"

目的①、处理敏感个人信息②、向境外提供③。《个人信息保护法》并未对单独同意的含义作出进一步阐明，参考《个人信息安全规范》的示例，为应当取得单独同意所对应的内容设置独立的勾选框、按钮或者文本输入框都是可选方案。

书面同意，就是以书面形式作出的授权同意。根据上述提及的《个人信息保护法》，法律、行政法规有权规定书面同意的适用情形。例如，《征信业管理条例》规定，征信机构采集个人的收入、存款、有价证券、商业保险、不动产的信息和纳税数额信息时应当明确告知信息主体提供该信息可能产生的不利后果，并取得其书面同意。④ 个人信息的处理目的、处理方式和处理的个人信息种类发生变更的，应当重新取得个人同意。⑤

除授权同意要求外，《个人信息保护法》也规定了无须取得个人同意的六种例外情形，具体包括：一是为订立、履行个人作为一方当事人的合同所必需，或者按照依法制定的劳动规章制度和依法签订的集体合同实施人力资源管理所必需。二是为履行法定职责或者法定义务所必需。三是为应对突发公共卫生事件，或者紧急情况下为保护自然人的生命健康和财产安全所必需。四是为公共利益实施新闻报道、舆论监督等行为，在合理的范围内处理个人信息。五是依照本法规定在合理的范围内处理个人自行公开或者其他已经合法公开的个人信息。六是法律、行政法规规定的其他情形。

（3）对处理规则的公开

《个人信息保护法》规定，通过制定个人信息处理规则的方式告知个人信息收集相关事项的，处理者应当公开个人信息处理规则，规则内容应当包括处理的

---

① 《个人信息保护法》第26条规定："在公共场所安装图像采集、个人身份识别设备，应当为维护公共安全所必需，遵守国家有关规定，并设置显著的提示标识。所收集的个人图像、身份识别信息只能用于维护公共安全的目的，不得用于其他目的；取得个人单独同意的除外。"

② 《个人信息保护法》第29条规定："处理敏感个人信息应当取得个人的单独同意；法律、行政法规规定处理敏感个人信息应当取得书面同意的，从其规定。"

③ 《个人信息保护法》第39条规定："个人信息处理者向中华人民共和国境外提供个人信息的，应当向个人告知境外接收方的名称或者姓名、联系方式、处理目的、处理方式、个人信息的种类以及个人向境外接收方行使本法规定权利的方式和程序等事项，并取得个人的单独同意。"

④ 《征信业管理条例》第14条第2款规定："征信机构不得采集个人的收入、存款、有价证券、商业保险、不动产的信息和纳税数额信息。但是，征信机构明确告知信息主体提供该信息可能产生的不利后果，并取得其书面同意的除外。"

⑤ 《个人信息保护法》第14条第2款规定："个人信息的处理目的、处理方式和处理的个人信息种类发生变更的，应当重新取得个人同意。"

目的、方式和范围，应当指定个人信息保护负责人的，还应当公开个人信息保护负责人的联系方式。此外，如果将应当告知的内容包含在个人信息处理规则中，那么该等告知内容同样应当遵循公开的要求。①

在实践中，个人信息处理者一般将“个人信息保护政策”或“隐私政策”作为个人信息处理规则进行公开。

个人信息保护政策应当满足“以显著方式、清晰易懂的语言真实、准确、完整”告知相关内容的要求。对于通过App获取个人信息的情况，《App违法违规收集使用个人信息行为认定方法》作出了更细致的展示形式要求，包括：在App中设置个人信息保护政策；首次运行时应当通过弹窗等明显方式提示用户阅读个人信息保护政策；个人信息保护政策应当易于访问，如进入App主界面后应当多于4次点击等操作之内可以访问到个人信息保护政策；个人信息保护政策应当易于阅读，如文字不得过小过密、颜色过淡、模糊不清，内容不得晦涩难懂、冗长烦琐，使用户难以理解，不得使用大量专业术语，且应当提供简体中文版；应当逐一列出包括委托的第三方或嵌入的第三方代码、插件在内的App收集使用个人信息的目的、方式、范围等；应当在申请打开可收集个人信息的权限，或申请收集用户身份证号、银行账号、行踪轨迹等个人敏感信息时，同步告知用户其目的，且目的应当明确、易于理解。

（4）儿童个人信息的收集

不满14周岁的未成年人为儿童，其个人信息属于敏感个人信息，应当适用处理敏感个人信息单独同意的要求。与《个人信息保护法》的逻辑一致，《儿童个人信息网络保护规定》明确规定，网络运营者（处理者）应当设置专门的儿童个人信息保护规则和用户协议，并指定专人负责儿童个人信息保护。

在处理儿童个人信息时，应当以显著、清晰的方式告知儿童监护人，具体包括收集、存储、使用、转移、披露儿童个人信息的目的、方式和范围；儿童个人信息存储的地点、期限和到期后的处理方式；儿童个人信息的安全保障措施；拒绝的后果；投诉、举报的渠道和方式；更正、删除儿童个人信息的途径和方法等，征得儿童监护人的同意，并同时提供拒绝选项。告知事项发生实质性变化

---

① 《个人信息保护法》第17条第3款规定：“个人信息处理者通过制定个人信息处理规则的方式告知第一款规定事项的，处理规则应当公开，并且便于查阅和保存。”

的，应当再次征得儿童监护人的同意。

监护人享有行使个人信息受保护权利的资格，但在行使更正、删除权利时，儿童和监护人均可以独立提出请求。对于行使删除权，《个人信息保护法》与《儿童个人信息网络保护规定》在内容上存在一定区别。例如，前者增加了“处理目的已实现、无法实现或者为实现处理目的不再必要”的情形，儿童和监护人均可以根据《个人信息保护法》的要求行使删除权。

（5）收集人脸信息的特殊要求

根据《个人信息保护法》第 26 条的规定，对于公共场所人脸信息收集设置了双重告知/同意要求。在公共场所安装图像采集、个人身份识别设备，除应当为维护公共安全所必需，遵守国家有关规定外，还应设置显著的提示标识。而且，所收集的个人图像、身份识别信息只能用于维护公共安全的目的，不得用于其他目的。但如果取得了个人的单独同意，那么处理目的不受此限制。

此外，最高人民法院《关于审理使用人脸识别技术处理个人信息相关民事案件适用法律若干问题的规定》否定了以人脸识别作为业主或者物业使用人出入物业服务区域的唯一验证方式的必要性。① 以此为基础，在可以使用其他方式进行身份验证的情形下，均不得以“为履行个人作为一方当事人的合同所必需”为由主张豁免取得关于处理人脸信息的单独同意的法定义务。

2. 个人信息的传输、存储与删除

（1）个人信息的传输、存储的基本要求

针对个人信息数据的传输与存储，《个人信息保护法》规定应通过分类管理、加密与去标识化等安全措施、个人信息处理的操作权限等防止未经授权的访问以及个人信息泄露、篡改、丢失。②

---

① 最高人民法院《关于审理使用人脸识别技术处理个人信息相关民事案件适用法律若干问题的规定》第 10 条第 1 款规定：“物业服务企业或者其他建筑物管理人以人脸识别作为业主或者物业使用人出入物业服务区域的唯一验证方式，不同意的业主或者物业使用人请求其提供其他合理验证方式的，人民法院依法予以支持。”

② 《个人信息保护法》第 51 条规定：“个人信息处理者应当根据个人信息的处理目的、处理方式、个人信息的种类以及对个人权益的影响、可能存在的安全风险等，采取下列措施确保个人信息处理活动符合法律、行政法规的规定，并防止未经授权的访问以及个人信息泄露、篡改、丢失：（一）制定内部管理制度和操作规程；（二）对个人信息实行分类管理；（三）采取相应的加密、去标识化等安全技术措施；（四）合理确定个人信息处理的操作权限，并定期对从业人员进行安全教育和培训；（五）制定并组织实施个人信息安全事件应急预案；（六）法律、行政法规规定的其他措施。”

存储环节的要求包括存储时间的最小化要求和加密、去标识化处理要求。具体而言，个人信息存储时间最小化要求存储期限与处理目的关联，应为实现个人信息处理目的所必需的最短时间。《个人信息保护法》第19条规定："除法律、行政法规另有规定外，个人信息的保存期限应当为实现处理目的所必要的最短时间。"

对于加密和去标识化的技术措施，分别具有不同的法律意义。需要说明的是，去标识化虽然外观上无法识别个人信息，但法律意义上不等于匿名化。

①个人信息去标识化

去标识化（de－identification），是指个人信息经过处理，使其在不借助额外信息的情况下无法识别特定自然人的过程。去标识化的目的不是让个人信息无法被识别，而是通过分离措施，使数据的存储状态更为安全。一旦将标识信息重新与非标识信息进行结合，依然可以识别到特定个人。比如，将标识信息去除后，为了重新识别个人，标识信息与非标识信息通常通过一定的规则予以对应。

去标识化通常被认为是一种安全措施，其目的不是让个人信息无法被识别，而是使未经授权的人在个人信息传输或存储过程中，无法直接识别个人信息对应的特定个人。因此，去标识化信息仍然属于个人信息，对其他个人信息处理者提供去标识的个人信息，仍可能会被认定为非法提供个人信息。

②个人信息的匿名化

个人信息的匿名化（anonymization）处理，是指个人信息经过处理无法识别特定自然人且不能复原的过程。

与去标识化不同的是，匿名化的本质在于信息不被识别到具体个人。与去标识化将部分标识信息与其他非标识信息分开存储不同，匿名化是将可能识别个人的识别信息做永久删除，或者对足够样本量的个人信息进行混淆，仅保留人群特征标签或者群体画像（间接用户画像）。

匿名化的信息不属于个人信息，对此，《个人信息保护法》第4条在界定个人信息定义过程中，明确指出个人信息"不包括匿名化处理后的信息"。[①]

---

① 《个人信息保护法》第4条第1款规定："个人信息是以电子或者其他方式记录的与已识别或者可识别的自然人有关的各种信息，不包括匿名化处理后的信息。"

（2）个人信息的删除

由于个人信息是个人人格利益的延伸，个人自然有权要求个人信息处理者予以删除。法律规定了个人信息处理者必须删除个人信息的多种情形。

①受托处理个人信息的删除

在受托处理个人信息的场景中，在委托合同不生效、无效、被撤销或终止情况下，受托人应返还个人信息或对受托行为所接收个人信息予以删除。[①]

②个人信息处理者主动删除的情况

依照《个人信息保护法》的规定，对于个人信息处理者，以下五种情况应主动删除个人信息：[②] 其一，处理目的已实现、无法实现或者为实现处理目的不再必要。其二，个人信息处理者停止提供产品或者服务，或者保存期限已届满。其三，个人撤回同意。其四，个人信息处理者违反法律、行政法规或者违反约定处理个人信息。其五，法律、行政法规规定的其他情形。如果删除个人信息从技术上难以实现，个人信息处理者应当停止除存储和采取必要的安全保护措施之外的处理。

在实践中，没有明显的不公平、不正当的因素，可以从其约定，没有约定的可以从法定。比如，《网络安全法》对网络日志有保存不少于6个月的要求，《电子病历应用管理规范（试行）》对病历有保存不少于15年和30年的要求。而在超过存储期限后，应当进行删除处理或匿名化处理。

3. 个人信息的使用

对于个人信息使用，《网络安全法》与《个人信息保护法》的规定较为原则

① 《个人信息保护法》第21条第1款、第2款规定："个人信息处理者委托处理个人信息的，应当与受托人约定委托处理的目的、期限、处理方式、个人信息的种类、保护措施以及双方的权利和义务等，并对受托人的个人信息处理活动进行监督。受托人应当按照约定处理个人信息，不得超出约定的处理目的、处理方式等处理个人信息；委托合同不生效、无效、被撤销或者终止的，受托人应当将个人信息返还个人信息处理者或者予以删除，不得保留。"

② 《个人信息保护法》第47条规定："有下列情形之一的，个人信息处理者应当主动删除个人信息；个人信息处理者未删除的，个人有权请求删除：（一）处理目的已实现、无法实现或者为实现处理目的不再必要；（二）个人信息处理者停止提供产品或者服务，或者保存期限已届满；（三）个人撤回同意；（四）个人信息处理者违反法律、行政法规或者违反约定处理个人信息；（五）法律、行政法规规定的其他情形。法律、行政法规规定的保存期限未届满，或者删除个人信息从技术上难以实现的，个人信息处理者应当停止除存储和采取必要的安全保护措施之外的处理。"

性，规定应遵循合法、正当、必要、诚信等基本原则。在《个人信息保护法》中，对于使用个人信息进行自动化决策进行了相应的限制，对于使用人脸识别信息等个人敏感信息规定了单独同意原则。关于自动化决策，在本书人工智能法律问题一章已经进行了论述，此处不作展开。

4. 个人信息的委托处理、提供与公开

（1）个人信息的委托处理

个人信息的委托处理是与个人信息处理并行的概念。在《个人信息保护法》中，虽然对于委托处理的定义没有直接规定，但是通过对个人信息处理者的概念分析，可以得出受托处理的内涵。

根据《个人信息保护法》的规定，个人信息处理者是指在个人信息处理活动中自主决定处理目的、处理方式的组织、个人。① 这一定义的关键词在于“自主决定”，自主决定不是可以任意决定个人信息的处理，而是在遵循“告知同意”原则下，可以按照处理者与个人的约定实施处理。与“自主决定”相对应的概念就是“委托处理”。法律对于委托处理有如下限制：

①个人信息委托处理的基本原则

《个人信息保护法》对于个人信息委托处理，确定了以下四项原则：其一，按照约定处理的原则。亦即，个人信息处理者委托处理个人信息的，应当与受托人约定委托处理的目的、期限、处理方式、个人信息的种类、保护措施。受托人应当按照约定处理个人信息，不得超出约定的处理目的、处理方式等处理个人信息②。其二，受托方不得保留原则。委托合同不生效、无效、被撤销或者终止的，受托人应当将个人信息返还个人信息处理者或者予以删除，不得保留。其三，不得转委托原则。个人信息的受托处理者，未经个人信息处理者同意，不应将个人信息转委托他人处理。其四，协助配合原则。受托人除了依法采取必要措施保障

① 《个人信息保护法》第73条第1项规定：“个人信息处理者，是指在个人信息处理活动中自主决定处理目的、处理方式的组织、个人。”

② 《个人信息保护法》第21条规定：“个人信息处理者委托处理个人信息的，应当与受托人约定委托处理的目的、期限、处理方式、个人信息的种类、保护措施以及双方的权利和义务等，并对受托人的个人信息处理活动进行监督。受托人应当按照约定处理个人信息，不得超出约定的处理目的、处理方式等处理个人信息；委托合同不生效、无效、被撤销或者终止的，受托人应当将个人信息返还个人信息处理者或者予以删除，不得保留。未经个人信息处理者同意，受托人不得转委托他人处理个人信息。”

个人信息的安全外，还应协助个人信息处理者履行法律规定的义务。①

②个人信息委托处理的评估

个人信息处理者将个人信息委托处理，属于《个人信息保护法》第56条第1款规定的，应进行“个人信息保护影响评估”的法定情形之一，应依法进行影响评估。个人信息保护影响评估应当包括下列内容：其一，个人信息的处理目的、处理方式等是否合法、正当、必要；其二，对个人权益的影响及安全风险；其三，所采取的保护措施是否合法、有效并与风险程度相适应。

（2）个人信息的提供

按照《个人信息保护法》的规定，个人信息处理者将个人信息提供给其他个人信息处理者处理的，应当把接收方的名称（姓名）、联系方式、处理目的及处理方式、提供个人信息的种类告知个人，并征得个人的单独同意。② 如果接收方改变处理目的与方式，需要重新取得同意。

上述充分告知加单独同意的方式，理论上使个人可以获悉自己个人信息的准确去向，从而方便个人行使个人信息查询权、复制权、更正权、删除权、撤回权、可携带权、删除权等权利。

个人信息处理者向其他个人信息处理者提供个人信息，除了需要执行严格的告知同意流程外，还需要进行个人信息保护影响评估。影响评估的关注事项，在上文委托处理部分已经介绍，不再展开论述。③

---

① 《个人信息保护法》第59条规定：“接受委托处理个人信息的受托人，应当依照本法和有关法律、行政法规的规定，采取必要措施保障所处理的个人信息的安全，并协助个人信息处理者履行本法规定的义务。”

② 《个人信息保护法》第23条规定：“个人信息处理者向其他个人信息处理者提供其处理的个人信息的，应当向个人告知接收方的名称或者姓名、联系方式、处理目的、处理方式和个人信息的种类，并取得个人的单独同意。接收方应当在上述处理目的、处理方式和个人信息的种类等范围内处理个人信息。接收方变更原先的处理目的、处理方式的，应当依照本法规定重新取得个人同意。”

③ 《个人信息保护法》第55条规定：“有下列情形之一的，个人信息处理者应当事前进行个人信息保护影响评估，并对处理情况进行记录：（一）处理敏感个人信息；（二）利用个人信息进行自动化决策；（三）委托处理个人信息、向其他个人信息处理者提供个人信息、公开个人信息；（四）向境外提供个人信息；（五）其他对个人权益有重大影响的个人信息处理活动。”

《个人信息保护法》第56条规定：“个人信息保护影响评估应当包括下列内容：（一）个人信息的处理目的、处理方式等是否合法、正当、必要；（二）对个人权益的影响及安全风险；（三）所采取的保护措施是否合法、有效并与风险程度相适应。个人信息保护影响评估报告和处理情况记录应当至少保存三年。”

（3）个人信息的公开

个人信息的公开也属于将个人信息提供给其他方，不同的是，公开情况下个人信息的接收者是不特定的。因此，个人信息的公开也需要取得个人的单独同意。

三、个人在个人信息处理活动中的基本权利

《数据安全法》对于个人在数据处理活动中的权利仅作了原则性规定，如《数据安全法》第7条中规定，国家保护个人、组织与数据有关的权益。《个人信息保护法》对个人信息主体在个人信息处理活动中的权利进行了更为清晰的界定，具体如下：

（1）知情同意权、决定权

个人信息主体的知情同意权是常规权利，《个人信息保护法》第13条、第14条、第15条等均有对知情同意权的规定，在《民法典》第1035条、《网络安全法》第41条也有同样的规定。而决定权，则是指个人对其个人信息如何使用、让谁使用具有决定权。知情同意常发生在个人信息的收集环节，而决定权则不仅适用于收集环节，还适用于个人信息的删除、可携带等场景。

（2）撤回同意的权利

除在处理个人信息时应当取得个人信息主体在充分知情的情况下自愿、明确作出的同意外，《个人信息保护法》还赋予个人信息主体对同意的撤回权，在基于个人同意处理的情况下，个人信息主体有权撤回其同意。

此外，《个人信息保护法》还规定，个人信息处理者不能因为个人撤回同意而拒绝提供产品或者服务，除非这种处理活动是提供产品及服务所必需的。①

（3）个人信息的查阅、复制与可携带权

《个人信息保护法》第45条除规定个人有权向个人信息处理者查阅、复制其个人信息的情况外，还规定了个人信息的可携带权。即个人请求将个人信息转移至其指定的个人信息处理者，符合国家网信部门规定条件的，个人信息处理者应当提供转移的途径。

法律对于个人信息可携带权的规定，有利于个人自由处理其个人信息，对信

① 《个人信息保护法》第16条规定："个人信息处理者不得以个人不同意处理其个人信息或者撤回同意为由，拒绝提供产品或者服务；处理个人信息属于提供产品或者服务所必需的除外。"

息跨平台转移提供了便利条件，也有利于打破数据垄断和“数据孤岛”。

（4）删除权

删除权即个人信息主体要求个人信息控制者、处理者等主体永久删除与其个人相关的个人信息的权利。《个人信息保护法》第47条规定了四种法定的个人信息处理者应当主动删除个人信息的情形（包括处理目的已实现、无法实现或者为实现处理目的不再必要；个人信息处理者停止提供产品或者服务，或者保存期限已届满；个人撤回同意；个人信息处理者违反法律、行政法规或者违反约定处理个人信息等），也规定了若其未删除时个人有权请求删除。

（5）要求对处理规则解释说明的权利

该项权利主要是为了保障个人在个人信息处理过程中对于处理规则的充分知情与理解，从而保证其意思表示的真实性。《个人信息保护法》第48条规定：“个人有权要求个人信息处理者对其个人信息处理规则进行解释说明。”

在实践中，个人信息处理规则内容通常较为复杂，且包含大量的法律专业术语，通过行使本项权利，可以让个人充分理解规则，从而做出符合其真实意思的同意行为。

（6）逝者个人信息保护的规则

针对个人去世以后，其生前使用的账号是否仍有效以及其他人、何人有权利处置其生前使用的网络账号之类的问题，在近几年越发得到社会的关注。笔者认为，这一问题涉及个人信息的法律属性问题，如果要对其进行明确的规定，势必要对个人信息是否具备财产属性予以明晰。

《个人信息保护法》第49条规定，自然人死亡的，其近亲属为了自身的合法、正当利益，可以对死者的相关个人信息行使本法规定的查阅、复制、更正、删除等权利；死者生前另有安排的除外。

从《个人信息保护法》的这一规定来看，其并未就法律属性这一问题进行明确的回应，而是从近亲属权益保护及逝者遗愿明确的角度出发，并没有赋予近亲属全部的权利，而是在有限范围内，遵从逝者的遗愿，遵循合法、正当的原则，允许近亲属查阅、复制、更正、删除逝者的个人信息。这一处理方式，显然更加符合个人信息作为人格权的属性。[1]

---

① 吴卫明、刘昀东、刘芷均：《审议通过！万字解读〈个人信息保护法〉》，载微信公众号“大队长金融”2021年8月23日。

（7）个人的权利行使方式

《个人信息保护法》对于个人在个人信息处理活动中行使权利的方式也有相应的规定。该法第 17 条即规定，个人信息处理者在处理个人信息前，应当以显著方式、清晰易懂的语言真实、准确、完整地向个人告知个人行使权利的方式和程序。①

四、个人信息处理者的义务

《个人信息保护法》中规定了个人信息处理者的相关义务：

（1）保护个人信息安全的义务

保证所处理信息的安全，是个人信息处理者的首要义务。安全与合规是构成个人信息保护的两大基石。因此，安全义务也是个人处理者的首要义务。

《个人信息保护法》第 51 条对于安全义务的界定，主要分为以下五个方面：其一，应该制定内部管理制度和操作规程，通过制度约束，保障信息安全；其二，通过分类管理，保障个人信息管理的分层分级；其三，采用加密、去标识化等安全技术措施；其四，通过操作权限管理和对从业人员的安全教育和培训，保障操作环节的安全；其五，应该有安全应急预案。②

（2）依法设置专人或机构保护个人信息

《个人信息保护法》规定，处理个人信息达到国家网信部门规定数量的个人信息处理者应指定个人信息保护负责人，并公开个人信息保护负责人联系方式，

---

① 《个人信息保护法》第 17 条第 1 款、第 2 款规定："个人信息处理者在处理个人信息前，应当以显著方式、清晰易懂的语言真实、准确、完整地向个人告知下列事项：（一）个人信息处理者的名称或者姓名和联系方式；（二）个人信息的处理目的、处理方式，处理的个人信息种类、保存期限；（三）个人行使本法规定权利的方式和程序；（四）法律、行政法规规定应当告知的其他事项。前款规定事项发生变更的，应当将变更部分告知个人。"

② 《个人信息保护法》第 51 条规定："个人信息处理者应当根据个人信息的处理目的、处理方式、个人信息的种类以及对个人权益的影响、可能存在的安全风险等，采取下列措施确保个人信息处理活动符合法律、行政法规的规定，并防止未经授权的访问以及个人信息泄露、篡改、丢失：（一）制定内部管理制度和操作规程；（二）对个人信息实行分类管理；（三）采取相应的加密、去标识化等安全技术措施；（四）合理确定个人信息处理的操作权限，并定期对从业人员进行安全教育和培训；（五）制定并组织实施个人信息安全事件应急预案；（六）法律、行政法规规定的其他措施。"

将个人信息保护负责人的姓名、联系方式报送有关部门。①

对于达到一定数量个人信息的处理者，《网络数据安全管理条例（征求意见稿）》还规定，应按照重要数据处理者的要求，② 明确数据安全负责人，成立数据安全管理机构，并要求数据安全负责人应当具备数据安全专业知识和相关管理工作经历，由数据处理者决策层成员承担，有权直接向网信部门和主管、监管部门反映数据安全情况。③

对于在境外处理中华人民共和国境内个人信息的处理者，法律的规定较为特殊，并未按照处理个人信息的多少来决定是否设置专门的个人信息保护负责人或专门机构，而仅是概括规定了其应当在中华人民共和国境内设立专门机构或者指定代表。④ 关于联系方式公布及向主管部门报送的要求，与境内个人信息处理者的要求相同。

（3）合规审计义务

对于个人信息处理者在个人信息处理活动中遵守法律、法规情况，《个人信息保护法》第 54 条规定了合规审计义务，即个人信息处理者应当定期对其处理个人信息遵守法律、行政法规的情况进行合规审计。

此外，对于大型互联网平台经营者，《网络数据安全管理条例（征求意见

① 《个人信息保护法》第 52 条规定："处理个人信息达到国家网信部门规定数量的个人信息处理者应当指定个人信息保护负责人，负责对个人信息处理活动以及采取的保护措施等进行监督。
个人信息处理者应当公开个人信息保护负责人的联系方式，并将个人信息保护负责人的姓名、联系方式等报送履行个人信息保护职责的部门。"

② 《网络数据安全管理条例（征求意见稿）》第 26 条规定："数据处理者处理一百万人以上个人信息的，还应当遵守本条例第四章对重要数据的处理者作出的规定。"

③ 《网络数据安全管理条例（征求意见稿）》第 28 条规定："重要数据的处理者，应当明确数据安全负责人，成立数据安全管理机构。数据安全管理机构在数据安全负责人的领导下，履行以下职责：（一）研究提出数据安全相关重大决策建议；（二）制定实施数据安全保护计划和数据安全事件应急预案；（三）开展数据安全风险监测，及时处置数据安全风险和事件；（四）定期组织开展数据安全宣传教育培训、风险评估、应急演练等活动；（五）受理、处置数据安全投诉、举报；（六）按照要求及时向网信部门和主管、监管部门报告数据安全情况。数据安全负责人应当具备数据安全专业知识和相关管理工作经历，由数据处理者决策层成员承担，有权直接向网信部门和主管、监管部门反映数据安全情况。"

④ 《个人信息保护法》第 53 条规定："本法第三条第二款规定的中华人民共和国境外的个人信息处理者，应当在中华人民共和国境内设立专门机构或者指定代表，负责处理个人信息保护相关事务，并将有关机构的名称或者代表的姓名、联系方式等报送履行个人信息保护职责的部门。"

稿)》第53条除了规定应进行个人信息保护情况的合规审计外，还将合规审计的范围扩展到了平台数据安全情况、平台规则和自身承诺的执行情况、个人信息保护情况、数据开发利用情况。①

（4）个人信息保护影响评估

对于特定情况的个人信息处理，《个人信息保护法》规定了个人信息保护影响评估。个人信息处理者在处理敏感个人信息、利用个人信息进行自动化决策以及委托处理个人信息、向其他个人信息处理者提供个人信息、公开个人信息，或者向境外提供个人信息之前，应进行个人信息保护影响评估。②

个人信息保护影响评估的内容在前文已经介绍，此处不作展开。

（5）采取补救措施的义务

对于发生或者可能发生个人信息泄露、篡改、丢失等信息安全事件的，法律规定个人信息处理者应采取补救措施。采取补救措施的同时，应将有关情况通知履行个人信息保护职责的部门和个人。通知内容应包括以下内容：①发生或者可能发生个人信息泄露、篡改、丢失的信息种类、原因和可能造成的危害；②个人信息处理者采取的补救措施和个人可以采取的减轻危害的措施；③个人信息处理者的联系方式。

个人信息处理者采取措施能够有效避免信息泄露、篡改、丢失造成危害的，个人信息处理者可以不通知个人；履行个人信息保护职责的部门认为可能造成危害的，有权要求个人信息处理者通知个人。

（6）提供重要互联网平台服务、用户数量巨大、业务类型复杂的个人信息处理者的特殊义务

《个人信息保护法》除了规定一般的个人信息处理者的义务外，对于提供重要互联网平台服务、用户数量巨大、业务类型复杂的个人信息处理者还规定了以

---

① 《网络数据安全管理条例（征求意见稿）》第53条规定："大型互联网平台运营者应当通过委托第三方审计方式，每年对平台数据安全情况、平台规则和自身承诺的执行情况、个人信息保护情况、数据开发利用情况等进行年度审计，并披露审计结果。"

② 《个人信息保护法》第55条规定："有下列情形之一的，个人信息处理者应当事前进行个人信息保护影响评估，并对处理情况进行记录：（一）处理敏感个人信息；（二）利用个人信息进行自动化决策；（三）委托处理个人信息、向其他个人信息处理者提供个人信息、公开个人信息；（四）向境外提供个人信息；（五）其他对个人权益有重大影响的个人信息处理活动。"

下几项特殊的义务:①

①建立合规制度体系

与以往立法不同的是，个人信息处理者除了遵循法律的权利义务要求，并依照法律规定承担责任外，还应建立合规制度体系。

②成立独立监督机构

成立主要由外部成员组成的独立机构，对个人信息保护情况进行监督。对于哪些人员可以成为外部成员，法律并未界定。但是按照一般的理解，外部人员应为与个人信息处理者没有关联关系或没有业务及其他方面利益关联的专家。

③定期发布个人信息保护社会责任报告

个人信息处理属于对公众利益有重大影响的活动，对于处理个人信息数量巨大且内容复杂的机构而言，其个人信息处理活动的社会属性更强。发布社会责任报告，有助于社会公众了解个人信息处理者的处理活动，从而实现公众监督。

① 《个人信息保护法》第58条规定:“提供重要互联网平台服务、用户数量巨大、业务类型复杂的个人信息处理者，应当履行下列义务:(一)按照国家规定建立健全个人信息保护合规制度体系，成立主要由外部成员组成的独立机构对个人信息保护情况进行监督;(二)遵循公开、公平、公正的原则，制定平台规则，明确平台内产品或者服务提供者处理个人信息的规范和保护个人信息的义务;(三)对严重违反法律、行政法规处理个人信息的平台内的产品或者服务提供者，停止提供服务;(四)定期发布个人信息保护社会责任报告，接受社会监督。”

第十三章 隐私计算与个人信息保护

随着网络化、数字化基础设施的日益完善，应用的日渐丰富，在政府机关、企业等机构积累了大量的数据资源，数据成为推进社会整体发展的重要驱动力。《规划纲要》中指出，迎接数字时代，激活数据要素潜能，推进网络强国建设，加快建设数字经济、数字社会、数字政府，以数字化转型整体驱动生产方式、生活方式和治理方式变革。国家发展规划对数据驱动进行了肯定，这为数据要素的流动提供了指引。

2019 年 10 月，《中共中央关于坚持和完善中国特色社会主义制度　推进国家治理体系和治理能力现代化若干重大问题的决定》首次将数据增列为与资本、劳动、土地等要素并列的生产要素。

2021 年 12 月，中央网络安全和信息化委员会发布了《“十四五”国家信息化规划》。该规划指出，稳步推进数据要素化，加快推动数据要素流通，繁荣数据应用生态，增强数据服务于实体经济的效能，构建以数据为关键要素的数字经济。

2022 年 6 月，国家发展和改革委员会审议通过了《关于构建数据基础制度更好发挥数据要素作用的意见》，对于完善数据要素市场化配置机制，激发数据要素价值潜力，打造数字经济发展新动能具有重要意义。该意见的主要目标是通过构建数据基础制度，让数据要素的获取、加工、流通、利用以及收益分配等行为有法可依、有规可循，推动数据要素市场规范化、制度化建设，最终实现数据要素市场化配置效率的提升。

2022年12月，中共中央、国务院印发《关于构建数据基础制度更好发挥数据要素作用的意见》。该意见构建了数据产权、流通交易、收益分配、安全治理4项制度，共计20条政策措施。

《关于构建数据基础制度更好发挥数据要素作用的意见》在数据产权方面，提出推进公共数据、企业数据、个人数据分类分级确权授权，建立数据资源持有权、数据加工使用权、数据产品经营权等分置的产权运行机制。在流通交易方面，提出完善数据全流程合规和监管规则体系，统筹构建规范高效的数据交易场所，培育数据要素流通和交易服务生态，构建数据安全合规有序跨境流通机制。在收益分配方面，提出健全数据要素由市场评价贡献、按贡献决定报酬机制，更好发挥政府在数据要素收益分配中的引导调节作用。在安全治理方面，提出创新政府数据治理机制，压实企业的数据治理责任，充分发挥社会力量多方参与的协同治理作用。

数据要素的合理流动已经成为国民经济升级转型的重要驱动，然而，在关注数据要素价值的同时，如何兼顾和保护数据的安全，则成为需要重点考虑的问题。随着我国《网络安全法》《民法典》《数据安全法》《个人信息保护法》的相继颁布与生效，构建了个人信息保护的完整法律框架与制度体系。

按照个人信息保护法的原则，个人信息数据的转移、提供等均以个人的知情同意为基础，此外还涉及合法性、正当性、必要性原则的约束。在法律的相关原则与数据要素流动的需求之间如何找到一个平衡点，则是法律与数据技术专家共同考虑的问题。近年来，利用隐私计算技术来解决个人信息的合理流动，成为一种有益的探索。

一、隐私计算概述

工业和信息化部印发的《大数据产业发展规划（2016—2020年）》中，对于隐私计算有明确的规划。该规划指出，加强大数据安全技术产品研发。重点研究大数据环境下的统一账号、认证、授权和审计体系及大数据加密和密级管理体系，突破差分隐私技术、多方安全计算、数据流动监控与追溯等关键技术。推广防泄露、防窃取、匿名化等大数据保护技术，研发大数据安全保护产品和解决方案。

而在工业和信息化部2019年9月发布的《工业大数据发展指导意见（征求意见稿）》中也指出要激发工业大数据市场活力。指导建设国家工业互联网大数据中心，鼓励企业、研究机构等主体积极参与区块链、安全多方计算等数据流通关键技术攻关和测试验证，降低工业大数据流通的风险。研究开发工业大数据资产价值评估模型，建立完善评估工作机制，推动形成数据资产目录和资产地图。研究制定公平、开放、透明的数据交易流通制度，明确数据权属及问责机制，加强市场监管和行业自律，开展数据资产交易流通试点示范和普及推广。

国家发展改革委办公厅、原银保监会办公厅《关于加强信用信息共享应用推进融资信用服务平台网络建设的通知》（发改办财金〔2022〕299 号）则明确鼓励各级平台采用联合建模、隐私计算等方式与金融机构深化合作，更好服务金融机构产品研发、信用评估和风险管理，推动扩大中小微企业贷款规模。

国务院办公厅《关于加快推进电子证照扩大应用领域和全国互通互认的意见》（国办发〔2022〕3 号）则指出加强电子证照签发、归集、存储、使用等各环节安全管理，严格落实网络安全等级保护制度等要求，强化密码应用安全性评估，探索运用区块链、新兴密码技术、隐私计算等手段提升电子证照安全防护、追踪溯源和精准授权等能力。

除国家层面的相关规划与意见外，地方政府也有利用隐私计算技术促进数据流动的相关规定。上海市经济和信息化委员会于 2022 年 7 月 6 日发布了《关于〈上海市数据交易场所管理实施办法（征求意见稿）〉公开征询意见的公告》。该征求意见稿第 16 条中指出，数据交易场所应当加强大数据、云计算、人工智能、区块链、隐私计算、智能合约等数字技术应用，建立健全数字化交易平台，实现挂牌、登记、询价、交易撮合、签约、结算、交付以及交易管理、专业服务等的全过程数字化，保障数据交易全时挂牌、全域交易、全程可溯。

上述文件中，提到了“隐私计算”“安全多方计算”“差分隐私”“联合建模”等技术概念，并将这些技术与数据流通、数据交易、电子证照管理与授权、金融信息评估与风险管理等应用场景进行联系。

1. 隐私计算的界定

由于隐私计算技术被提出的时间并不长，理论界与实务界对于隐私计算的定义也并不相同。李凤华教授对于隐私计算的定义为：隐私计算是面向隐私信息全生命周期保护的计算理论和方法，是隐私信息的所有权、管理权和使用权分离时隐私度量、隐私泄露代价、隐私保护与隐私分析复杂性的可计算模型与公理化系统。具体是指在处理视频、音频、图像、图形、文字、数值、泛在网络行为信息流等信息时，对所涉及的隐私信息进行描述、度量、评价和融合等操作，形成一套符号化、公式化且具有量化评价标准的隐私计算理论、算法及应用技术，支持多系统融合的隐私信息保护。①

中国信通院在《隐私保护计算与合规应用研究报告（2021 年）》中提到，隐私计算是面向隐私信息全生命周期保护的计算理论和方法，是隐私信息的所有权、管理权和使用权分离时隐私度量、隐私泄露代价、隐私保护与隐私分析复杂性的可计算模型与公理化系统。2019 年《UN Handbook on Privacy Computing Techniques》中提到隐私保护计算是在提供隐私保护的前体下，实现数据价值挖掘的技术体系。②

腾讯研究院认为，隐私计算（privacy computing）是一种由两个或多个参与方联合计算的技术和系统，参与方在不泄露各自数据的前提下通过协作对他们的数据进行联合机器学习和联合分析。隐私计算的参与方既可以是同一机构的不同部门，也可以是不同的机构。在隐私计算框架下，参与方的数据明文不出本地，在保护数据安全的同时实现多源数据跨域合作，可以破解数据保护与融合应用难题。常见的实现隐私计算的技术路径包括联邦学习、安全多方计算、可信计算等，此外区块链也是隐私计算的重要补充。③

从上述定义可以看出，信通院的界定中强调隐私计算是隐私信息的所有权、管理权和使用权分离时隐私度量、隐私泄露代价、隐私保护与隐私分析复杂性的可计算模型。而腾讯研究院的界定则偏重于多方的联合计算与联合分析，从而解决数据保护与数据融合应用的难题。

2. 隐私计算的内涵

一般提到隐私计算的路径，通常认为包括联邦学习、安全多方计算、可信计算、同态加密、差分隐私等技术。然而，这些技术在实现隐私保护方面的意义并不相同。通过对这些技术路径的分析，可以归纳出隐私计算主要的内涵。笔者认为，隐私计算的内涵主要包括两个方面：

（1）以技术保护隐私信息的安全

从某种意义上说，此类隐私计算路径是传统信息安全的延展，即通过特定隐

---

① 李凤华、李晖、牛犇：《隐私计算理论与技术》，人民邮电出版社有限公司 2021 年版。

② 中国信通院：《隐私保护计算与合规应用研究报告（2021 年）》。

③ 腾讯研究院：《腾讯隐私计算白皮书 2021》。

私计算技术实现了隐私数据传输、计算过程的安全性，对于未经许可的第三方或者攻击者而言，无法直接取得明文数据，或者对数据复原。但是，数据本身具有可恢复性。此类技术，本质是密码学算法的应用。比如，同态加密、可信计算、安全多方计算等技术，即通过对隐私数据进行加密传输、加密运算或者通过对系统特定区域进行安全防护的方式，达到隐私信息安全防护的目的。

（2）以技术保护隐私信息的不可恢复

与安全概念相比，隐私信息的不可恢复对于跨系统数据交互而言更有利于隐私信息的保护。前者侧重信息技术领域的安全，而后者则与隐私保护的法律要求更为靠近。所谓的隐私信息的不可恢复，是指隐私数据经过脱敏处理，使得第三方无法获取其中的敏感信息，或者无法将有关信息与特定个人形成关联。

隐私脱敏又常被称为隐私化或匿名化，是指通过采用有失真且不可逆的方法对隐私信息进行保护，使脱敏后的信息无法与数据主体关联起来。隐私脱敏包括但不限于现有的对数据中包含的隐私信息进行泛化（generalization）、抑制（suppression）、解耦（anatomization）、置换（permutation）、扰动（perturbation）等。① 一般认为，隐私脱敏技术包括匿名处理和差分隐私。

事实上，在一些隐私计算的系统中，经常是多种技术措施并行。比如，在联邦学习场景中，经常会与安全多方计算、可信计算等技术进行融合，进一步提高联邦学习系统的安全性。

3. “隐私”的词义辨析

隐私计算采用了“隐私”一词作为其词义的特征描述，而英文的表述“privacy computing”也将隐私计算与隐私（privacy）做了紧密的联系。然而，如果放置在中国的法律体系下，隐私计算的词义与法律对于隐私的内涵界定却并不相同。按照我国法律领域对于隐私的一般理解，隐私中包含个人信息数据。基于这一理解，在实务操作中，有时会将隐私计算技术中的“隐私”理解为与法律中的“隐私”含义具有类似性，从而对于隐私计算技术在保护个人隐私或个人信息方面的效果理解产生偏差。

（1）欧盟法律对于隐私的表述

在欧盟关于个人数据立法的过程中，“隐私”实际上经历了不同的表述。

---

① 李凤华、李晖、牛犇：《隐私计算理论与技术》，人民邮电出版社有限公司 2021 年版。

2002 年 7 月 12 日，欧洲议会和理事会颁布了“directive on privacy and electronic communications”（隐私和电子通信指令）。这一法律中，对于个人数据采取的概念为“privacy”。但在《欧盟通用数据保护条例》（The European General Data Protection Regulation，GDPR）中则没有沿用“privacy”这一概念，而是采用了“personal data”这一表述。例如，在定义部分，表述为“personal data This Regulation applies to the processing of personal data wholly or partly by automated means and to the processing other than by automated means of personal data which form part of a filingsystem or are intended to form part of a filing system”。

从上述内容可以看出，欧盟立法中，将个人数据与隐私作了不同表述。“隐私”一词与个人数据并不等同。

（2）我国法律对于隐私的表述

我国法律对于个人数据（个人信息）的表述，也与隐私进行了区分。《民法典》规定了隐私权。但同时，《民法典》与《个人信息保护法》规定了个人信息的表述。与隐私联系更为紧密的概念则是《个人信息保护法》第 28 条规定的敏感个人信息。

对于隐私本身的定义，《民法典》第 1032 条第 2 款则规定，隐私是自然人的私人生活安宁和不愿为他人知晓的私密空间、私密活动、私密信息。

从我国法律的上述规定也可以看出，隐私与个人数据（个人信息）并非等同含义，隐私还包括生活的安宁。

（3）隐私计算的准确词义分析

由上述分析可以看出，法律中的隐私并非侧重于数据或者信息本身的保护，而是侧重于个人的隐私信息和生活安宁状态的保护。

“privacy computing”虽然是“隐私”的表述，但并不是一个法律术语，而是一个计算机安全领域的术语。隐私计算本身不等同于“能够保护隐私的计算方式”或“能够保护个人信息的计算方式”，是否能够保护个人信息还需根据计算的技术路径、过程与结果予以判断。

二、隐私计算的常用技术或方案

如前文所述，隐私计算技术包括解决隐私安全的技术和解决隐私脱敏的技术。按照这样的划分，隐私安全技术包括安全多方计算、同态加密、可信计算等，隐私脱敏技术包括匿名、差分隐私。

1. 同态加密

同态加密是一种特殊的加密算法，允许在加密之后的密文上直接进行计算，且解密后的计算结果与基于明文的计算结果一致。根据支持密文运算的程度，同态加密方案可以分为部分同态加密方案和全同态加密方案两类。同态加密技术被提出后，经过了多次的改进，但由于同态加密需要大量的计算资源，使其并不适用于海量服务数据场景的隐私保护。①

同态加密在跨系统的数据处理中具有密文传输、密文运算的效果，可以保障数据传输中的安全性，也有利于防范第三方入侵并窃取隐私信息。但是，同态加密的跨系统运算中也会涉及数据的传输。这种传输的活动与个人信息法律原则之间的兼容，仍需进一步探讨。本书在后文会作分析，本处不作展开。

2. 可信计算

可信计算指借助硬件 CPU 芯片实现可信执行环境（TEE），从而构建一个受保护的“飞地”（enclave）。对于应用程序来说，它的 enclave 是一个安全的内容容器，用于存放应用程序的敏感数据与代码，并保证它们的机密性与完整性。以 Intel SGX 为例，enclave 的内存区域是由 CPU 默认加密的，且只能被同一个 enclave 中的代码访问，即便是外部高权限实体（VMM、BIOS、SMM）也无法访问。可信计算（TEE）是基于硬件和密码学原理的隐私计算方案，相比于纯软件解决方案，具有较高的通用性、易用性和较优的性能。其缺点是需要引入可信方，即信任芯片厂商。

可信计算是一种以硬件安全机制为基础的主动防御技术，它通过建立隔离执行的可信赖的计算环境，保障计算平台敏感操作的安全性，实现了对可信代码的保护，达到从体系结构上全面增强系统和网络信任的目的。学术界与工业界普遍认为可信计算的技术思路是通过在硬件平台上引入可信平台模块（Trusted Platform Module，TPM）提高计算机系统的安全性。同时，我国也对应提出并建立了可信密码模块（Trusted Cryptographic Module，TCM）。

3. 安全多方计算

安全多方计算最早由图灵奖获得者、中国科学院院士姚期智教授于 1982 年

---

① 李凤华、李晖、牛犇：《隐私计算理论与技术》，人民邮电出版社有限公司 2021 年版。

通过“百万富翁问题”提出。安全多方计算研究两个或多个持有私有输入的参与者，在不泄露各自私有输入数据的情况下，联合计算一个函数，各自得到他们预定的输出。整个计算过程在保证计算结果正确的同时，不泄露任何参与方的原始秘密数据和计算过程中的明文中间信息，各数据提供方对其拥有的数据始终拥有控制能力。

安全多方计算可以解决一组互不信任的参与方之间协同计算的数据保护问题。安全多方计算自20世纪80年代诞生以来就一直在密码学中占据重要地位，并得到了学术界和产业界的持续关注，无论是在理论研究还是在实际应用中均取得了较大进展，可广泛应用在数据挖掘、数据库查询、科学计算、几何或者几何关系判断、统计分析等诸多计算领域的数据安全保护中。

依照中国人民银行2020年发布的金融行业标准《多方安全计算金融应用技术规范》，多方安全计算（secure multi – party computation，MPC）是一种基于多方数据协同完成计算目标，实现除计算结果及其可推导出的信息之外不泄露各方隐私数据的密码技术。安全多方计算常采用的技术有混淆电路、不经意传输、秘密分享、同态加密等。

从上述概念可以看出，安全多方计算实质上是密码学的应用，通过中间成果的传递与计算，达到隐私数据安全的效果。

安全多方计算的常用场景包括金融领域的联合查询、联合建模、联合预测。

4. 差分隐私

差分隐私（Differential Privacy，DP）是密码学中的一种手段，可以提高从统计数据库进行数据查询的准确性，同时帮助最大限度减少识别其具体记录的机会。

以中心化差分隐私为例，其基本原理是：在计算结果中条件噪声（如适用于数据型输出的拉普拉斯噪声和适用于非数值型输出的指数噪声）使修改数据集中单条记录不会对统计结果造成显著影响，从而保证攻击者在拥有背景知识的情况下也无法推断出该记录对应的敏感信息。

5. 联邦学习

联邦学习是一种参与各方数据存储在本地，通过下载模型并使用本地数据对模型进行训练后，将模型的更新内容加密上传至云端聚合产生新的模型。联邦学习状态下，各方并不交换数据，仅交换密文形式的中间成果。

三、个人信息保护的安全目标与法律意义

要理解隐私计算技术与个人信息保护的关系，就需要理解我国相关法律中关于个人信息保护技术安全目标及其法律意义的界定。

1. 个人信息保护法的技术目标

个人信息的保护目标在《个人信息保护法》中，设定了如下三类要求：

（1）加密保护目标

加密保护是个人信息中最基本的目标，或者说是基本的技术要求。比如，《个人信息保护法》第51条明确将采取相应的加密措施作为个人信息保护的技术措施。

加密的保护措施要求贯穿个人信息生命周期，是一种最为底层的技术要求。通过加密，可以让个人信息在存储、传输、利用等各个环节处于受保护状态，从而在外部攻击或未经授权访问情况下，仍然能够保护个人信息不被暴露。

（2）去标识化保护目标

在《个人信息保护法》第51条中，将去标识化保护作为与加密并列的技术措施。去标识化，是指通过对个人信息的技术处理，使其在不借助额外信息的情况下无法识别特定自然人的过程。

按照《信息安全技术——个人信息去标识化指南》的界定，标识信息包括直接识别符和准标识符。直接识别符（direct identifier）即指微数据中的属性，在特定环境下可以单独识别个人信息主体；准识别符（quasi - identifier）指微数据中的属性结合其他属性可唯一识别个人信息主体。

常用的去标识化技术包括统计技术、密码技术、抑制技术、假名化技术、泛化技术、随机化技术、数据合成技术、差分隐私模型、K - 匿名模型等。

（3）匿名化目标

按照《个人信息保护法》的界定，匿名化，是指个人信息经过处理无法识别特定自然人且不能复原的过程。

我国法律与相关标准对于匿名化的标准和技术措施并无明确的规定。但考虑到《信息安全技术——个人信息去标识化指南》发布时间是2019年8月30日，而《个人信息保护法》于2021年11月1日生效，两者的衔接关系如何界定，也是执法及司法活动中需要考虑的问题。

2020年3月发布的《信息安全技术——个人信息安全规范》中也仅对匿名化的定义①作了规定，但并未对匿名化的具体技术措施和标准作出细化的规定。

2. 相关技术目标的法律意义

（1）加密与去标识化的法律意义

加密与去标识化本质上属于个人信息保护的技术措施，因而在个人信息的各个处理环节中都具有基础作用。

加密将改变个人信息数据的形态，如通过一定的加密算法使个人信息从明文转化为一段哈希值，如果不采用加密算法进行还原，则该信息将无法直接阅读。个人信息形态的转化并不会导致个人信息属性的改变，经过加密算法加工后的个人信息仍属于法律上所说的个人信息。

去标识化则是将个人信息进行加工，使其在不借助额外信息的情况下无法识别特定自然人的过程。通常是将标识信息或准标识信息通过去标识化技术进行加工，这些技术包括统计技术、密码技术、抑制技术、假名化技术、泛化技术等。

按照《个人信息保护法》的界定，去标识化意味着在借助额外信息的情况下可能重新识别到特定自然人。在《个人信息保护法》的法律意义上，去标识化的信息仍属于个人信息。

（2）匿名化的法律意义

虽然在《信息安全技术——个人信息去标识化指南》中对于去标识化技术采用的是一个很广义的界定，即对于去标识化技术采用了广义的界定。其中的统计技术中的数据聚合技术，一定程度上带有匿名化的特征。该指南对于数据聚合的示例中提到了我国成年男性的平均身高，如果数据集以平均身高（170cm）标识每个人的身高，则对于特定主体可以记录为（男、本科、北京、身高170cm），对于攻击者而言，将无法通过身高数据识别到个人。但如果记录为（男、本科、北京、身高170cm、1980年6月出生、会计职业），在其他背景信息的支持下，则可能会重新识别到个人。因此，匿名化的标准并不清晰。并且，完全的匿名化

① 《信息安全技术——个人信息安全规范》规定："匿名化 anonymization 通过对个人信息的技术处理，使得个人信息主体无法被识别或者关联，且处理后的信息不能被复原的过程。注：个人信息经匿名化处理后所得的信息不属于个人信息。"

也将带来数据价值的大幅度降低。

匿名化主要的法律意义在于，经过匿名化处理的个人信息将脱离个人信息的范畴。《个人信息保护法》规定，个人信息是以电子或者其他方式记录的与已识别或者可识别的自然人有关的各种信息，不包括匿名化处理后的信息。

也就是说，如果利用某种技术措施对个人信息处理后无法识别特定自然人且不能复原，从法律上可以被认定为匿名化。此时，此类匿名化之后的数据将无须遵循个人信息保护的规则。

（3）个人信息保护规则的基本要求

个人信息保护规则，要点在于：

首先，处理个人信息应经过告知与同意环节。处理者处理个人信息，应明确告知处理方式、目的、处理的个人信息种类。

其次，生命周期保护要求。个人信息的收集、存储、使用、加工、传输、提供、公开、删除等处理方式均应遵循告知同意原则。

最后，强化要求。对于向第三方提供个人信息、处理敏感个人信息、个人信息出境等行为，还应单独告知与争取同意。

从上述要求可以看出，加密与去标识化并不能排除个人信息保护规则的适用，而是对个人信息保护的一种强化措施。匿名化可以排除个人信息保护规则的适用，即排除告知——同意原则的适用。从数据流通性的角度看，匿名化数据的流通受到的限制最小。而加密与去标识化的个人信息与明文的个人信息相比，并无特殊的豁免原则，或者说在流动性方面并无法律上的优势。当然，如果从数据泄露或被攻击的危害后果来看，加密数据或去标识化的个人信息小于明文方式存在的个人信息。

通过上述分析，不难看出，虽然隐私计算技术是一种数据科学领域的前沿技术，但我国法律并未对隐私计算进行界定。这种技术措施的法律效果，需要依据法律的规定予以判断。

隐私计算技术中，部分技术与加密、去标识化、匿名化有一定的相关性。而这种相关性对于个人处理活动的法律评判会带来什么样的影响，则是需要着重探讨的。

四、隐私计算的法律意义及个人信息保护目标的实现

1. 隐私计算是否排除告知——同意原则的适用

有观点认为，从理论上而言，数据合作方通过隐私计算技术实现数据分析与建模，无须实际流转数据，且处理过程中的数据都进行了匿名化处理，或无须获得用户授权同意。但实践中，在原始数据采集阶段，数据合作各方仍需获得用户授权同意。此外，由于个人信息的匿名化标准尚存争议，因此做好告知同意的授权管理，对强化企业数据合规仍具有重要意义。①

按照这一观点，在原始数据采集环节，数据合作各方需要获得用户授权。在数据分析与建模阶段，由于数据不需要实际流转，且处理过程中的数据都进行了匿名化处理，因此不需要获取用户授权。

笔者认为，这一理解是不够全面的。原始数据获取过程中，取得用户授权，是法律的应有之义。但是，对于隐私计算过程而言，并非无须用户授权。因为就隐私计算技术的技术实质而言，隐私计算技术既包括以加密、去标识化为主的保护技术，也包括隐私脱敏技术。这些技术中是否可以达到匿名化标准，尚存争议。因此，即使是在隐私计算的过程中，也不宜简单认为不需要用户授权。

从具体方面看，以同态加密为例，计算过程以加密技术为基础，如果计算过程涉及跨系统的计算，则可能会包含将加密数据跨系统传输的问题。这一过程，从法律意义上讲，无法排除个人授权规则的适用。

此外，即使是企业自身系统内进行隐私计算，也需要考虑用户的授权机制及个人信息利用的合理性与必要性。

2. 隐私计算是否能够提高个人信息的流通性

如前所述，匿名化数据的流通受到的限制最小，但加密与去标识化的个人信息，在流通性方面并无特殊法律豁免规则。具体而言，隐私计算的多种技术，在提升个人信息流动性方面存在局限。

（1）安全多方计算

安全多方计算通过明文数据计算的中间成果转移的方式，保护隐私数据明文不被传输。中间成果的运算虽然并不直接涉及明文，但如果涉及个体颗粒度，仍

① 腾讯研究院：《腾讯隐私计算白皮书 2021》。

可能被认为存在个人信息的实际传输。

以金融应用中的联合查询为例：在联合查询应用中，查询方（金融机构）作为任务发起方，向数据提供方（第三方数据服务机构）查询用户的信用状况，但查询方并不希望不暴露其查询输入（如查询条件、数据样本）和查询结果，而数据提供方也并不希望向查询方暴露数据明文。在查询中，查询方首先作为任务发起方通过调度方提交查询计算任务请求；查询方作为数据提供方将其查询条件转化为输入因子，数据提供方（响应查询要求的一方）将数据库待查询数据转化为输入因子，并将输入因子上传至事先约定的计算节点；计算方收到调度方分配的查询计算任务请求，根据获得的输入因子进行计算得到查询结果对应的输出因子，并把输出因子发送给查询方进行数据解析，查询方通过数据解析获得查询结果的明文。

在这一典型的安全多方计算模型中，虽然双方仅通过因子等中间成果进行数据传递，各方均未接触数据明文。但是对于查询发起方而言，输入的因子与返回因子相比，解析之后，个人信息的维度内涵被扩充。比如，张三这一主体的个人信息原来包括姓名、身份证号、职业等内容，经过查询，其个人信息可能增加了"多次贷款"或"信用分值"或"属于黑名单"等信息。这些信息与张三相关，按照《个人信息保护法》的规定，也属于个人信息。也就是说，虽然没有明文传递，但查询发起方实际上取得了个人信息。

（2）联邦学习

对于联邦学习而言，尽管其无须参与者直接共享原始数据，但模型更新仍然会泄露参与者训练数据的相关信息，攻击者可以采用推理攻击判断具体的数据点或数据属性是否被用于训练，或采用逆向学习的方法还原原始数据。如果有切实的证据证明经过隐私计算的数据结果具有可逆性且已被泄露，那么它便不再属于法律规定的"经过处理无法识别特定个人且不能复原"的数据，企业未经授权或授权不充分的共享与转让行为将很可能被认定为对个人信息主体权益的侵犯。

（3）差分隐私

对于差分隐私而言，重点需要解决的是防范攻击者在拥有一定背景知识的情况下，通过对数据集中单条记录的修改影响统计结果，从而推导出该单条记录对应的敏感信息。比如，在医院的诊疗记录数据库中，如果某特殊疾病的病例数量为 100 人，因为张三近期到医院就诊，导致该病例增加至 101 人，则张三就诊属于背景知识，攻击者凭借已经了解的背景知识，可以推导出张三确诊。张三确诊患有该特殊疾病，就成为被泄露的隐私信息。为了达到保护隐私信息的目的，需要在数据中加入一定的“噪声”，从而使单条记录修改不会对统计结果造成显著影响。

差分隐私技术，实质上而言是用于解决数据集层面的查询问题。差分隐私对个人信息保护与数据利用的平衡，部分取决于隐私预算这一参数的自行设定和 δ 概率容忍度的主观评价。差分隐私的实践显示出在较大的数据库上可实现更好的保护和利用效果。这是因为随着数据库中个人信息数量的增加，任何单一个人信息对给定的汇总统计信息的影响都会减小。①

差分隐私技术的运用并不会导致个人信息的匿名化效果，但对于特定数据集而言，可以降低关联风险、部分降低推导风险、降低可分辨风险，从而降低了通过背景知识对隐私信息进行识别的概率。

（4）可信计算

可信计算是一种通过硬件来保护数据安全的措施，可信计算是运算环境的安全可信，并不会对数据的去标识化或匿名化带来影响。因此，可信计算并不会带来对个人信息保护规则的改变，从而也不会影响个人信息流通的状态。

综上所述，隐私计算技术虽然是一种提升隐私保护水平的技术，但隐私计算总体而言在技术性保护措施方面的属性更为突出，而在匿名化属性方面并无特定的法律意义。

---

① 原浩、黄道丽：《隐私计算工具的〈个人信息保护法〉评价（一）——差分隐私》，载 https：//mp. weixin. qq. com/s/tV－EwPsgClFx47_8nvVAJg，最后访问日期：2023 年 10 月 19 日。